高等职业教育市场营销专业系列教材

现代推销实务

主　编　庞爱玲　徐秋杰
副主编　吕　华　刘保平　郭献山
　　　　夏　凡　李　丽　孙海哨
主　审　郑广华

中国轻工业出版社

图书在版编目(CIP)数据

现代推销实务 / 庞爱玲，徐秋杰主编. —北京：中国轻工业出版社，2024.1

高等职业教育"十三五"规划教材

ISBN 978-7-5184-1174-0

Ⅰ. ①现… Ⅱ. ①庞… ②徐… Ⅲ. ①推销—高等职业教育—教材 Ⅳ. ①F713.3

中国版本图书馆CIP数据核字（2016）第268241号

责任编辑：张文佳　　责任终审：劳国强
整体设计：锋尚设计　　责任校对：晋　洁　　责任监印：张　可

出版发行：中国轻工业出版社（北京鲁谷东街5号，邮编：100040）

印　　刷：三河市万龙印装有限公司

经　　销：各地新华书店

版　　次：2024年1月第1版第5次印刷

开　　本：787×1092　1/16　印张：16.25

字　　数：350千字

书　　号：ISBN 978-7-5184-1174-0　定价：36.00 元

邮购电话：010-85119873

发行电话：010-85119832　010-85119912

网　　址：http://www.chlip.com.cn

Email：club@chlip.com.cn

如发现图书残缺请与我社邮购联系调换

232333J2C105ZBW

前　言

推销是一种既古老又普遍的经济现象，特别是在当今激烈的市场竞争中，企业的销售工作已经成为应对市场竞争的一种有效手段。推销能力已经成为营销类、贸易类、管理类等专业学生的必备能力。

本教材充分考虑目前应用型教育发展的需要，以实际推销岗位对推销员素质与能力的要求为基础，以学生推销素质和推销技能的培养为目的，以"理论够用"为原则安排教材结构与内容。通过本教材的学习，可以使学生树立正确的现代推销观念，提高对推销岗位任务的理解，并通过学习和实训，最终提高学生的实际推销能力。本教材的结构和内容具有以下突出特点：

1. 校企合作开发，引入职业标准

本教材是由多年从事现代推销实务教学的一线教师和长期从事实际推销工作的企事业人员共同编写而成。编写过程中，很好地把推销理论和推销岗位要求结合起来，基于推销工作过程，引入职业标准，突出能力培养的针对性、明确性、有效性。

2. 任务驱动编写，结构安排新颖

本教材按照任务驱动式结构编写而成。教材分为推销前的准备、推销过程与技能、推销管理和推销技能拓展四个模块，共计十四个项目，每个项目下设 2～4 个任务，使学生通过项目的学习来完成各个任务，在完成任务的同时，推销素质与能力得到提高。

3. 内容设计丰富，体例编排独特

本教材在编写体例方面，按照【任务分析】-【案例导入】-【知识介绍】-【总结回顾】-【复习思考】-【案例分析】-【能力拓展】这一结构设置。使学生从分析任务、学习相关知识到完成任务这一过程的学习与锻炼，提高自身的推销素质与能力。

4. 紧跟实务前沿，提升职业技能

本教材与以往《现代推销学》教材相比，最大的一个亮点是紧跟实务前沿，把新媒体下的网络推销引入《现代推销实务》教材中，与电话推销结合，作为推销技能拓展模块。可以让学生通过学习，较好地提升职业技能，适应快速发展的市场销售工作的需要。

本教材由焦作大学庞爱玲、青岛外贸职业学院徐秋杰担任主编，庞爱玲负责拟定全书的大纲编写、框架设计以及最后的统稿工作；焦作大学郑广华教授担任主审，对教材进行了全面审核并提出了很多宝贵的意见和建议；焦作大学吕华、河南财政金融学院刘保平、苏州健雄职业技术学院郭献山、河北建材职业技术学院夏凡、扬州技师学校李丽、扬州商务高等职业学校孙海哨担任副主编。具体编写分工如下：庞爱玲编写项目一、三、六、七；徐秋杰编写项目九、十；吕华编写项目四、五；夏凡编写项目八；刘保平编写项目二、十一；孙海哨编写项目十二；李丽编写项目十三；郭献山编写项目十四。

本教材在编写过程中，有幸请到了来自市场一线，有着丰富销售经验的市场销售精英，包括：焦作华飞电子电器股份公司从事电子电器产品销售工作 20 年的李成雷，新乡金逸美电器有限公司从事家电销售工作 19 年的宋文明，焦作市森格高新材料有限公司从事工业品销售工作 16 年的封存利，焦作华飞电子电器股份公司从事电子电器产品销售工作 11 年的申甜美，郑州楷模居品销售有限公司从事家具销售工作 8 年的张海华，以及从事网络销售工作 6 年的沈洁等，他（她）们分别对教材编写提出了很多宝贵意见，在此一并表示感谢！

本教材在编写过程中参阅和借鉴了国内外学者的相关著作、资料，在此谨向其作者表示诚挚的谢意。由于编者水平有限，书中难免存在不足之处，恳请广大读者和专家学者批评指正。

本书可供大专院校市场营销、国际贸易、工商管理及相关专业教学使用，还可供营销机构和企业从业人员培训和自学使用。

编 者
2016 年 9 月

目 录

模块一　推销前的准备

项目一　储备推销知识 / 002
- 任务一　正确认识推销 / 003
- 任务二　了解推销过程 / 006
- 任务三　掌握基本的推销理论 / 009

项目二　认知销售岗位 / 017
- 任务一　培养推销员的职业素质 / 018
- 任务二　培养推销员的职业能力 / 021
- 任务三　掌握推销基本礼仪 / 025
- 任务四　了解推销员的基本职责与职业前景 / 029

项目三　分析推销环境 / 040
- 任务一　掌握推销信息 / 041
- 任务二　分析推销环境 / 046

项目四　了解顾客类型与购买行为 / 059
- 任务一　了解顾客类型与购买行为 / 060
- 任务二　熟悉与顾客心理同步的推销模式 / 067

模块二　推销过程与技能

项目五　寻找准客户 / 082
- 任务一　掌握寻找准顾客的技巧 / 083
- 任务二　审查准顾客资格 / 087
- 任务三　建立客户档案 / 090

项目六　接近客户 / 097
- 任务一　做好接近准备工作 / 098
- 任务二　掌握接近客户的技巧 / 101
- 任务三　把握接近顾客的要点 / 107

项目七　推销洽谈 / 115
- 任务一　了解推销洽谈的程序 / 117
- 任务二　把握推销洽谈的原则 / 123
- 任务三　掌握推销洽谈的技巧 / 125

项目八　处理异议 / 131
- 任务一　学会分析顾客异议的类型与原因 / 132
- 任务二　把握处理顾客异议的原则 / 137
- 任务三　掌握处理顾客异议的技巧 / 139

项目九　促成交易 / 147
　任务一　把握促成交易时机 / 149
　任务二　掌握促成交易的技巧 / 152
　任务三　做好成交后的跟踪服务 / 160

项目十　落实回款 / 169
　任务一　正确认识回款 / 170
　任务二　创设回款条件 / 172
　任务三　掌握回款技巧 / 174

模块三　推销管理

项目十一　管理推销人员 / 180
　任务一　招聘与培训推销人员 / 181
　任务二　考评推销人员的业绩 / 191
　任务三　提高推销人员的业绩 / 195

项目十二　维护客户关系 / 201
　任务一　认识客户关系 / 202
　任务二　建立客户关系 / 203
　任务三　处理顾客投诉 / 209

模块四　推销技能拓展

项目十三　电话推销 / 218
　任务一　认识电话推销 / 219
　任务二　掌握电话推销技巧 / 221

项目十四　网络推销 / 230
　任务一　分析网络环境下的消费行为 / 231
　任务二　掌握PC端网络推销技巧 / 233
　任务三　掌握移动端网络推销技巧 / 245

参考文献 / 254

模块一

推销前的准备

项目一
储备推销知识

【任务分析】

在激烈的市场竞争中,市场对推销人员的要求越来越高。那种"凭三寸不烂之舌"或"能说会道"就能干好推销工作的时代已经过去。推销人员掌握必要的推销知识,正确认识推销工作,有助于提高推销的效率。

本项目学习过程中,学生需完成以下任务:正确认识推销,了解推销过程,掌握基本的推销理论。

【案例导入】

汤姆·霍普金斯是全世界年销售最多房屋的地产业务员,平均每天卖一栋房子,至今,仍是吉尼斯世界纪录的保持者。他在自己的论著《如何成为销售冠军》中有如下一番见识:

多年前我就了解到推销是一项报酬率最高的艰难工作,也是一项报酬率最低的轻松工作。我同时也发觉到推销另一点令人振奋之处,那就是所有的决定取决于自己,一切操之在我。

经由我自己的选择,我得以自我成就。我可以成为一个最高收入的辛勤工作者,也可以是一个最低收入的轻松工作者。

我发现"我"是自我销售职场生涯中的主宰,他人的需求对我的规划并不造成什么影响,其他人想要或不想要给我什么,也不造成太大的不同,唯一重要的事,就是我为我自己做了些什么以及我给了自己什么。因为你自己所拥有的技术、知识及潜能是让你成功的条件,你的这些特质是可以延伸、加强及扩大的,只要你愿意投入时间、努力和金钱。

推销有以下优点:一是让你有表达的自由。二是让你能达到你所期盼达到的成功。三是在推销行业中每天所要面对的不同挑战鼓舞你奋勇向前。四是推销是一个可以从低成本得到高利润的行业。五是推销真是有趣。六是当你的顾客买了你的商品离开时你是满足的。七是推销激发你的自我成长。可以说没有任何工作的成败比推销更取决于你对工作的进取心。

> **思考题** 在学习本项目内容之前,你对推销工作是如何认识的?

任务一　正确认识推销

一、推销的概念

推销分为狭义和广义两种。狭义理解，推销是营销组合中的人员推销，即由推销人员直接与潜在顾客接触、洽谈，介绍商品，进行说服，促使其采取购买行动的活动。广义理解，推销即促销，包括人员推销、广告推销、公关推销和特种推销四种。本教材重点从狭义角度，即人员推销的程序与技巧来阐述；同时，从现代推销实务角度对电话推销、网络推销（即运用电脑、手机等新媒体推销）也有所涉及。

从实现商品或服务销售的意义上说，推销是指推销人员通过说服和帮助促使潜在顾客采取购买行动的活动过程。推销作为一种复杂的活动过程，既包括由推销人员向顾客传递信息并由买主向卖主反馈信息的双向沟通过程，又包括推销人员向顾客提供技术与咨询服务以及双向情感交流的过程。推销所采用的手段，必须是针对顾客的内在需要和疑虑，进行耐心的说明和说服，传递充分和可靠的信息，充当顾客的导购参谋和服务员，取得顾客的信任，摒弃强行推销或任何欺诈。推销的目的是促进顾客购买，达成交易。在顾客购买前要力求让顾客乐意接受该种商品或服务，相信它能给自己带来好处；顾客购买后还要追踪了解顾客在消费过程中的实地感受，力求消除购后的不和谐感，使顾客不仅在使用中获得一定满足，而且在心理上真正满意，建立品牌忠诚度，成为重复购买者。简言之，推销就是通过说服促成顾客购买的活动过程。

推销与市场营销的关系

市场营销是一个含义比推销更广的概念。现代企业的市场营销活动，包括市场营销调研、选定目标市场、产品开发、定价、分销、促销，以及售后服务等。促销又包括人员推销、广告、公共关系和特种推销四种方式。推销仅是市场营销活动的一部分。菲利普·科特勒指出，推销不是市场营销的最重要部分。推销只是"市场营销冰山"的尖端。推销是企业的市场营销人员的职能之一，但不是其最重要的职能。这是因为，如果企业的市场营销人员搞好市场营销研究，了解购买者的需要，按照购买者的需要来设计和生产适销对路的产品，同时合理定价，搞好分销、促销等市场营销工作，那么这些产品就能轻而易举地推销出去。正因为如此，管理学家彼得·德鲁克所说，"市场营销的目的在于使推销成为多余的"。但是，在市场竞争激烈，产品同质化现象突出的今天，推销是市场营销不可或缺的部分。推销、促销与市场营销的关系可以用图1-1来表示。

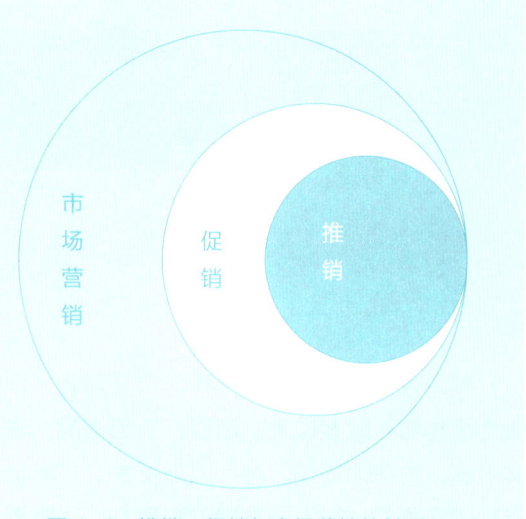

图1-1 推销、促销与市场营销的关系

二、推销的特点

推销是一门艺术，需要推销员巧妙地融知识、天赋和才干于一身，在推销过程中根据推销的特点，灵活运用多种推销技巧和策略，才能取得推销活动的成功。推销的特点表现在以下几个方面。

1. 特定性

推销是企业在特定的市场环境中为特定的产品寻找买主的商业活动，必须先确定谁是本企业产品的潜在顾客，然后有针对性地向推销对象传递信息并进行说服。这种特定性要求推销人员必须从推销对象和推销品的实际出发，"一把钥匙开一把锁"，切忌千篇一律。

2. 灵活性

虽然推销具有特定性，但影响市场环境和推销对象需求的不确定性因素很多，环境和需求是千变万化的，推销活动必须适应这种变化，灵活运用推销原理和技巧，适时调整推销策略和方法。因地制宜、灵活机动地调整推销战略和战术，是推销活动的一个重要特征。

3. 双向性

推销并非只是由推销员向推销对象传递信息的过程，而是信息传递与反馈的双向沟通过程。推销人员在向顾客提供产品、售后服务等信息的同时，必须观察顾客的反应，收集顾客对企业产品的意见和要求，以便更好地满足顾客的需求。

4. 互利性

推销的有效结果表现为推销员卖出了产品，企业实现了赢利，而顾客也感觉产品满足了自己的需求，给自己带来了利益，通过互惠互利，达到双赢的目的。因此，推销员在推销过程中，不仅要考虑企业的利益，而且要考虑顾客的利益，只有这样才能拥有长期稳定的顾客。

5. 说服性

推销的中心是人不是物，说服是推销的重要手段。为了争取顾客的信任，让顾客接受企业的产品，采取购买行动并重复购买，推销人员必须将产品的特点和优点向顾客进行介绍和宣传。顾客体会到人员的真诚，认可产品的优点和特色，能为自己带来利益，就乐于购买进而产生购买行为。

三、推销的要素

任何企业的产品推销活动都少不了推销人员、推销品和顾客，即推销主体、推销客体和推销对象，它们构成了推销活动的三个基本要素。产品的推销过程就是推销人员运用各种推销策略，说服顾客接受一定产品或服务的过程。这三个要素互相联系、互相制约，作为推销活动发起者的推销人员应尽力协调好三者之间的关系，确保推销目标的实现。

1. 推销人员

推销人员是指主动向推销对象销售产品的主体，是产品推销活动得以实现的关键，在推销三要素中占有重要的地位。推销人员主要是通过走访顾客，了解顾客面临的困惑和需要解决的问题，为顾客提供服务，说服顾客购买企业的产品或服务。推销人员必须具备良好的素质、丰富的经验，能够熟练运用各种推销方法和技巧，从而顺利完成销售任务。

2. 推销对象

推销对象又称顾客或购买者，是推销人员的目标，是要说服的对象，包括现实的顾客、潜在的顾客以及购买决策人。没有推销对象就不会有推销活动。从现代推销学的意义上讲，所谓顾客或购买者是指具有购买决策权或者具有影响购买决策力量并且直接参与购买过程的有关人员，包括个体购买者和组织购买者。个体购买者购买产品的目的是为了满足个人或家庭生活的需要，而组织购买者购买产品的目的是为了生产、转售等。由于推销对象的特点不同，推销人员所采取的推销策略和技巧也有差异。

3. 推销品

推销品是推销活动中的客体。所谓推销品是指推销人员向顾客或购买者推销的各种产品或服务的总称。从现代市场营销学的角度看，向顾客推销的是整体产品，而不仅仅是具有某种实物形态和用途的物理学意义上的产品。

整体产品是指能够提供给顾客以满足其某一需求或欲望的有形与无形的任何东西，它包括具有特定形态、体积、重量、味道、色彩、式样等能用人的感觉器官感知和触摸到的一切有形产品，也包括一些不能触摸的思想、观念、主意、服务等无形产品。

整体产品包括核心产品、形式产品和延伸产品三个层次。核心产品是指推销品给顾客带来的基本效用和利益，它是顾客购买决策的主要驱动力；形式产品是核心产品借以实现的具体形式，体现在质量、式样、品牌、特色和包装等方面；延伸产品是指推销形式产品时顾客能获得的附加利益的总和。

整体产品的原理要求推销员在推销过程中，首先，要注意分析顾客购买所追求的基本效用与利益；其次，要满足不同层次、不同类型顾客对外观、形式的追求；再次，推销产品的过程也是推销员说服顾客购买的过程，三者密不可分，应善于把产品的推销与顾客需求的满足联系起来。

推销名言

销售前的奉承，不如销售后的服务，这是制造永久顾客的不二法门。
——松下幸之助

不论你卖什么，要让它清晰地传达给你的潜在顾客，买了它比不买它要来得好。
——金克拉

销售游戏的名称就是服务，尽量给你的客户最好的服务，让他一想到和别人做生意就有罪恶感。
——乔·吉拉德

任务二　了解推销过程

完整的推销过程，一般包括寻找准客户、访问准备、约见客户、洽谈沟通、达成交易、售后服务、信息反馈七个阶段。

一、寻找准客户

寻找准客户是指寻找有可能成为潜在购买者的顾客。开展推销，首先要明确应向谁推销。推销员应建立一个潜在顾客的名单及档案，并加以分类，作为开发与进攻的目标，据以收集有关客户的尽可能详尽的信息。客户名单应当包括三个部分：首先是必须不断地寻找新的潜在顾客，防止推销活动停滞不前。如果只满足于原有的数量可观、关系良好的客户，忽视新客户的开发，必然是把新市场拱手让给竞争者。同时，对于因各种原因未继续购买的老客户，他们有的已成为竞争者的客户，其中不乏等待推销员再次造访的老主顾。推销员应鼓起勇气再次拜访他们，弄清他们停购本企业产品的原因，力求有可能比竞争对手更好地满足他们的需要。至于现有客户永远是推销的重要目标，现有客户是扩大市场占有率的基础和起点，也是推出新产品、新创意或推广新用途的首选目标。推销人员在努力开发新客户的同时，必须对老客户给予必要的关注，因为同老顾客打交道毕竟比同一个陌生的顾客打交道要容易得多。

二、访问准备

访问准备是指为直接推销活动做好必要的准备。推销如战斗，准备阶段即推销活动的备战阶段。访问准备包括资料准备和策划准备两个方面，具体又包括以下几个方面。

1. 了解自己的顾客

在正式推销之前，推销员必须了解推销对象的有关情况，做到心中有数。关于顾客个人的信息，如顾客的家庭状况、爱好以及在企业中的位置等；关于顾客所在企业的信息，如企业的规模、经营范围、推销对象、购买量、追求的利润率、企业声誉、购买决策方式及选择供应商的要求等。

2. 了解和熟悉推销品

对推销品的信心应建立在相信它能真正满足顾客的需求的基础上。对产品的了解程度是衡量一个推销员的重要标志。推销员不仅要了解产品的性能，而且要熟知产品是如何制造出来的，厂家能提供哪些配套服务，以及产品的使用和维修等知识。一些技术含量高的产品，如果推销员具备丰富的专业知识，在推销中运用得当，会收到意想不到的效果。

3. 了解竞争者及其产品

为了适应竞争，必须对竞争者的经营策略及其产品做认真分析，学习竞争者的长处，找出推销品的优点与特色，以便在推销过程中用适当的方式表达出来。

4. 确定推销目标

企业规定推销人员在一定时期内所要达到的推销任务，是推销人员开展业务活动的行动纲领和方向。确定推销目标，不仅要考虑市场的需求、企业的供货能力、经济效益的高低，还要综合分析推销人员的实践能力及实施推销策划的水平，以利于激励推销人员积极有效地去努力实现目标。

5. 制定推销方案

除了做好访问前的一般准备工作外，还需根据推销目标做周密的安排，即制定周密的推销方案。

三、约见客户

约见是推销人员征求顾客同意接见洽谈的过程。当推销人员做好必要的准备和安排后，即可约见客户。约见是推销接近的开始，约见能否成功是推销成功的一个先决条件。

四、洽谈沟通

推销洽谈是推销过程的一个重要环节。洽谈也称面谈，但不一定是面对面的洽谈。推销洽谈是推销人员运用各种方式、方法、手段与策略去说服顾客购买的过程，也是推销人员向顾客传递信息并进行双向沟通的过程。

五、达成交易

达成交易是推销过程的成果和目的，无疑是推销活动中最重要的一部分。达成交易是指顾客同意接受推销人员的建议。只有成功地达成交易，才是真正成功的推销。在推销活动中推销人员要正确处理顾客异议，并不失时机地说服顾客做出购买决策，完成一定的购买手续。

六、售后服务

达成交易并不意味着推销过程的结束，售后服务同样是推销工作的一项重要内容。成交以至收款、交货后，售货方能否兑现其他承诺，使顾客满意，就比较好地反映了厂商的信誉。

七、信息反馈

推销人员每完成一项推销任务，不仅要搞好售后服务，进行推销工作检查与总结，还必须继续保持与顾客的联系，加强信息的收集与反馈。及时反馈推销信息，既有利于企业修订和完善营销决策，改进产品和服务，也有利于更好地满足顾客需求，争取更多的"回头客"。

任务三 掌握基本的推销理论

推销人员在推销过程中，是与人打交道的，是一种以人为中心的行为活动，推销员掌握一些推销理论知识来指导自己的推销工作是非常必要的。推销理论来自推销实践，反过来又指导人们的推销工作。而在众多的推销理论中，推销方格理论从推销员和顾客态度方面说明具有什么态度的人才能成为优秀的推销员。因为推销员在推销工作中要和形形色色的顾客打交道，在推销活动的接触中，推销双方主体都会彼此给对方留下印象，都会对对方有一定的认识而形成各自独特的心理活动与态度。不同的态度又彼此互相影响，并进一步影响各自的行为。以满足需求为核心概念的现代推销学，要求从事推销活动的人员都必须既为顾客利益着想，尽一切努力满足顾客的需求，又有一种坚定的意志力去支持推销工作，只有两者同时具备的人才是最好的推销人员。

一、推销方格理论

推销方格理论是美国著名管理学专家罗伯特·R.布莱克教授与J.S.蒙顿教授提出的。

推销方格理论认为推销人员在进行推销工作时至少有两方面的目标：一是千方百计完成推销任务；二是竭力迎合顾客心理，以求建立良好的人际关系。推销人员对待这两个目标的态度与关心程度就构成了推销态度理论。用图形将推销人员对上述两个目标的关心程度及形成的态度表达出来，就是推销方格，如图1-2所示。

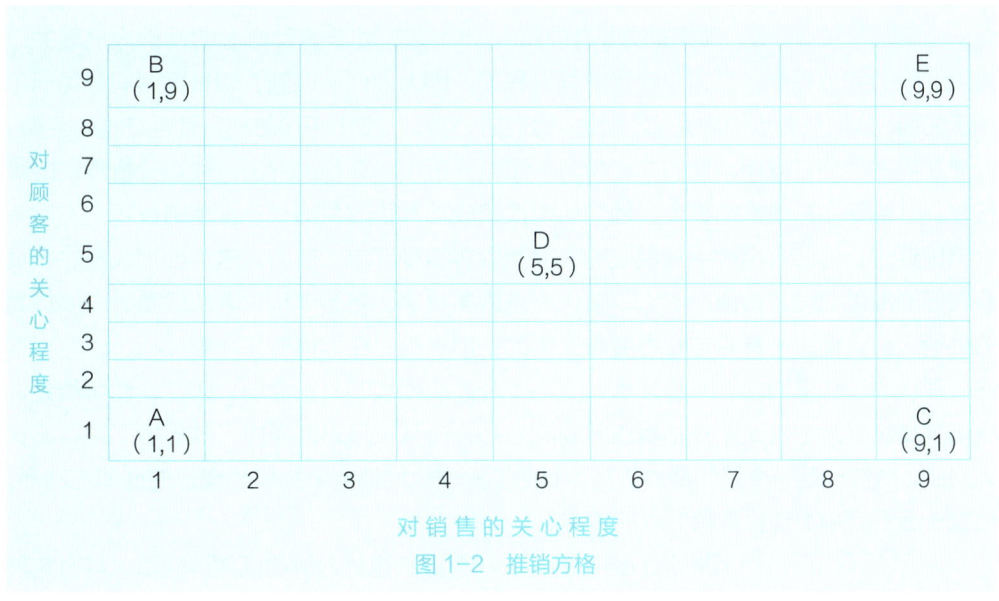

图1-2 推销方格

推销方格中的纵坐标表示推销人员对顾客的关心程度，横坐标表示推销人员对完成推销任务的关心程度。两个坐标值都从1逐渐等值增大到9。坐标值越大，表示关心的程度越高。方格中的各个交点分别代表各种推销人员的不同的推销心理活动状态与态度；布莱克教授与蒙顿教授认为，在众多的态度中，有五种态度是典型的，这五种典型态度是：

（1）事不关己型。即推销方格中的（1，1）类型。处于这种心态的推销人员，既不关心推销任务的完成，也不关心顾客的需求是否被满足。这类推销人员既没有明确的工作目的与目标，也缺少工作的成就感。同时，他们也不会关心顾客的心理活动，他们对顾客的急需与困难采取冷漠的态度。具有这种心态的推销人员，上班"做一天和尚撞一天钟"，他们不总结不学习，不做推销的准备工作，不做推销的调查与信息的整理工作，抱着多一事不如少一事的态度混日子。外出则游山玩水，甚至做一天和尚连钟也不撞，他们有时靠关系与大量回扣进行推销。具有这种心态的人不适合做推销人员。

（2）强力推销型。即推销方格中的（9，1）型。处于这种状态的推销人员具有强烈的推销成就感与事业心。他们十分重视与关心推销任务的完成。在推销活动中有一种不达目的誓不罢休的劲头，但他们对顾客却缺乏关心。在推销过程中，有这类心态的推销人员并不理会顾客是否真正需要所推销的产品，不在乎也不研究顾客的心理状态，而是千方百计地、甚至是不惜运用高压的、强制式的硬性推销手段，通过向顾客施加压力以达到推销产品的目的。这种类型的推销人员虽然一时可以把产品销售出去，给企业带来暂时的利益，但由于给顾客形成很大的心理压力，甚至是形成坏印象而引起顾客反感，破坏了他所代表的企业及所推销的产品的声誉形象，最终损害了企业的长远利益。因此，具有这类心态的推销人员绝不是好的推销人员。

（3）顾客导向型。即推销方格中的（1，9）型。处于这种心态的推销人员只关心与顾客的关系而不关心推销任务的完成。在推销过程中，他们同情顾客的目前困难，照顾顾客的情绪与意愿等。总之，十分重视是否得到顾客满意，不考虑或极少考虑对推销成绩的影响。因此，他们坚持宁可做不成生意也绝不得罪顾客的原则。这类推销人员也许可以和顾客建立良好的人际关系并获得很好的口碑，却很难完成推销任务。因而，也不是好的推销人员。

（4）推销技巧型。即推销方格中的（5，5）型。处于这种心态的推销人员既关心推销业绩的完成程度，又关心顾客的满意程度。因为他们认识到，如果顾客有意见而不满意的话，推销任务也很难完成。因此，他们努力学习推销技巧，总结各种现场推销经验，以便在推销中加以应用。他们亦会学习与掌握分析市场环境的方法，注意分析推销的可行性，以便尽力抓住推销机会。他们认为推销成功与否的关键在于推销的技巧。在发生推销困难时，他们会用折中与说服的办法使顾客接受订单。所以，这类推销人员往往具有较好的推销业绩，口碑亦不错，被认为是踏实肯干、经验丰富、老练成熟、成绩优秀的推销人员。但由于具有这种态度与原则的推销人员，在推销时只注重技巧、注意顾客的心理状态、注重说服顾客的艺术，而不十分关心顾客的真正需要。因此，他可能会说服顾客高高兴兴地购买了并不真正需要的产品，而从长远角度考虑，他损害了顾客的长远利益。虽然他是一个好的推销人员，但他不是现代推销学所提倡的理想的推销工程师，他也永远不会攀上现代推销艺术的顶峰。

（5）满足需求型。即推销方格中的（9，9）型，也称为解决问题导向型。持有这种态度的推销人员把推销的成功建立在满足推销与顾客双方需求的基础上。他们把推销活动看成是寻找达到满足双方需求这个目的的途径与方法。他们承认推销人员有完成推销任务并获取报酬的需求，他们更承认顾客有不同的需求。他们认为，只有满足了顾客的需求才能满足推销的需求。因此，他们会努力地寻找有需求的顾客；发现与分析顾客的需求内容与特点；寻找顾客需求与推销业务之间的联系。他们既了解自己的推销环境以及所推销的产品的优劣与特点，更体谅顾客的环境与困难。于是，他们通过推销活动的开展、以平等协商的办法去寻找解决双方困难的办法。因此，他们在为顾客解决困难的同时也完成了自己的推销任务。同时，他们也从中体会到推销工作的甘甜与意义，认识到推销工作的社会职责与使命。所以，他们是积极奋发、热情而负责的推销人员，是现代推销学提倡与确定的好的推销工程师。只有这类推销人员才可以在目前的市场经济条件下获得更大的建树。

二、顾客方格理论

推销的成功与失败，不仅取决于推销人员的态度，同时也受顾客态度的影响。推销人员必须对顾客的态度进行分析，因人而异地开展有针对性的推销。按照建立推销方格的办法，同样可以建立起顾客方格。在购买活动中，顾客亦至少有两方面目的：一是希望通过自己的努力获得有利的购买条件，较好地完成购买任务；另一个就是与推销人员建立较好的人际关系，以便以后更好地合作。两个目的导致了顾客的两种态度：一种是对完成购买任务的态度；另一种是对待推销人员的态度。顾客方格中的纵坐标表示顾客对推销人员的关心程度，横坐标表示顾客对自己完成购买任务的关心程度。关心程度亦从低到高分为九个等级。这样，亦可以划分出许多顾客心态类型，如图1-3所示。

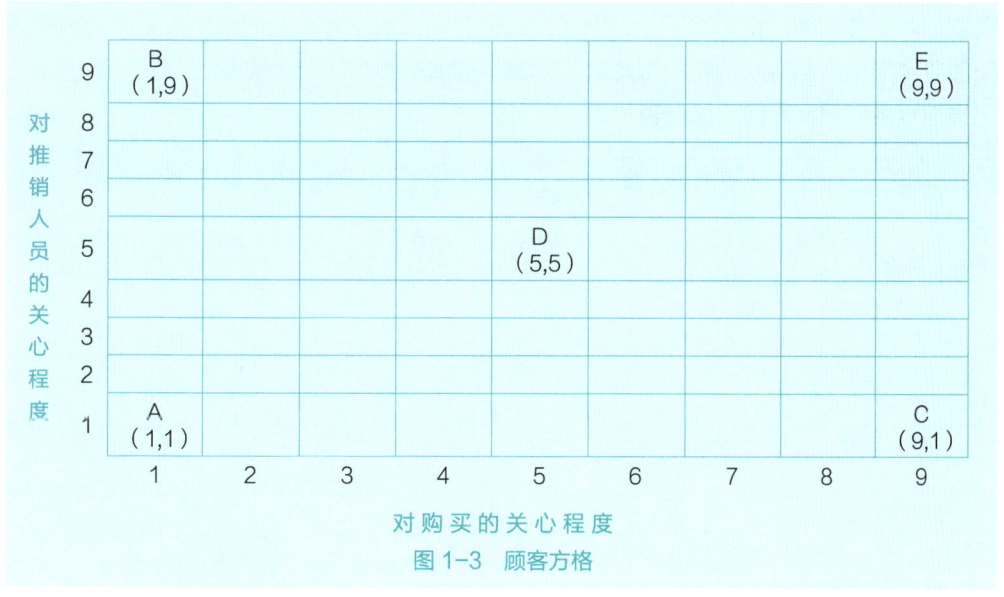

图1-3 顾客方格

五类典型的顾客心态是：

（1）漠不关心型。即顾客方格中的（1,1）型。有这类心态的顾客既不关心购买行为及其结果,亦不关心推销人员。他们把自己当作购买命令的执行者,认为购买决策与己无关,自己是照章行事而已。因此,他们不想也不敢对购买行为负责任。他们亦不同情推销人员,只想把推销人员应付走了完事。

(2) 防卫型。即顾客方格中的(9,1)型,也称购买利益导向型。持有这种心态的顾客只考虑如何更好地完成自己的采购任务。他们对购买过程中的每一个决策,都采取小心谨慎、斤斤计较的态度。总想获得更多的购买利益,即多占点便宜。他们对推销人员不但不关心,不同情,反而认为推销人员大多是骗子,必须处处加以提防才可以防止上当受骗。

(3) 软心肠型。即顾客方格中的(1,9)型,或称情感型。处于这种心态的顾客,只同情与关心推销人员,却不太关心自己的购买行为与目的。因此,他们极易受推销人员的影响。一般情况下都能接受推销人员的劝说。尤其是当推销人员热情周到地介绍产品,与顾客的人际关系处理得较好时,很容易被推销人员所感动而接受推销人员提出的购买建议。因此,这类顾客亦被称为软耳朵型与受示型。

(4) 自示型。即顾客方格中的(5,5)型,亦称为干练型、聪明型或公正型。处于这种心态的顾客,既关心自己的购买行为,又关心推销人员。他们在实行购买行为时,既乐意听取推销人员的意见,却又倾向于自主做出购买决策而不愿意受他人的影响。乐意听取推销人员意见是表示宽容与谦虚,而真正的购买动机是显示自己的聪明与公正。

(5) 寻找答案型。即顾客方格中的(9,9)型。具有这种心态的顾客既对更好地完成购买任务表现出很大的关心,也关心推销人员。他们往往很了解自己的需求。因此,他们欢迎能够帮助自己了解情况与解决问题的推销人员。他们尤其乐意与各种推销人员接触,以便寻找更好地满足自己需求的途径与解决自己问题的方法。他们一般能对购买做出明智的而不是情感的决策。

在实际推销活动中,任何一种心态的推销人员都可能接触到各种不同态度的顾客。在双方对应态度的互相影响下,会出现什么情况呢?哪一种态度的推销人员和顾客的搭配能导致推销活动的成功?根据对实际推销业绩的考察,布莱克教授与蒙顿教授总结出推销方格和顾客方格的组合表(表1-1)。

表1-1 推销方格与顾客方格的组合

推销员类型 \ 顾客类型	漠不关心型(1,1)	软心肠型(1,9)	自示型(5,5)	防卫型(9,1)	寻求答案型(9,9)
满足需求型(9,9)	√	√	√	√	√
强力推销型(9,1)	⊙	√	√	⊙	⊙
推销技巧型(5,5)	⊙	√	√	×	⊙
顾客导向型(1,9)	×	√	⊙	×	⊙
事不关己型(1,1)	×	×	×	×	×

注:表格中"√"表示可以有效地完成推销任务;"×"表示不能完成推销任务,"⊙"表示介于上述两种情况之间,可能会完成推销任务,也可能无法完成推销任务。

从表1-1可以看出，处于（9，9）型心态的推销人员无论遇到什么类型的顾客都有争取推销成功的可能性，而具有（1，1）型心态的推销人员，则对任何类型心态的顾客都没有推销成功的可能性。美国有关人士与机构的研究成果表明：具有寻找满足双方需求方法与途径心态的推销人员，其创造的推销业绩相当于事不关己型推销人员的75~300倍，相当于强力推销型的9倍；相当于推销技巧型的3倍以上。不同心态的推销人员对推销工作的贡献相差之大可见一斑。人的态度不是先天生成的。人对事物的态度与行为倾向性是在后天环境中锻炼与形成的结果。因此，推销人员应从理论上认识到树立正确推销态度的重要性，加强自我心态的培训与锻炼。几乎所有关于个人走向成功与致富之路的讲演和书籍，无一不强调推销人员的自我培训、自我开发，尤其强调自我心态锻炼的重要性。有志于在推销领域创造优异成绩的人，应努力把自己培养成为具有成功心态的现代推销工程师。

【总结与回顾】

推销是指推销人员通过说服和帮助促使潜在顾客采取购买行动的活动过程。

推销的特点：特定性、灵活性、双向性、互利性、说服性。

推销三要素：推销人员、推销对象、推销品。

完整的推销过程一般包括：寻找准客户、访问准备、约见客户、洽谈沟通、达成交易、售后服务、信息反馈七个阶段。

推销方格理论按推销人员推销心理活动状态与态度将推销员分为五种类型：事不关己型、强力推销型、顾客导向型、推销技巧型、满足需求型。

顾客方格理论按顾客对推销人员的关心程度将顾客心态分为五种类型：漠不关心型、防卫型、软心肠型、自示型、寻找答案型。

本项目的教学重点是：正确认识推销，了解推销过程，掌握基本的推销理论。

【复习思考题】

1. 结合本项目所讲知识，谈谈你对推销的理解和认识。
2. 推销的过程包括哪些环节？
3. 推销与市场营销的区别是什么？

【案例分析题】

1. 吉林市某丝绸厂生产的丝绸服装不仅质量上乘，而且花色繁多、款式各异。虽然在电视、广播、报纸上做了大量广告，推销员也花费了很多时间进行推销，但是买者甚少，产品积压越来越严重，以致工厂处于瘫痪状态。

危难之际，公关专家李新应聘上任，组建了公关部，并建起一支颇有水平的舞蹈队。队员们穿上本厂生产的丝质西服与丝质旗袍在公共场合进行演出。一时之间，奇迹发生。男士西服的笔挺气派、女士旗袍的风韵神采以及男女服装的相配相宜，为丝绸面料的独特之处和丝绸厂精良的制作工艺做了精彩的说明。与此同时，丝绸厂的宣传车一边广播，一边免费赠送《新款式旗袍、西装裁剪法》和《不同肤色、不同形体选用面料的艺术》等材料。于是形成了一股购买风，市内及外地各服装厂、商场等纷纷来电或来人洽谈订货。许多长期合同被签订，厂内积压的各种丝绸面料和服装很快被抢购一空。

从上面的例子我们可以看出，舞蹈队救活吉林市一家丝绸厂绝非偶然，他们唤起了人们想象中、感觉中需要的东西，即一种美丽的形象，通过购买衣服来增加自己的魅力。当这种丝绸质地的服装穿在训练有素的舞蹈队员身上时，便使人们模模糊糊中想要的东西明确起来、清晰起来，激起了人们的购买欲望。

 结合案例请分析，吉林市某丝绸厂推销成功的秘诀是什么？你认为推销应该推销什么？

❷ 一个顾客在考虑购买一辆卡车时说："我不需要这种大型卡车。某某公司制造的中小型卡车适合我们的需要。"在这种情况下，推销员的正常反应是，尽力向顾客证明他确实需要较大型的卡车。但如果你采用提问的方法，就会出现下列情况：

推销员：您需要货物平均重量为多少？
顾　客：那很难说，两吨左右吧！
推销员：有时候多，有时候少，对吗？
顾　客：对！
推销员：究竟需要哪种型号的卡车，一方面要根据运输的货物，另一方面要看在什么公路上行驶，您说对吗？
顾　客：对。不过……
推销员：假如您在丘陵地区行驶，而且在冬天，这时汽车的机器和车身所承受的压力是不是比在正常情况下大一些？
顾　客：是的。
推销员：您冬天开车外出的次数比夏天多吧？
顾　客：多得多！我们夏天的生意不太兴隆。
推销员：那么，我们也可以说您的卡车一般运载货物为两吨，有时候还会超过两吨。冬天在丘陵地区行驶，汽车是否经常处于超负荷状态？
顾　客：对，那是事实。
推销员：而这种情况也正好发生在您使用卡车最多的时候，对吗？
顾　客：是的，正好在冬天。
推销员：在您决定购买多大马力的卡车时，是否留有一定的余地比较好呢？
顾　客：您的意思是？
推销员：从长远的观点看，是什么因素决定一辆车值与不值呢？
顾　客：那当然要看它能使用多长时间了。
推销员：有两辆卡车。一辆马力相当大，因此从不过载；另一辆总是满负荷。您觉得哪一辆卡车的使用寿命长呢?

顾　　客:当然是马力大的那辆车了!

推 销 员:您在决定购买什么样的卡车时,主要看卡车的使用寿命,对吗?

顾　　客:对。使用寿命和价格都要加以考虑。

推 销 员:我这里有些数字。通过这些数字您可以看出使用寿命和价格的比例关系。

顾　　客:让我看看……

推 销 员:哎!怎么样?您有什么想法?

顾客进行了计算,而后双方继续进行讨论。

 通过本案例你认为人员推销的优点有哪些?你认为案例中的推销员会推销成功吗?为什么?

【能力拓展】

请阅读资料——我心目中的推销

我们面临的是一个推销的时代,每一个人每天都在推销。有的人在推销实体的产品,有的人在推销无形的服务,有的人在推销观念、构思和策略,但我们每个人都在推销自己。

究竟什么是推销?

推销是教导和帮助顾客购买的艺术。
——这是教育家的口气。

推销是一种人际沟通或意见交流。
——这是社会学和心理学家的看法。

推销就是说服他人接受或遵循推销人员的意见,进而使之按推销人员的意愿行事。
——这似乎是领导者的口吻。

推销就是影响人们的购买商品或服务的说服性领导力。
——这听起来像是一位推销经理在上推销训练课。

推销就是按计划分配产品。
——这当然是苏联学者或者说是计划经济时代学者们的基本观点。

推销就是要推销出商品的使用价值。　　——这是一位欧洲专家的意见。

推销是说服人们产生对推销人员所推销产品、服务和意见的需求，是一种具有发现和说服他们采用推销的产品和服务，以满足其需要的手段。
　　　　　　　　　　　　　　——这是一位澳大利亚推销学家的解释。

推销是人员或非人员的行动过程，其目的在于帮助和说服潜在顾客购买某种商品和服务，或者使潜在顾客接受一种对推销员具有商业意义的观念，并按照这种观念行事。　　　　　　　　——这是美国市场营销协会的定义。

推销是成功地推销商品与观念的能力。
　　　　　　　　　　——这位推销员朋友非常注意推销能力。

推销是运用成功推销商品与观念的方法和技巧的过程。
　　　　　　　　　　——看来这位推销员推销办法很多。

推销是洞悉顾客的观点，进而使顾客了解推销人员的观点，然后使顾客思考和行动。　　　　　　　　　　——这是有眼光推销员的高见。

甚至还有人认为：

推销就是说服，就是鼓动，推销是一种哲学，推销是一种交际，推销就是提供服务，推销就是降价大甩卖……

能力训练

以上是关于"推销"的一些说法，你有什么样的理解呢？

建议同学们分组讨论，每一组得出一个一致性的意见，组与组之间进行交流，通过交流提高对推销的理解。

项目二
认知销售岗位

【任务分析】

伴随着市场经济的日臻完善,商品推销已摆脱了传统的模式,各种类型的推销人员在商品经济大潮中各司其职,各显身手。同时,市场经济要求推销人员承担更多的职责,具有更优良的素质。如何使自己成为一名优秀的推销人员,以承受社会和企业的重托与厚望,是每一位推销人员或即将成为推销员的人应该认真思考的问题。

本项目学习过程中,学生需完成以下任务:了解推销人员的职业素质、能力、礼仪以及推销员的基本职责与职业前景,并结合自己的情况做出初步的职业生涯规划。

【案例导入】

想当年,业务员老张可以说是在 R 区域市场叱咤风云的人物,由于总是陶醉在往日的成就之中,整日与酒精、麻将为伍,不知不觉中被市场所淘汰,他那老一套的"吃喝玩乐"搞定生意的行事风格,也逐渐不为客户所喜欢。

老客户鉴于老朋友的颜面,只好做着阳奉阴违的事情;新客户呢?对于他的行事风格、销售套路,根本不予以合作机会。就这样,老张气恼老客户的阳奉阴违的欺骗,讨厌新客户的不知天高地厚,把所在区域的销售网点任其自生自灭,手中仅剩下几个关系比较好的客户,结果月月难以完成销售与回款任务。与此同时,销售部领导面临不断增大的销量与回款任务,为了公司的利益,只有把其辞掉了。

分析:案例中曾经叱咤风云的业务员老张被公司辞退的原因在哪里?一个优秀的业务员应该具有哪些素质和能力?

任务一 培养推销员的职业素质

在市场竞争日益激烈的今天，企业经营者越来越意识到企业销售优势比企业生产优势更为重要。要取得销售上的优势，企业必须建立一支精干的推销队伍。虽说人人都可以成为推销人员，但要成为一名称职的推销人员，必须具备与之相适应的综合素质。一个企业推销人员的素质与能力关系到企业的生存与发展。到底什么样的人适合做推销工作呢？这是任何一家企业的销售经理在选拔推销人员时都需要考虑的问题。作为一名合格的推销员，主要应该具备以下基本素质。

一、思想素质

推销工作是一项创造性的、艰苦的脑力和体力劳动，因此要求推销人员具有强烈的事业心、高度的责任感、坚强的意志和毅力。在推销活动中，任何事情都可能发生，如果一遇到困难就灰心丧气，其推销任务将永远不可能完成。

1. 强烈的事业心

作为推销人员，应该热爱自己所从事的推销事业，奋发向上，百折不挠，有强烈的成就事业之心，才能真正做到干一行、钻一行、爱一行，并力争成为推销队伍中的尖兵；作为推销人员，必须树立正确的推销观念，把满足顾客消费需求作为推销工作的起点，诚心诚意为顾客着想，全心全意为顾客服务，把推销商品与解决顾客的实际问题有机地结合起来。

2. 高度的责任感

推销员是企业的销售代表，是企业的代言人，其一言一行都关系到企业的声誉与形象；同时，推销活动也是企业与顾客进行信息沟通的一种有效方式。因此，推销员首先必须具有高度的责任感，想方设法地完成企业的销售任务，这是推销人员的主要工作，也只有这样，才能算得上是合格的推销员。其次，推销员代表的是一个企业，除完成一定的推销任务外，还需要在推销活动中为企业树立良好的形象，与顾客建立和保持良好的、融洽的关系，不能为了实现推销定额而损害企业的形象和信誉。推销任务即使完不成，还能够依赖其他的促销方式弥补，但企业良好形象一旦遭到践踏与损害，就不是一朝一夕的工夫可以重新建立起来的。因此，推销员千万不要以牺牲企业形象来换取本期的销售定额。再次，推销员的责任除了表现在完成销售定额与树立企业形象外，也表现在推销员应向顾客负责，推销给顾客的商品应该是真正满足其需求、能够为其排除困难、解决实际问题的产品，而企业销售利润的实现只能作为顾客需求得以满足的"副产品"。

二、文化素质

推销工作不是一项轻而易举的工作，而是一项极富创造性与挑战性的工作，因此推销员除具备过硬的思想素质外，也要求具有较高的文化素质。推销员在推销过程中，会接触到各种各样的顾客，他必须在较短的时间内迅速做出判断，并确定具体的推销方式与技巧。推销员具备的文化知识越丰富，获取良好推销成果的可能性就越大。

推销员的文化素质，主要表现在对以下几方面知识的掌握。

1. 企业方面的知识

一个成功的推销员，不仅要具备丰富的基础学科知识，而且应熟悉本企业的全部情况。市场上同类产品很多，顾客有着较大的选择余地。这时，对自己企业了解最多的推销员就极有可能取得顾客的信任，从而获得订单。一般地，企业规模、企业声誉、企业产品、企业对顾客的支持、企业财务状况、企业优惠政策等，往往成为客户判断企业是否值得依赖、是否选购该企业产品的重要依据。推销人员是企业的代表，必须十分了解有关企业的一切信息，并保证让顾客能够准确、充分地接收与理解这些信息，这样才能促使顾客签下订单。

2. 产品方面的知识

推销工作本身要求推销员必须向顾客介绍、推荐产品，如果自己不懂得所推销产品的知识将是不可想象的。因此，作为称职的推销员，首先应掌握产品的技术性能，包括构成产品的原材料是什么，推销品的性能数据，产品规格、型号、外观、产品的特色，能满足顾客什么样的用途等。其次，应掌握产品使用与维修方面的技术与知识。推销人员在推销一些顾客不常买且价格昂贵的产品时，通常需要亲自示范操作，并经常走访客户以了解其使用情况，对一般性的技术问题应能及时排除。在现代市场营销中，为了赢得竞争，就应特别注意自己的产品与竞争对手的产品之间的差异，有哪些特点和优势，存在哪些不足，以便在推销中扬长避短，利用优势，战胜对手，促成交易。

3. 市场方面的知识

推销员应接受一定程度的教育，掌握必要的理论知识与实务技能，包括市场营销理论、市场营销调研方法、推销技巧等方面的知识，熟悉有关市场方面的政策、法令和法规。

4. 顾客方面的知识

推销人员还要懂得消费者心理与购买行为方面的知识，因此应掌握消费心理学、公共关系学、人际关系学、行为科学和社会学等方面的知识，以便分析顾客的购物心理，并据此运用合适的推销手段。

5. 竞争方面的知识

要成功地实施推销，还必须掌握同行业竞争状况的信息，包括整个行业的产品供求状况，企业处于什么样的竞争地位，竞争品有哪些优点，本企业产品有哪些优点，竞争品的价格，竞争品的销售策略等。

三、身体素质

推销员的推销工作既是一项复杂的脑力劳动,也是一项艰苦的体力劳动。推销员的工作性质决定了他必须有强健的身体方能胜任,健康的身体是实施推销活动一切策略的物质保证。推销员经常外出推销,在必要时还得携带样品、目录、说明书等,特别是对于工业品的推销,需要推销员进行安装、操作、维修等,劳动时间长,劳动强度大。因此,推销员只具备了过硬的思想素质与文化素质,而没有强健的身体、旺盛的精力、充满活力的朝气,其推销设想与计划只不过是空中楼阁、海市蜃楼,永远都不可能实现。

四、心理素质

成功的推销员都比较注重培养一种有利于达成交易的个人心理素养。实践也证明,有些人比较擅长做社交、公关与产品推销的工作,而有些人则擅长做细致的研究工作。推销活动是一种面向千百万人的工作,因而要求推销人员具有以下几方面的心理素质。

1. 性格外向

一般来说,性格外向的人易于与他人接洽,也擅长辞令,易接受别人,别人也能较快地接受他,这有利于向陌生顾客开展推销工作。而性格内向的人,不善社交与辞令,不容易与顾客接触,掌握的推销对象有限。因此,外向型性格的人比较适合从事推销工作。如果是性格内向,且不打算进行自我调整,最好是另谋生计。

2. 自信心强

作为一名推销员,应该有这样一种感觉:"不管遇到多么大的困难,我都能解决,我都能对付,我都能完成任务。"这样一种感觉就是自信心,这种自信心是在不断获取经验的过程中逐步建立起来的。初涉推销业时,由于根基太浅,尚未积累起足够的经验,不会有多少自信心。但在自信心不断树立,才干不断增长的过程中,也必须培养忍耐性和宽容心。如果推销员耐性有限,容不得客户挑剔的眼光,则他的推销经验与自信心可能永远也不会达到极点,自信心将荡然无存。

3. 良好的个性品格

作为推销员应履行自己的承诺,让顾客感觉到你确确实实是一个值得信赖的人。如果出尔反尔,经常违约,不遵守自己的允诺,会使竞争者轻易地从你手中抢走你的客户,也不利于培养和建立长期稳定的关系。做到诚实,言行一致,不说大话,是推销员优良品格的最基本要求。

 小知识

包玉刚的"生意经"

包玉刚认为纸上合同仅仅是一种形式,一种例行手续,重要的是诚心诚意去履行合同,用实实在在的行动而不是言语文字去赢得好信誉。1965年,埃及总统

纳塞尔把苏伊士运河收归国有并用沉船阻塞运河，使亚非欧三大洲海上运输受到了极大影响，船运费猛增，租船生意兴隆。包玉刚把船租给了一家日本公司，由印度装煤，运往日本港。他与这家日本公司签订了长期供货合同，费用低廉，薄利长租，避开了淡季无事可做的"萧条期"。他信守合同，从不误期，使他与客户之间建立起了良好的人际关系，深得用户好评。由于包玉刚信誉卓著，经营作风好，在不到两年的时间里，他的船队像滚雪球似的越滚越大，从1条船很快发展成7条船。

推销员要建立良好的人际关系，必须以诚待客，关心顾客，关心他们的事业和生活，并信守各项交易条款，按时、按质、按量兑现自己的承诺，哪怕是一次礼节性的拜访，也要遵守约定的时间。

任务二 培养推销员的职业能力

推销员具备了一定的思想素质、文化素质、心理素质与身体素质，只是具备了当一名好推销员的基本条件，并不一定能成为一名出类拔萃的推销员。一名杰出的推销员除具备上述这些基本素质外，还应有一定的职业能力。推销人员的职业能力是其在完成商品推销任务中所必备的实际工作能力。优秀的推销人员应具备敏锐的洞察力、较强的社交能力、良好的语言表达能力及快速的应变能力等。

一、敏锐的洞察力

观察能力是指人们对所注意事物的特征具有的分析判断和认识的能力。具有敏锐观察力的人，能透过看起来不重要的表面现象而洞察到事物的本质与客观规律，并从中获得进行决策的依据。新发明、新产品、新广告、新观念、新方法的魅力在于其"新"，推销人员推销时的吸引力也出自于"新"，他如何在推销过程中创新，有赖于他对新鲜事物的高度敏感性，这就要求推销人员具有超凡的观察能力。例如，在商业谈判中，推销人员应该从对方的谈话用词、语气、动作、神态等微妙的变化去洞察对方的心理，这对销售成功至关重要。推销人员应随时注意周围事物的变化以及一切发生在周围的事情。只有投身于变化的环境中并充满好奇心，细心观察，才能获取瞬息万变的情报信息。在工作中，推销人员要养成把一切所见、所闻的东西与自己工作紧密联系起来的习惯。例如，在登门拜访客户时，应能用眼睛一扫就把房间的一切摆设和人物活动的情形尽收眼底，进而总结出这个家庭的特点。

案例

某知名品牌集成吊顶推销员，走进一家正在装修的房子，在和装修工人聊天的过程中，他认为该家业主应该是自己的潜在顾客，原因是他发现该业主用的开关是"德力西"的、木门是"TATA"的……于是推销员决定会会主人，很快他就和业主签下了订单。

小知识

培养和开发观察力的技巧

（1）通过对注意力的开发，使注意力集中到需要观察的推销对象或有关事物上。

（2）调动所有感官，尽可能多地获取观察对象的有关信息。对顾客的观察与了解，可以从六个方面入手：一是顾客的社会背景，如家庭背景、职业、经历、收入水平等；二是顾客的气质、性格、兴趣爱好；三是顾客对社会、对工作、对购买的态度；四是顾客在整个购买过程中所担任的角色、所处的地位、所起的作用；五是顾客在人际关系中的特征，如对自己、他人和人际关系的看法与做法；六是顾客的体态、服饰和动作姿态等。

（3）学会用全面、系统、联系的观点看事物。例如，通过衣服的颜色看一个人的性格；从人的服饰看人的职业、地位、兴趣与爱好；通过谈论的话题了解人的需求层次与个性特色；通过事物的联系可以使推销人员系统地了解顾客。

（4）对观察的事物，既要定性观察，又要定量分析。在观察时注意动眼、动笔，把观察到的问题分门别类地记录下来。

（5）边观察边思考，以便随时发现关键的事与关键的人，为进一步调查了解做好准备。

二、较强的社交能力

推销员向客户推销商品的过程，实际上也是一种信息沟通的过程。推销员必须善于与他人交往，有较强的沟通技巧，同时也能维持和发展与顾客之间长期稳定的关系，待人随和，热情诚恳，能设身处地地从顾客的观点出发，为顾客解决实际问题，取得客户的信任、理解与支持。

社交能力不是天生的，是在推销实践中逐步培养的。要培养高超的交往能力，推销员必须努力拓宽自己的知识面，同时要掌握必要的社交礼仪。另外，推销员除具备推销领域必须掌握的丰富专业知识外，还应有广泛的兴趣爱好，宽阔的视野，以便能够得心应手、运用自如地应付不同性格、年龄、爱好的顾客。推销人员应敢于交往，主动与人交往，不要封闭自己。

三、良好的语言表达能力

推销员的接洽工作总是以一定的语言开始的，不管是形体语言、有声语言、物质载体语言还是文字语言，都要求推销员通过语言准确地表达推销品的信息，同时也能使推销对象清楚地了解和明白推销品的方方面面。如果推销员语言贫乏，词不达意，前言不搭后语，逻辑性差，思路不清，拙嘴笨舌，顾客是不可能接受这样的推销员的，也不可能接受他所推销的商品，他也不可能获得订单。优秀的销售人员应该是具有超人天赋的演说家，也是富有鼓动性的"辩才"，能言善辩，但同时又是最忠诚的听众，善于聆听顾客的意见。不要以为日常交际中的谈话与大庭广众中的推销交谈是一样的，即使能说会道的人，如果让他面对很多人讲话，他也可能怯场，可能连平常百分之一的讲话水平都不能发挥出来。因此，推销员应掌握推销交谈中的诀窍。

四、快速的应变能力

一个出色的推销员，除了对产品本身了如指掌外，还需要具有较强的语言表达能力，只有这样才能在跟客户打交道时得心应手，游刃有余。推销员虽然在与顾客接触前，都对推销对象做过一定程度的分析与研究，并进行了接洽前的准备，制定了推销方案，但由于实际推销时面对的顾客太多，无法把所有顾客的可能反应全部都列举出来，必然会出现一些意想不到的情况。对于这样突然的变化，推销员要理智地分析和处理，遇事不惊，随机应变，并立即提出对策，这就是应变能力。世间不可能有一劳永逸的处理应变的方法，任何再好的方法也只是在一定条件、时间和地点下适用。

推销员的八种魅力

1. 热情。性格的情绪特征之一，推销员要富有热情，在业务活动中待人接物更要始终保持热烈的情感。热情会使人感到亲切、自然，从而缩短对方的感情距离，同你一起创造出良好的交流思想、情感的环境。但过分热情会使人觉得虚情假意而有所戒备，无形中就筑起了一道心理上的防线。

2. 开朗。性格特征表现为坦率、爽直。具有这种性格的人，能主动积极地与他人交往，并能在交往中汲取营养，增长见识，培养友谊。

3. 温和。性格特征表现为不严厉、不粗暴。具有这种性格的人，愿意与别人商量，能接受别人的意见，使人感到亲切，容易和别人建立亲近的关系，业务员需要这种性格。但是，温和不能过分，过分则令人乏味，不利于交际。

4. 坚毅。性格的意志特征之一。业务活动的任务是复杂的，实现业务活动目标总是与克服困难相伴随，所以，推销员必须具备坚毅的性格。只有意志坚定，有毅力，才能找到克服困难的办法，实现业务活动的预期目标。

5. 耐性。能忍耐、不急躁的性格。推销员作为自己组织或客户、雇主与公众的"中介人"，不免会遇到公众的投诉，被投诉者当作"出气筒"。因此，没有耐性，就应是在被投诉的公众当作"出气筒"的时候，最好是迫使自己立即站到投诉者的立场上去。只有这样，才能忍受逼迫心头的挑战，然后客观地评价事态，顺利解决矛盾。推销员在日常工作中，也要有耐性。既要做一个耐心的倾听者，对别人的讲话表示兴趣和关切；又要做一个耐心的说服者，使别人愉快地接受你的想法而没有丝毫被强迫的感觉。

6. 宽容。宽大有气量，推销员应当具备的品格之一。在社交中，推销员要允许不同观点的存在，如果别人无意间侵害了你的利益，也要原谅他。你谅解了别人的过失，允许别人在各个方面与你不同，别人就会感到你是个有气度的人，从而愿意与你交往。

7. 大方。举止自然，不拘束。推销员需要代表组织与社会各界联络沟通，参加各类社交活动，所以一定要讲究姿态和风度，做到举止大方，稳重而端庄。不要缩手缩脚，扭扭捏捏；不要毛手毛脚，慌里慌张；也不要漫不经心或咄咄逼人。坐立姿势要端正，行走步伐要稳健，谈话语气要平和，声调和手势要适度。只有如此，才能让人感到你所代表的企业可靠和成熟。

8. 幽默感。有趣或可笑而意味深长的素养。推销员应当努力使自己的言行特别是言谈风趣、幽默。能够让人们觉得因为有了你而兴奋、活泼，并能让人们从你身上得到启发和鼓励。

任务三 掌握推销基本礼仪

推销员是企业的外交官,是沟通企业与顾客的友好使者,他们的言谈举止、仪表风度、态度信心等能否被顾客接受、给顾客留下美好的印象,不仅影响着企业的形象,而且还直接影响着企业的销售状况。因此,推销人员应注意推销的基本礼仪,首先应给顾客留下好的印象,顾客接受你,才能接受你所推销的产品。推销员的礼仪主要包括仪容、仪表、言谈、举止等。

一、推销人员的仪容

仪容是指人的容貌。仪容是由面容、发式以及人体所有未被服饰遮掩的肌肤(如手部、颈部)等构成。仪容在人的仪表美中占有举足轻重的地位。有人说,"仪容是爹妈给的,除非整容",但是,俗话说"三分长相,七分打扮",可见后天的修饰是非常重要的。首次与顾客见面,不要总想着怎样把东西卖给顾客,而是要想着怎样才能给顾客留下好印象。

1. 男士面容的基本要求

男士容貌以"洁"为原则,应养成每天修面剃须的良好习惯,修理胡须,修理鼻毛,清理眼角、耳孔。切忌须发不整去拜访顾客,这是对他人不敬的行为。

2. 女士面容的基本要求

女士容貌以"雅"为原则,即淡雅、清新、自然。应注意护肤,可选择合适的化妆品和化妆方法,一般以淡妆为宜,略施粉黛、淡扫蛾眉、轻点朱唇,恰到好处的化妆可以充分展现女性面颊、眉眼与唇部的魅力。如果化妆过于浓艳,往往会给人以招摇和粗俗的感觉。

二、推销人员的仪表

仪表是指推销员的外表,在人际交往的最初阶段,仪表往往是最能引起对方注意的,人们所说的"第一印象"多半来自一个人的外表。一个人如果有一个好的外表,他就能产生自信心;相反,如果忽略了衣着和装饰,顾客会不时投来挑剔的目光,推销员就会丧失自信心。仪表端正、穿戴整齐比不修边幅显得有修养,也表现出对别人的尊重。

服饰是服装与饰物的统称。俗话说:"人靠衣装,佛靠金装。"合适、得体的服饰给人以愉悦的感觉,所以推销员应注意服饰的搭配。服饰方面总的原则要求是协调得体、整洁大方,干净利落,不穿奇装异服,不佩戴繁杂的装饰物。推销人员的服饰装扮应遵循TPO原则，即根据时间（Time）、地点（Place）、场合（Occasion）来选择相应的着装。具体讲，推销员的着装标准没有固定的模式，应根据预期的场合、推销的商品的类型、即将拜访的顾客的社会地位、经济状况和文化程度来决定。

美国著名的服装设计师约翰·T.莫洛依曾为推销员提出了一些衣着标准，这里摘录部分以备参考。

1. 推销员应该身穿西服或轻便西服。
2. 推销员的衣着式样和颜色应尽量保持大方稳重。
3. 不要佩戴一些代表个人身份或宗教信仰的标记。
4. 推销员最好不要穿流行时装，不要佩戴过多的饰物。
5. 尽量不戴太阳镜或变色镜，只有让顾客看见推销员的眼睛，才能使他们相信推销员的言行。
6. 外出时，要带一支比较高级的圆珠笔、钢笔和一个精致的笔记本，并携带一个较大的公文包。
7. 可以佩戴代表公司的徽标，有助于提升推销员的权威。

三、推销人员的言谈举止

仪表与服饰对于留给顾客的第一印象起到了较为重要的作用，但在与顾客的进一步交往中，推销员的言谈举止则起着决定性的作用。如果说仪表是取得与顾客交谈的钥匙的话，那么言谈举止是取得顾客信任的推进器。美丽的外表只能引起顾客的注意和好感，为推销活动打开一个好的开端；要真正赢得顾客的信任，还要靠推销员流畅的语言、优雅的举止、良好的气质与风度。

1. 言谈

产品推销大多数是通过推销员与顾客面对面的交谈来进行的，所以，交谈的艺术与技巧显得尤为重要。推销的核心是说明，语言比仪表、服饰更重要。老练的推销员往往会认真仔细地总结出一套说话的技巧，他们已充分体会到，练就一种随机应变的、清晰而又充满热情的谈话本领十分必要。这就要求推销员应加强自身的语言训练，提高表达水平，积累交谈技巧，掌握谈话艺术。

推销员与顾客交谈时语调应该温和而友好。一般来说，声音低一些要比大嗓门更显得温和有利。而且，改变音色并不容易，但降低音量却十分简单。推销员应在语气、语调、语言流畅度上多下工夫。不要说话过快或过慢；语气、语调不要一成不变；语言不要过于高亢或过于轻柔；说话时情绪饱满也是非常重要的。

具体来说，推销员在交谈中应注意下面问题：

（1）发音准确，注意语音、语调、语速及停顿。

（2）条理清楚，逻辑性强，避免前言不搭后语，自相矛盾；避免讲话没有中心，让顾客莫名其妙。

（3）谈话有理有据，不能强词夺理。

（4）交谈要富有热情，充满活力，使人感受亲切，唤起对方渴望交流的欲望。

（5）在同顾客交谈时，不要讽刺挖苦顾客，不要攻击竞争者；不要与顾客争辩；不要开粗俗的玩笑，使人感觉俗不可耐。

2. 举止

语言只是推销员与顾客交流的方式之一，在具体的推销过程中，推销员大量运用的却是非语言符号，即体语（如面部表情、手势、站姿、坐姿、走姿等）。体语可以表达语言的未达之意，可以更真实地展现人的内心世界。

（1）微笑。微笑能建立信任。综观历史，在任何时代、任何地区、任何民族中，微笑都是表示友好意愿的信号。推销时的微笑，表明你对顾客抱有积极的期待，蕴涵着友善、亲切、礼貌、关怀。

（2）脸部表情、目光。面部表情要展现出热心、细心、快乐、自信；面部表情不要流露出冷漠、失望、怀疑、愤怒。不要以为自己可以控制面部表情，请记住，你的心情即是你的表情！

目光接触是人世间最能传神的非语言交往方式之一。眼神自然地在传递思想，沟通信息。人的目光，有严厉的，也有慈祥的；有凶狠的，也有友善的；有灼人的，也有胆怯的。彼此之间的简单对视，可以是含情脉脉的暗送秋波，也可以是带有威胁和警告的暗示。在关系不太亲密的交往对象之间，直愣愣地盯着对方，在许多的文化背景中是失礼的行为。而上下打量人更是一种轻蔑和挑衅的表示。

在人们的交往与推销活动中，彼此之间的注视还受到人的地位和自信程度的影响。推销学家在一次实验中，让两个互不相识的女大学生共同讨论问题，预先对其中一人说，她的交谈对象是个研究生，同时却告知另一个人说，她的交谈对象是个多次落榜的中学生。观察结果是，自以为地位低的女学生，说话时就很少注视对方。

直视对方的同时为了避免让对方感到压力，请用双眼看着对方的任意一只眼睛；交谈时视线不要离开对方；面对顾客时，避免眼珠不停地转动和不停地急速眨眼。

目光接触的学问不少：互相凝视片刻表示坦诚；虎视眈眈表示敌意；斜着眼扫视表示鄙夷；正视、逼视表示命令；不住地上下打量对方表示挑衅；左顾右盼，低眉偷觑表示困窘；行注目礼表示尊重；白对方一眼表示疑问；眯着眼表示高兴，也可表示轻视。在推销过程中，目光与眼神所起的作用是不可低估的。

（3）手势。手势是体态行为中最具表现力的身体语言之一，在谈话时配以恰当的手势，往往能起到表情达意的良好效果。在推销交往时，手势动作能起到直接沟通的作用，对方向你伸手，你也迎上去握住它，这是表示友好与诚意。使用手势时要注意不同文化背景下手势的不同含义，如"OK"手势，在英语国家表示同意，但在法国则意味着"零"或"无"，而在日本可以用来表示钱。又如"V"手势，掌心向外的"V"手势代表胜利，而掌心向内的"V"手势，就变成侮辱人的意思，这在英国和澳大利亚非常普遍；而在欧洲许多国家，"V"手势还可以代表数字"二"。

（4）坐、立、行。俗话说："站有站相，坐有坐相"，"站如松，坐如钟，行如风"。站立时，脊背挺直，抬头，挺胸，收腹，一只手放于另一只手上方，自然下垂置于身前；女性两腿绷直，脚跟并拢，双脚分开成30度，呈"V"字形；男性双脚可微微叉开，最多可与肩宽；目光应平视。叉腰、抱胸、靠背他物，双脚交叉是不文雅的表现，应该避免。行走时，目视前方，身体保持平衡，步幅不宜过大，脚步轻、稳，不要边走边大声喧哗，以直线方式行走，避免并排行走，不要勾肩搭背。坐姿要自然抬头，挺胸端坐，与顾客交谈时，上身微向前倾，用柔和的眼光注视对方；在面对顾客操作电脑、处理业务时，应略微侧坐，脸和身体朝向电脑与顾客的中间方向，眼神兼顾顾客；双手不可支于桌上，任何时候都不可仰靠椅背而坐或伸直双脚，禁止趴在工作台休息。

（5）握手。握手可以说是每次交往中你与顾客之间的第一个，也可能是最后一个或唯一的身体接触，你的握手应向对方表达出你的热情、关切、力量和坚定。握手时，距受礼者一步，上身前倾，两足立正，伸出右手；四指并拢，拇指张开；与对方相握，用力适度；上下摇动二三下，礼毕即松开。握手的先后次序是：主人、年长者、职务和身份高者、客人、年轻者、职务和身份低者；女士先伸手，男士见面先问候，待对方伸手后再握。握手的禁忌有以下几点：握手时不应争先恐后，应依次而为；右手握手时，左手不要插入衣袋里；握手时不要东张西望、长篇大论、点头哈腰；握手时不要将对方的手拉过来、甩过去或抖动不停；握手时不要太用力，时间不宜太长，也不要太短。

（6）递送或接受名片。名片是现代人际交往中的重要工具，在各种社交活动中被普遍使用。对初次相识并希望继续联系的顾客，可在一见面时递上自己的名片，也可以在告别时将名片交给对方，使对方知晓自己的基本情况，加深印象，有利于再次联系。递送名片的正确方法是：手指并拢，用大拇指夹住名片左右两端，恭敬地送到对方胸前；或食指弯曲与大拇指夹住名片左右两端奉上，名片上名字正向对着顾客，方便顾客接过名片就可以阅读。在接受对方的名片时，应双手去接，接过对方的名片后，一定要专心地看一遍，读一遍，并把顾客的名字和职务记下来，以示对顾客的尊重，切不可漫不经心地往口袋一塞了事。

在行为举止方面，推销员应养成良好的习惯，以下准则可供参考：

1. 推销员进门前，无论门是关闭还是开启，都应先按门铃或轻轻敲门，然后站在离门稍远一点的地方；

2. 当看见顾客时，应该点头微笑作礼；

3. 在顾客未坐定之前，推销员不应该先坐下；

4. 用双手递送或接受名片；

5. 绝对不能任意抚摸或玩弄顾客桌上的物品，更不能把顾客的名片当玩具玩；

6. 用积极关心的态度和语气与顾客谈话；

7. 落座要端正，身体稍往前倾；

8. 认真听取顾客的意见，并善于听取顾客的意见，眼神看着对方，不断注意对方的眼神，不要不给顾客发言的机会，只按自己的兴趣一味地讲下去；

9. 不亢不卑，不慌不忙，举止得体，彬彬有礼；

10. 有节度的动作；

11. 站立时上身稳定，双手安放两侧，不要背手；

12. 当顾客起身或离席时，应该同时起立示意；

13. 当与顾客告辞时，应向对方表示打扰的歉意，感谢对方的交谈与指教。

任务四　了解推销员的基本职责与职业前景

一、推销员的基本职责

（一）搜集信息

推销人员是联系企业和市场、企业和顾客的桥梁与纽带，容易获取产品的需求动态、竞争者状况及顾客的意见等方面的重要信息。及时地获取与反馈这些信息是推销人员的一项重要职责。这不仅可以为企业制定正确的营销策略提供可靠的依据，而且有助于推销人员提高自身的业务能力。因此，推销人员要自觉地充当企业的信息收集员，深入到市场与顾客之中，在销售商品、为顾客提供服务的同时，有意识地了解、搜集市场信息。

推销人员在搜集信息时要做好以下几项工作：

（1）寻找与确定目标市场，即寻找并确定哪个地区、哪部分人是企业产品目前的需求者或未来的可能购买者。

（2）估算目标市场的容量与可以达到的销售额。市场容量是指针对具体的目标市场可能达到的最大销售额（或销售量）。市场容量的大小与目标市场中需求者的多少、购买力的大小、购买欲望的强弱有关。

（3）了解目标市场需求的具体特点。为了更好地进行市场营销决策及推销活动，推销人员还应详细了解消费者的需求现状及变化趋势，他们对产品的具体意见和要求，他们对企业销售政策和售后服务的反应等具体情况，以便为企业制定具体的市场营销策略提供依据，也为自己的推销工作提供决策依据。

（4）为企业市场营销决策当好参谋。推销人员应根据自己所了解的目标市场的需求特点，提出关于开拓市场的建议。首先，为企业生产适合目标市场需求的产品提出建议。其次，就产品如何定价，如何选择销售渠道等提出建议，参与企业整体营销决策。

（5）了解同类产品竞争者的状况。推销人员既要了解竞争者的产品有什么特性，缺乏什么特性，哪些特性优于自己的产品，也要了解竞争者的营销战略、营销策略、营销手段、网点分布、客户状况等。

（二）协调关系

推销人员运用各种管理手段和人际交往手段，建立、维护和发展与潜在顾客及老顾客之间的业务关系和人际关系，以便获得更多的销售机会，扩大企业产品的市场份额，这也是推销人员的重要职责。

推销人员将产品推销出去，并不是推销工作的结束。顾客购买商品并使用后，会有一定的评价。这些评价会直接关系到企业及产品的声誉，关系到企业及产品的市场生命。推销人员必须继续保持与顾客的联系，尽善尽美地为其提供售后服务，还可定期访问，进行节日问候，保持牢固的产销渠道，而且还要千方百计地发展新的关系，吸收、说服潜在顾客购买本企业的产品，不断开拓新市场，扩大企业的市场范围。推销成功后，能否保持和重视与顾客的联系，是关系推销活动能否持续发展的关键。

推销人员在协调关系时应做好以下几方面的工作：

（1）确定主要客户的名单，建立顾客档案；

（2）根据计划与顾客进行沟通；

（3）对推销人员定期进行检查、评估。

（三）销售商品

将企业生产的商品，从生产者手中转移到消费者手中，满足消费者的需要，为企业再生产和扩大再生产创造条件，是推销人员最基本的职责，也是推销工作的核心。

（四）提供服务

商品推销活动本身就是为顾客提供服务的过程。"一切以服务为宗旨"，是现代推销活动的出发点和立足点。推销人员不仅要为顾客提供满意的商品，更重要的是为顾客提供各种周到和完善的服务。未来企业的竞争日趋集中在非价格因素上，非价格竞争的主要内容就是服务。在市场竞争日益激烈的情况下，服务往往成为能否完成销售目标的关键因素。

推销人员所提供的服务包括售前、售中和售后服务。

1. 售前服务

售前服务是指在正式推销工作之前为潜在顾客所提供的服务。只有做好推销前的服务工作，推销才有成功的可能性。推销前的服务工作是指在商品未售出之前进行的一系列准备工作，它主要包括：调查了解顾客的需要情况，为顾客提供必要的产品样本和使用说明书，为顾客的购买提供必要的咨询服务等。推销前的服务是成功推销的前提，是达成交易的基础。

2. 售中服务

售中服务是指在推销商品的过程中，由公司或推销人员为顾客所提供的服务，主要为顾客在购买商品和运输方面提供方便条件。售中服务主要包括：为顾客提供运输、保管、装卸以及融资、保险、运输等方面的帮助。售中服务是推销成功的关键，尤其是在产品差异和价格差别不大的情况下，顾客会选择那些能提供额外服务的厂家生产的产品。

因此，推销人员只有做好推销过程中的服务工作，推销才能成功。一方面，顾客看重推销人员的服务精神。顾客在选择过程中，往往很重视推销人员的人品和公司信誉，真诚和信誉是顾客接受推销的首要条件。推销人员的服务精神和提供的服务项目，最能说明推销人员的真诚与信誉。另一方面，顾客往往把能否提供所需要的服务，当作主要的洽谈条件。他们期望从推销人员所提供的服务中获得利益。

3. 售后服务

售后服务是指在完成销售后为顾客提供的各种服务，主要包括：产品的安装、调试、维修、保养、人员培训、技术咨询、零配件的供应及各种保证或许诺的兑现等。任何顾客在购买商品后都会对购买决策进行总结。顾客总结时得出的结论，会对推销产生很大的影响。因此，只有搞好售后服务，消除顾客的不满意，强化顾客的满意，才能提高推销的知名度和美誉度，不断稳固老顾客，开发新顾客。

> 伴随着市场对推销服务需求的变化，对推销员的称呼也发生了变化，出现了"服装导购""家具导购""置业顾问""汽车销售顾问"等称呼。这种看似称呼上的变化，却反映了市场对推销人员的认可，也反映了对推销服务提出了更高的要求。

二、推销员的职业前景

推销员的职业成长道路，主要有两种途径。

（一）定位于一直从事销售工作

选择这条路，成为战略型销售人员，是推销员的可行办法之一，也是中国市场营销工作获得全面升级、营销队伍素质全面提升的必然趋势。这种职业规划的成长轨迹如图2-1所示。

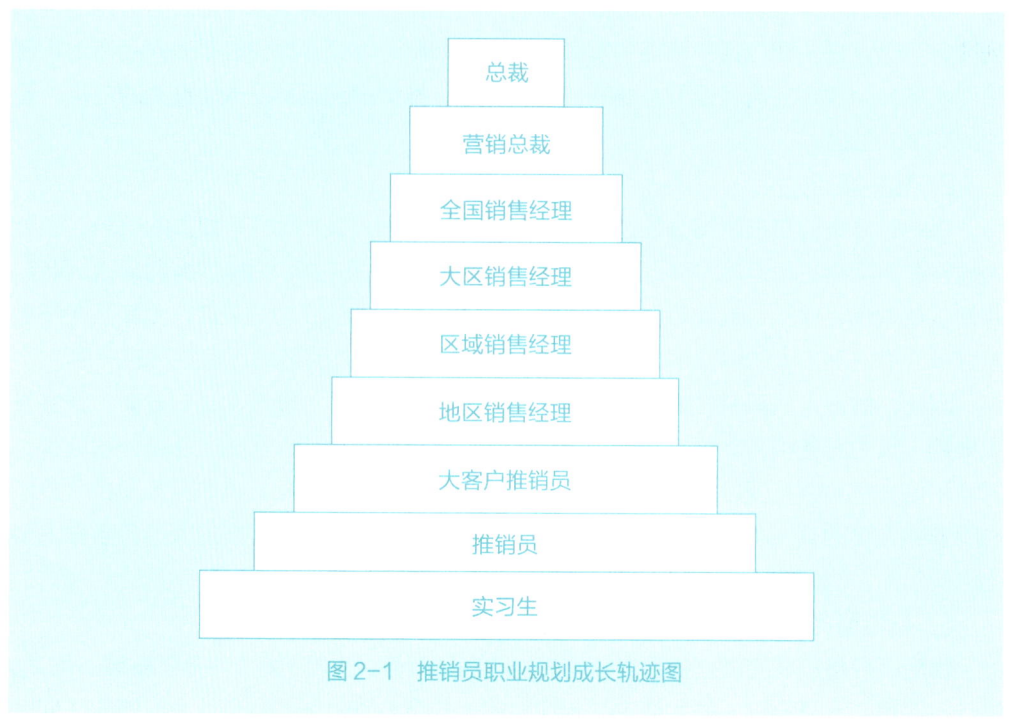

图 2-1　推销员职业规划成长轨迹图

（二）定位于转岗或转行

定位于转岗或转行，不再从事销售工作，那么成长的通道又在哪里呢？梳理一下，主要有横向流动、上行流动、下行流动、转行或跳槽、个人创业与交互混合式六条发展通道。

1. 横向流动

横向流动即轮岗，销售人员做到一定的时候，转向相关的专业化职能管理岗位，可以从三个角度考虑选择：

（1）如果还是对销售业务或相关的工作感兴趣，不愿意完全离开市场营销工作，公司的人力资源安排也允许，可以选择横向的相关岗位，如市场调查、企业策划、广告宣传、品牌建设与管理、渠道管理、招商管理、价格管理等。

（2）如果有管理专业背景或者对管理感兴趣，可以发展的方向包括：市场信息或情报管理、竞争分析、产业研究、战略规划与管理、人力资源管理、销售培训、项目管理。

（3）如果在销售工作中在产品或行业的生产制造、运营、研究开发、设计等技术方面积累了优势，则可以往技术含量较高的岗位流动，如运作管理、售前技术支持、产品中试、产品检测、售后技术服务咨询等。

2. 上行流动

如果在分支机构、片区或分公司做销售，当积累一定的经验后，优秀的可以主动积累全公司层面的销售管理，选择合适的机会，上行流动发展，到更上一级的或公司总部销售部门工作，也许继续销售，也许可以带销售团队、管理省／大区市场，在管理道路上开始起步。

有些公司在人才培养的梯队建设方面就是用这种晋升办法来激励基层业务人员的，这类选择适合于两类公司：一类是已经是大型企业，其产品（如快速消费品）必须采用多级多层次分销体系的公司；一类是发展初期的企业，本分支机构、片区或分公司的市场需求很大，市场份额增长迅速的，如果要选择上行流动，必须迅速把握时机。

3. 下行流动

如果在公司总部销售部门工作当积累一定的经验后，可以根据市场发展的规模和速度，选择合适的机会，下行流动发展，到下一级或多级的分支机构去工作，通常都是带销售团队、管理省／大区市场，也许是要到某个特定的市场去开拓新业务、负责攻坚销售或打硬仗，在继续锻炼一阵之后，就可以在管理道路上开始真正起步。

这种选择的优势在于将总部的销售管理经验、操作手段和方法带到下级销售组织，可以发挥理念传播、技术指导培训的作用，容易积累一线的市场经验，培养敏锐的市场触觉，更加切实地把握市场需求特征、变化、竞争者动态和巩固稳定客户。

这也是一些公司在发展壮大的初期锻炼培养未来领军人物的常用办法之一。如不少软件公司的地方分公司总经理多数是在发展初期在本部优秀的销售人员，后来被委派到地方筹建分公司，开拓新的市场，一个成功后又广泛推广，逐步形成市场网络，当整个市场扩张时，公司的组织结构不断扩充演变，销售人员的发展空间就显得比一般的职能管理人员更大。

4. 转行或跳槽

优秀的销售人员往往是公司的骨干，可以为公司带来大量的现金流收入，但是如果公司的薪酬福利政策不能有效地激励他们，那么他们转行或跳槽就在所难免，而且往往是转到竞争对手公司中去，有些公司在目前的法律和道德环境下甚至采取一些不良行为或手段来挖优秀的业务人员，在内外夹攻的条件下，优秀的销售人员做这种选择也是可以理解的。

所以业务人员只要是业务能力强，能为公司带来良好的业绩，转行或跳槽一般没有问题。在本行业内流动这种方式，只要没有违反职业道德、劳动合同的相关条款规定和相关法律规定，就是可以选择的路子。

如果离开本行业，重新开始新的事业空间，也是一种新的职业方向选择。比如有经验的销售人员改做管理咨询也是不错的选择，事实上不少的咨询顾问是从营销实践中转过来的，有些还是营销老总、总监、大区经理等，因为他们有丰富的销售经验和行业背景，更理解企业实践的营销环境，在做相关行业的营销管理咨询、战略咨询时，尤其显得有优势。

5. 个人创业

做业务工作是很多创业者必须自己先行解决的难题，"没做过销售，别想当老板"，话虽偏激，但是却表明，在个人创业前如果就已经积累了丰富的销售经验，这是一笔很好的财富。改革开放初期创业起步的成功者中，很大一批人都是从销售人员开始做起的，积累资金后个人创业。

如果有丰富的销售经验，这样理解行业更加深刻，市场感觉很敏锐，也许有时可能积累了资金和良好的产业链上下游的人际资源，了解行业的运作模式和成功关键，甚至于合理合法地把握了稳定的客户关系资源。只要积累了某些要素，那么从销售转向个人创业都是有利的，当然这些仅仅是个人创业的辅助条件而不是关键条件。

6. 交互混合式

职业规划好处多，但是，环境变化快，有规划强过毫无计划，但是职业规划也不能太死板僵化，将自己的职业生涯规划定得太死或一成不变有时会显得跟不上形势，反应太慢就会落后。不断调整自己的小方向，适当调整大方向，这才是理智可取的方式。

所以，销售人员的发展通道需要考虑前面五种方式的恰当结合，采用交互混合式。

【阅读资料】

销售员当老板概率有多高？

当今社会人人都想当老板，你离老板的距离有多远呢？要想做好老板，请先做好销售吧！因为销售员离老板最近。过去如此、现在如此、未来更是如此。因为一切的产品在于销售，对于创业期的老板来说，你是第一销售员，老板在没有能力招聘优秀员工时，唯有靠自己做销售。李嘉诚、黄光裕、马云、史玉柱、宗庆后等知名企业家，他们曾经都是优秀的销售员，最后成为优秀的企业家。所以你想创业、想当老板，那么我建议你先把销售做好。虽然我不是说只有做销售才能当老板，但至少销售员当老板成功的概率要大得多。

然而，我发现很多人想做老板却又不敢做销售。他们有做老板的梦想却没有做销售的勇气。朋友，产品都卖不出去又如何做老板呢？即使你是老板也是一个负债的老板。21世纪是一个合作的世纪，你不要以为做了老板就会有人帮你卖产品，老板不用自己推销，就等着在家里数钱，那么这是大错特错。想想看，你不会卖产品都可以当老板，他会卖产品的人又何必给你打工呢？他不会自己去当老板啊！如果你认为自己有钱了就可以当老板，那么你又错了。如果你没有赚钱的能力，你的本钱又能用多久呢？何况我们每一个创业者，他的创业资金并不雄厚，最后没有钱，又没有销售能力，谁还跟着你干啊！

商业社会的今天，如果你想以后当老板，那么就主动去寻找一份销售工作做吧！因为这是离老板最近的一条路。做销售你最大的收获不仅仅是你销售产品的提成，而是你具备了销售产品的能力，这种能力是你一生的财富。

老板是市场上培养起来的，而不是学校里培养起来的。销售工作是最辛苦而又最轻松，最不赚钱而又最赚钱，最低级而又最高尚的职业。做不好什么痛苦都需要忍受，做好了什么幸福都可以享受！因为很多人希望幸福、快乐！却又害怕辛苦、劳累，所以他们最后选择了逃避，自然也就做不好老板。也许我们今天感到吃惊，为什么每个成功人士分享他们成功的时候都会说他们曾经是多么的辛苦，而我们不能理解，总以为他在吹牛。我们只会看到他们今天得到的鲜花和掌声，金钱和荣誉。可我们有多少人会关心他的成长过程呢？

【总结与回顾】

作为一名推销员，在思想素质上应具备强烈的事业心，高度的责任感，坚强的意志和毅力；在文化素质上，应掌握有关企业、产品、市场、顾客及竞争方面的知识；在身体素质上，应具有强健的体魄；在心理素质上，应了解自身的性格特征，增强推销的自信心，养成良好的个性品格。

从职业能力方面讲，推销人员还应具有敏锐的观察能力、较强的社交能力、良好的语言表达能力和快速的应变能力等。

推销员的基本职责主要有四个方面：搜集信息；协调关系；销售商品；提供服务。

推销员是企业的外交官，是沟通企业与顾客的友好使者，在推销工作中应注意言谈举止、仪表、仪容、仪态、服饰、化妆、手势、坐姿、站姿、走姿等细节，有利于推销员在顾客心目中留下好的印象，增强推销的效果。

推销员应做好职业发展道路和职业前景的规划。

本项目的教学重点是：掌握推销人员的职业素质、能力、礼仪，了解推销员的基本职责与职业前景。

【复习思考题】

❶ 结合本章知识，谈谈优秀的推销人员应具备哪些基本的素质与能力？
❷ 谈谈你对推销工作和推销员职业前景的认识。

【案例分析题】

❶ 某品牌纯净水厂在一社区设点销售纯净水，宣称其水质纯净、无污染，含多种有益元素，实行上门送水服务，其价格也较市场同类产品低三分之一。王先生当场买了一年的水票。当天，卖方送水工按王先生要求的时间把水送到，送水工穿着肮脏的工作服和皮鞋，径直走进王先生铺着木地板和地毯的客厅，动作幅度很大地把水桶放在饮水机上，溢出的水从饮水机上溅到地上，送水工一不小心又把黑乎乎的手印印在王先生洁白的墙面上。王先生恼怒地说了送水工几句，双方争执起来。王先生一怒之下要求退票，卖方不允。后几经周折，方退回八成票款，王先生接受教训，转而购买另一知名品牌纯净水，送水工进门之前，拿出自带的塑料袋套在脚上走进房间，小心而熟练地将水放在饮水机上，又拿出挎包里自带的洁净的抹布擦拭饮水机和水桶。做完这一切，礼貌地告辞。这一次，王先生开心地笑了。

是什么原因使得王先生中断了与某品牌纯净水厂已经发生的购买行为，转而去购买另一知名品牌纯净水？

❷《美国》杂志的出版商亚瑟·莫特里年轻时为积攒上大学的学费,到处寻找打零工的机会。有一天,一个齐特拉琴的推销商找到他,让他推销。齐特拉琴是一种古琴,价格不贵,销量较好。莫特里以5美元/把进货,10美元/把卖出,同时免费赠送给顾客30页乐谱。有一天,一位购买他琴的顾客向他索要更多的乐谱,他突然发现这种琴只能弹奏C调,对其他调号的曲子一点用都没有。从那天起,他的销量再也没有达到先前的水平,因为他认为产品有缺陷,对产品信心不足。

 结合案例分析,你认为推销员的信心来自于哪些方面?

❸ 乔·吉拉德是极少数奇特人物之一:一个满是冲劲并且能够把他的灵感和态度与其他人交流的人。乔把这一特征称为"火花"。用他自己的话来说是"小火花能燃起熊熊大火"。乔·吉拉德是世界上最伟大的销售员,他连续12年荣登世界吉尼斯纪录大全世界销售第一的宝座。他所保持的世界汽车销售纪录是:连续12年平均每天销售6辆汽车,至今无人超越。乔·吉拉德也是全球最受欢迎的演讲大师,曾为众多世界500强企业精英传授他的宝贵经验,来自世界各地数以百万的人们被他的演讲所感动,被他的事迹所激励。

乔·吉拉德1929年出生于美国一个贫民窟,他从懂事时起就开始擦皮鞋、做报童,然后做过洗碗工、送货员、电炉装配工和住宅建筑承包商等。35岁以前,他只能算个全盘的失败者,患有严重的口吃,换过40个工作仍然一事无成。然后他开始步入了推销生涯。谁能想象得到,这样一个不被看好,而且是背了一身债务、几乎走投无路的人,竟然能够在短短的3年内被吉尼斯世界纪录称为"世界上最伟大的推销员"。他一直被欧美商界称为"能向任何人推销出任何产品"的传奇人物。他是怎样做到的呢?虚心、努力、执着、充满热情是乔·吉拉德成功的关键所在。

 你认为乔·吉拉德具备哪些成为伟大推销员的潜质?

❹ 河北省安平县的一家罗网厂,生产罗网之类的产品。该厂一位姓王的推销员,有一次听说河南某地有个塑料厂。他想,制塑料得用过滤筛,于是急忙登上火车,昼夜兼程地赶到那里。待他说明来意,对方厂里的人笑了,说:我们生产的是白色塑料,不用过滤,带颜色的塑料,才需要过滤。小王只好扫兴而归。时隔不久,小王又到天津某橡胶厂销售罗网。对方厂里的业务负责人问:"你厂能生产多大拉力的网?最高含碳量是多少?能经得起多高的温度?"小王愣了,他只知道罗网是过滤用的,不知道还有这么多的讲究。对方说:"你连这些都不懂,怎么做推销又怎么订合同?"王某终于明白,当一个推销员其实并不那么简单。后来,小王下苦工夫学习,掌握了各种金属材料的含

碳量、拉力受压能力、耐酸、耐热性能等科学知识。他的推销业绩直线上升，他所在工厂也越办越红火。

 你认为小王推销业绩提高得益于什么？推销员都应该具备哪些方面的知识？

【能力拓展】

阅读下面资料，讨论"如何把自己培养成为优秀的推销员"。

资料：推销员的一天

一、早晨上班，充满自信

❶ 推销员从醒过来开始，就要舒舒服服、快快乐乐的。
❷ 不要赖床，要果断、快速地起来，起床时间6：30最适当。
❸ 用适度的运动来激发身体的活力。
❹ 详细阅读报纸或收听电视、电台新闻，准备、充实与顾客见面时的谈话话题。
❺ 整理仪容、服装，高高兴兴地准备离家上班。
❻ 再检点一下推销员必备的用品。推销员必备的七项用品：名片、钢笔或圆珠笔、笔记本、钱包、手帕、打火机、月票或车钥匙。
❼ 亲切地与家人打招呼，冲劲十足地往外走。

二、上班途中，充分利用

❶ 上班途中，遇到认识的人，先亲切地打招呼，这也是自我训练的重要工作。
❷ 偶然改变一下上下班的路途，会碰到意想不到的好机会。
❸ 坐车上班，在车上是读书、看报的好时间。
❹ 看报纸要先看国内外大事、经济新闻、社会新闻。

三、准备妥当，然后出发

❶ 到公司的第一件事，是向公司同事打招呼。
❷ 好的推销员最好在上班前20分钟到达，以便做准备。
❸ 主动参加打扫卫生活动，和大家打成一片。

四、周密计划，成功之本

❶ 明确今天推销活动的目标及要点。
❷ 充分拟定今天的活动计划及预定路线。
❸ 出门前再检查一下推销工具。

（1）皮包中：皮包内的东西，要整理清洁，将商品目录和推销手册收集齐全，看看是否带着订货单、进货单或接收单，确认印章、印泥带了没有。

（2）与顾客洽谈时，必备的推销工具：名片、客户名单、访问准备卡、价目表、电话本、身份证明书、介绍信、地图、商品说明书、资料袋、笔记本等。

（3）促进销售的工具：计算器、样品、商品照片、产品模型、报纸杂志广告和报道材料、优待折扣办法、其他宣传材料。

五、精神饱满，领头出发

❶ 先与预定的访问对象电话联络好。

❷ 拟订访问路线和访问次序。

❸ 向上司或有关人员说明自己的去处。

❹ 好的推销员要比任何人都提早出公司大门。

六、意气风发，返回公司

❶ 事情办妥，心情轻松，回公司的途中，正是增长见识的好机会。

（1）偶尔改变回公司的道路，以接触不同机会。

（2）要注意观察最近的流行动向。

❷ 反省今天拜访的成绩，勇气十足地回公司。

七、精确整理，检点工作

❶ 将今天的业务详细地填在日报表上。

（1）态度要严肃，笔记力求工整整齐。

（2）记载具体事实，勿作抽象描写。

（3）尽量详细，避免遗漏。

（4）依照原则，填写报告。

❷ 对照今天的访问计划及实际成果的异同。

❸ 订购单必须马上开传票，核对有无错误。

❹ 对今天顾客所提出的抱怨，应立即处理，编入备忘录。

❺ 与有关部门洽商，协调业务。

❻ 简单明了地向上司报告工作概况，并要求明天的工作。

八、主动协调公司同仁

❶ 查核所有客户的订货是否已顺利出货。

❷ 检查已交其他部门办理而尚未解决的事项的进度，并催促解决。

九、提前准备明天工作

❶ 准备明天的访问计划。

（1）看有无需要紧急处理或特别重要的事情。

（2）需预先约定时间的客户，约好见面时间。

（3）拟定初步访问行程，排除不重要的工作。

（4）考虑零碎时间的利用法。

❷ 确认明天的工作重点。

（1）哪种商品应优先处理。

（2）哪些客户应优先拜访。

（3）短期营业目标及明天工作计划的配合。

（4）准备明天访问所需的资料及样本。

十、今天工作，彻底完毕

离开办公室以前，将明天的计划安排、业务手册、联络备忘录再核对。

十一、自我进修，升迁之途

① 经常读书，专业书籍或文学小说均有帮助。

② 看看电视或报纸上的重要新闻报送。

③ 整理剪裁报纸或杂志上的资料。

十二、安心就寝，消除疲劳

① 推销员工作忙，晚上最迟也得11点以前上床。

② 反省今天过得是否有意义。

③ 反省完毕，暂时忘掉一切，绝不后悔，安心睡觉。

提出问题：优秀推销员的基本素质与基本能力是如何培养出来的？

老师引导：积极的工作态度和良好的职业习惯是培养优秀推销员的途径。

项目三
分析推销环境

【任务分析】

推销作为现代商战中短兵相接的环节，其成功与否与推销的环境密切相关，离开特定的环境谈推销是毫无意义的。推销有道，推销的"道"应由天、地、将、法组成，即与特定的环境相适应。推销环境的变化不断造成各种机会或威胁，这就需要推销人员认清环境变化的趋势，确定尚未满足的需求，采取相应的推销对策。

本项目学习过程中，学生需完成以下任务：掌握推销信息，学会分析推销环境。

【案例导入】

2015年国庆假期前夕的9月29日晚间，国务院公布李克强总理会议精神，小排量汽车购置税减半政策——从2015年10月1日到2016年12月31日，对购买1.6L及以下排量乘用车实施减半征收车辆购置税的优惠政策。这次购置税减半的优惠政策将基本覆盖大部分的轿车市场份额——从A00级到A级的市场基本都符合1.6L及以下的排量限制需求。尤其是对售价在10万元左右的A级车消费人群而言，购置税减半就意味着享受到三千到八千元不等的购车优惠。

受该政策刺激，小排量乘用车受到追捧，同时车商们充分利用厂家返点、车价优惠、利息低等优惠措施，吸引广大市民前来看车购车。购置税减半的优惠政策的出台，对刺激汽车消费、拉动新车销量有所助益，在政策和车商的助推下多地汽车销量出现回暖，各4S店汽车销售人员的销售业绩也一路飙升。

思考题　影响汽车销售的因素有哪些？推销信息的作用是什么？在推销中，推销员如何利用推销信息？

任务一　掌握推销信息

一、推销信息概述

（一）信息

信息有狭义和广义之分。

狭义信息，是指通过加工处理后对于接受者具有某种使用价值的那些数据、消息、情报和知识的总称。

广义信息，是指信息源发出的各种信号和消息及其所揭示的内容，一般通过声音、语言、文字、符号、图像、磁介质、光盘等形式表现出来。

（二）推销信息

推销信息属于商业信息的范畴，反映一定时间、范围等条件下与推销活动有关的商品供给、需求及消费方面的各种消息、情报、数据、资料和知识的总称，它依附在印刷、电声、口碑等载体形式上，通过传播而为人们所理解和接受。

（三）推销信息的类别

1. 企业所处的一般环境信息

是指企业所处的国内外经济、政治、人口、法律、技术、自然、社会文化环境等。

2. 市场供求信息

指企业所处的国内外市场的供求特征、数量和变化趋势等，如市场容量、需求结构、商品结构、消费趋势、国际市场变化趋势等。

3. 企业竞争对手方面的消息

是指本企业所处行业的竞争格局和特征，以及同行业竞争者的各种信息。

4. 企业自身信息

指企业的发展史、竞争状况、经营特色、推销网络、企业文化等信息。

5. 顾客心理信息

指与顾客消费心理和购买行为等有关的信息。

二、推销信息的收集和利用

（一）文案调查与第二手资料的来源

1. 文案调查

文案调查，是指通过收集、整理和分析现成的各种文献资料就能达到调查目标的调查。通过文案调查所获取的信息资料就称为第二手资料，也叫现成资料。

2. 第二手资料

第二手资料是指资料来源于历史或现有的各种文献中，是以前为了其他的研究目的而留存下来，对今天的推销决策问题仍有某些参考价值，但并不是说这样的资料不重要或不准确，不能说第一手资料就比第二手资料准确可靠得多。如果通过第二手资料的收集、整理和分析，就能满足推销决策的需要，就没有必要花费时间、精力、财力去收集第一手资料。另外，借助以前类似的第二手资料可以指导收集第一手资料的项目设计，帮助确定抽样方案等。

3. 第二手资料的来源

（1）内部资料。内部资料是指由企业市场推销信息系统所提供的反映内部经营状况方面的资料。

内部资料的来源：

① 会计部门。会计账目反映了一定时期企业经营活动的财务状况，有很多有用的市场推销信息资料。推销员可以从中获取有关成本、销售收入、价格、费用、利润等有关信息。

② 销售部门。销售部门的销售记录、客户名单及其变动、中间商经销情况、顾客的反馈意见、促销方式的运用情况等，也是内部信息资料的重要构成来源。

③ 其他部门。除以上两个部门外，以前的市场调研报告，各层次各部门的各种文件、报告也是内部信息的可能来源。

（2）外部资料。外部资料是指由企业外部有关机构所保存的资料的全体。企业应建立市场推销信息系统，不断地收集和更新内部与一线外部信息，当需要使用时，可从系统中检索出来，以便各种人员查询使用；如果检索出来的信息还不完善，再组织人员去有关机构收集。当然企业也可以求助于专业性的公司或机构进行第二手信息资料的收集、整理和分析，如信息中心、情报中心或调研公司等。

外部资料来源：

① 计算机数据库。

文献目录数据库——提供报刊文章、政府文件、科技报告、市场调研报告、论文、专利等文献索引和摘要；

时序数列数据库——提供按时间顺序排列的有关重大产品或调研项目的统计资料；

工商企业名录数据库——提供全国或某一地区范围内工商企业名称及建立时期、主营业务、主要产品型号等方面的资料；

全文数据库——提供某类性质的文献的全部内容。

② 政府机构公布的统计资料。其包括国家或地方统计部门公布的统计资料，如各种普查资料、统计年鉴、统计资料汇编、统计月报等。

③ 图书馆。大多数图书馆都存有大量的商业信息，或能够提供某些索引为进一步查询所需要的信息提供路径。因此，图书馆查询是获取外部资料的有效途径。

④ 行业协会。行业协会经常收集所属行业或会员有关产品销售、经营特色及市场占有率方面的信息资料，并定期向会员进行通报。因而，行业协会是了解行业有关动态的重要来源。

⑤ 市场调研机构。专业的市场调研机构除为客户提供调研业务外，也编辑出版一些有关行业的资料，进行有偿或无偿的转让。

⑥ 其他传播机构。对于专业性较强的信息，也可向电视台、电台、报社、广告公司、出版社、各种期刊编辑部等机构查询。

⑦ 国际组织。很多国际组织都编辑出版相应的刊物，并向全世界公开发行，从这些刊物中也可以获取我们所需要的信息。例如联合国国际贸易中心发行的《世界外贸统计指南》，联合国统计署发行的《世界贸易年鉴》等。

（二）实地调查与第一手资料

1. 实地调查

实地调查是为了对收集企业产品推销活动的决策所需的当前信息进行的调查。

2. 第一手资料

第一手资料：是指通过实地调查所获得的反映某个当前特定问题的信息资料。

3. 第一手资料的来源

（1）市场调研公司——专门经营各种市场调研方面的业务，发达国家一般都有这样的机构，我国很多大中城市也有这样的机构，并在不断发展之中。

（2）广告公司——很多广告公司除从事广告代理业务外，也设有市场调查部，兼营部分调查业务。

（3）经营顾问公司——以办理企业经营指导业务为主，同时也办理市场调查业务。

（4）咨询公司——除为企业提供咨询服务外，也承接市场调查的有关业务。

（三）收集推销信息的方法

1. 询问法

询问法：是调查者通过口头、电话或书面等信息传递形式，向被调查者了解情况，搜集资料的各种调查方法的统称，包括：

（1）人员访问法。人员访问法就是调查者与被调查者面对面地进行交谈，由调查者根据事先拟好的调查表提出问题，让被调查者回答，并予以记录的方法。

人员访问法，可以分为个人访问与群体访问两种。

人员访问法的优点是：

① 可察性。访问员不仅能收集到问题的答案，而且能根据被调查者交谈时的心态，判断资料的可信程度。

② 可控性。被调查对象众多复杂，文化教育程度各不相同，对问卷中问题的理解能力也不一致，访问员可以根据特定的被调查者调整问卷中提问的先后次序。

③ 灵活性。通过与被访问者的交流，可能会收集到一些事先并未想到但却很重要的资料，因而访问员可临时决定多收集一些项目。

人员访问法的缺点是：对调查人员的素质要求高，调查结果的准确性受调查人员调查技术、知识、经验等的影响较大，调查范围较广时，费用较高。

（2）电话访问法。电话访问法就是调查人员根据抽样设计的要求，用电话向被调查者了解情况的一种调查方法。

适用于探测性研究，或与其他的调查方法结合运用，一般旨在了解问题的初步原因。

优点：搜集资料的速度快，调查费用少，能按电话号码簿进行抽样调查，对于远距离的被调查者也有机会进行调查，一些不便当面回答的问题，也可通过电话获得答复。

缺点：受通话时间限制，只能对简单问题进行调查，调查的范围也仅限于有电话的家庭，如果调查的不是被调查者所注意和感兴趣的问题，可能得不到被调查者的合作。

（3）邮寄访问法。邮寄访问法就是由调查者将设计好的问卷邮寄给被调查者，由其填好后寄回，经过统计整理得到调查结果的方法。

优点：调查范围较广，被调查者有充裕的时间回答问题，调查费用较低，而且也便于调查结果的统计整理。

缺点：问卷回收率较低，影响调查结果的代表性，调查的周期较长，被调查者也可能曲解问卷中的问题，或答非所问。

（4）留置调查法。留置调查法是指调查人员将调查表当面交给被调查者，并详细说明调查目的和要求，由被调查者事先自行填写回答，再由调查人员在规定时间收回的一种调查方法。

优点：兼收人员访问法与邮寄访问法的优点，可以当面解释被调查者的疑难问题，而且又给被调查者充分时间独立思考，可以发挥自身的主观能动性，能在一定程度上提高问卷的回收率。

缺点：调查范围有限，费用较邮递调查高。

2. 观察法

观察法是在不向当事人提问的条件下，通过调查者自身的感官或专用的仪器设备记录被调查对象的行为、反应或感受，然后对收集到的资料进行分析，以掌握有关推销信息的方法。

观察法包括：

（1）个人观察法。即调查者以普通消费者的身份亲临现场，以自己的体验和观察作为调查结果的方法。

（2）痕迹测量法。即依据事件发生后所留下的实际痕迹进行观察、测量，以获取信息资料的一种调查方法。

（3）机器观察法。即在调查现场安装收录摄像及其他监听、监视的仪器设备，调查人员不必亲临现场就可对被调查者的行为和态度进行观察、记录和统计的方法。

优点：

（1）由于被调查者没有意识到自己正在被观察，调查结果比较真实。

（2）用仪器观察和记录资料较为客观，无调查者自身偏见。

缺点：

（1）只能观察消费者的表象，难以了解消费者的心理活动、购买动机等。

（2）与询问法相比，花费较多，耗用时间也较长。

（3）调查者必须到现场才能观察到,但调查者事先往往难以预料它在何时何地发生。

3. 实验法

实验法是指在给定条件下，通过试验对比，对市场经营活动中某些变量之间的因果关系及其发展变化过程，加以观察分析的一种市场调查方法。

实验法通常在商品质量、包装、设计、价格、广告宣传、陈列改变时使用，借以了解这些因素的变化对销售的影响。

实验的可靠性与有效性是实验结果能否运用于客观实际的重要标准。所谓实验可靠性是指在同样的试验条件下，重复多次得到的试验结果都基本上一致的特性。

（四）怎样利用推销信息

1. 综合加工法

综合加工法是推销人员根据推销决策对信息的使用要求，把掌握的各种散乱信息加以综合加工处理，以提炼出对解决问题有帮助作用的新信息。

一个推销员在推销活动中可能了解到若干顾客对自身企业、产品方面的很多抱怨和意见，但这些抱怨和意见有些是合理的，有些并不合理，推销员必须善于综合地加以总结和归纳，提炼出客户反映的真正信息。

2. 相关推断法

相关推断法是依据因果性原理，从已知相关的社会经济现象和经济指标的发展变化资料推断所关注目标的未来发展趋向的方法。包括：

（1）时间关系推断。时间关系推断指社会经济现象或经济指标的时间上先行、后行关系或平行关系。某些经济现象发生变化后，相隔一段时间后与之相关的另一种经济现象也发生相应的变化。

这种相关变动的关系从时间上称为先行与后行关系，它反映了相关经济现象在因果关系上的时间顺序性。代表先行关系的经济指标称为先行指标，代表后行关系的经济指标称为滞后指标，先行指标引起滞后指标变动的时间间隔称为滞后时间。

（2）变动方向的推断。变动方向的推断指相关经济或社会因素变动方向的顺向与逆向关系。凡是两种经济现象之间的相关变动方向同增同减，称为顺向关系；一增一减的称为逆向关系。在市场预测中，根据两种经济现象之间的顺向和逆向关系，可以从一个经济指标的变动方向来推断另一个相关指标的变动趋势。

3. 对比类推法

对比类推法是把研究目标同其他类似经济变量加以对照分析，以此来推断研究目标未来发展趋向的一种方法。根据比较对象的不同，主要包括以下具体方法：

（1）各国之间同一经济现象的类推。把研究目标与国外同类指标或事物的发展过程、发展趋势进行比较分析，找出两者之间的共同变化规律，并用国外经济指标呈现的规律与趋势对研究目标的发展变化趋向做出推断。

（2）国内不同地区同一经济现象的类推。把研究目标与国内其他地区同类事物或指标的发展过程相比较，找出两者之间的共同变化规律，借以对研究目标做出某种判断。

（3）关联产品之间的类推。把拟定研究开发和推销的产品同以往生产的某种在生产条件、最终用途、分销渠道等方面有关联性的产品相互对比，以找出拟研究产品的变化方向和趋势的推断方法。

4. 追踪反馈法

追踪反馈法是利用正在实施的推销计划作为源头，进行追根溯源，顺藤摸瓜，监测推销方案的实施及顾客消费使用的全部过程，并从中收集有关反馈信息用以改进和指导推销活动的一种方法。适用于对顾客满意度、顾客再次购买欲望和顾客忠诚度方面的调查与分析。

5. 信息碰撞法

信息碰撞法是将表面上看似互不相干的信息加以创造地组合，由此产生新的信息，并运用到推销活动中去的方法。

如何搜集潜在买主信息

推销员可以运用多种观察方法，搜集潜在买主的相关信息，并由此判断他是否可能成为你的顾客。推销员在拜访零售商时，应当留意他货架上所摆商品的商标，这些商标可以充分显示出这位商人的经营思想和经营策略；了解了可能买主的货架摆设、商品配置和店铺的总气氛，你就能判断出他是个雄心勃勃的人还是个稳扎稳打的人；观察到下属对老板的态度，你就能看出老板的为人，也许老板在推销员面前显得盛气凌人，但如果雇员对他毫无惧色，你便可以有把握地判断老板的粗暴态度是装给你看的。

任务二　分析推销环境

推销环境是指企业和推销人员难以控制并且会影响推销业绩的各种因素，这些因素在不同程度上独立于企业而存在。推销人员所面临的推销环境可以从两个方面进行分析：间接推销环境和直接推销环境，即宏观推销环境和微观推销环境。

一、宏观推销环境分析

宏观推销环境是间接影响推销活动的社会约束力量，主要包括人口、经济、自然、科学技术、政治法律、社会文化等环境因素。

（一）人口环境

人口是市场构成的主要因素，因为市场是由那些想购买商品同时又具有购买力的人构成的。首先，人口数量和增长速度直接决定市场的潜在容量。世界 500 强企业之所以积极展开在中国的市场布局，是因为看好中国庞大的人口总量和较快的增长速度。其次，人口结构如年龄结构、性别结构、家庭结构、社会结构及民族结构等，都对市场的格局产生深刻的影响，并直接影响企业的推销策略和推销活动的内容和形式。再次，人口的地理分布及跨地区流动，如就业、经商、旅游、求学等流动人口的增加，将使得单一的推销环境呈现出多变的特点，从而也不断催生新的细分市场。

1. 人口数量分析

人口数量是决定市场规模的一个基本要素。如果收入水平不变，人口越多，对食物、衣着、日用品的需要量也越多，市场也就越大。企业推销首先要关注所在国家或地区的人口数量及其变化，尤其对人们生活必需品的需求内容和数量影响很大。

2. 人口结构分析

（1）年龄结构。不同年龄的消费者对商品和服务的需求是不一样的。不同年龄结构就形成了具有年龄特色的市场。企业了解不同年龄结构所具有的需求特点，就可以决定企业产品的投向，寻找目标市场。

（2）性别结构。性别差异会给人们的消费需求带来显著的差别，反映到市场上就会出现男性用品市场和女性用品市场。企业可以针对不同性别的不同需求，生产适销对路的产品，制定有效的推销策略，开发更大的市场。

（3）教育与职业结构。人口的教育程度与职业不同，对市场需求表现出不同的倾向。随着高等教育规模的扩大，人口的受教育程度普遍提高，收入水平也逐步增加。企业应关注人们对报刊、书籍、电脑这类商品的需求的变化。

（4）家庭结构。家庭是商品购买和消费的基本单位。一个国家或地区的家庭单位的多少以及家庭平均人员的多少，可以直接影响到某些消费品的需求数量。同时，不同类型的家庭往往有不同的消费需求。

（5）社会结构。我国绝大部分人口为农业人口，农业人口约占总人口的 80% 左右。这样的社会结构要求企业推销应充分考虑到农村这个大市场。

（6）民族结构。我国是一个多民族的国家。民族不同，其文化传统、生活习性也不相同。具体表现在饮食、居住、服饰、礼仪等方面的消费需求都有自己的风俗习惯。企业推销要重视民族市场的特点，开发适合民族特性、受其欢迎的商品。

3. 人口分布分析

人口有地理分布上的区别，人口在不同地区密集程度是不同的。各地人口的密度不同，则市场大小不同、消费需求特性不同。

当前，我国有一个突出的现象就是农村人口向城市或工矿地区流动，内地人口向沿海经济开放地区流动。企业推销应关注这些地区消费需求不仅在量上增加，在消费结构上也有一定的变化，应该提供更多的适销对路产品满足这些流动人口的需求，这是潜力很大的市场。

（二）经济环境分析

经济环境是影响企业推销活动的主要环境因素，它包括收入因素、消费支出、产业结构、经济增长率、货币供应量、银行利率、政府支出等因素，其中收入因素、消费结构对企业推销活动影响较大。

1. 消费者收入分析

收入因素是构成市场的重要因素，甚至是更为重要的因素。因为市场规模的大小，归根结底取决于消费者的购买力大小，而消费者的购买力取决于他们收入的多少。企业必须从市场推销的角度来研究消费者收入，通常从以下四个方面进行分析。

（1）国民生产总值。它是衡量一个国家经济实力与购买力的重要指标。国民生产总值增长越快，对商品的需求和购买力就越大，反之，就越小。

（2）人均国民收入。这是用国民收入总量除以总人口的比值。这个指标大体反映了一个国家人民生活水平的高低，也在一定程度上决定了商品需求的构成。一般来说，人均收入增长，对商品的需求和购买力就大，反之就小。

（3）个人可支配收入。指在个人收入中扣除消费者个人缴纳的各种税款和交给政府的非商业性开支后剩余的部分，可用于消费或储蓄的那部分个人收入，它构成实际购买力。个人可支配收入是影响消费者购买生活必需品的决定性因素。

（4）个人可任意支配收入。指在个人可支配收入中减去消费者用于购买生活必需品的费用支出（如房租、水电、食物、衣着等项开支）后剩余的部分。这部分收入是消费需求变化中最活跃的因素，也是企业开展推销活动时所要考虑的主要对象。这部分收入一般用于购买高档耐用消费品、娱乐、教育、旅游等。

（5）家庭收入。家庭收入的高低会影响很多产品的市场需求。一般来讲，家庭收入高，对消费品需求大，购买力也大；反之，需求小，购买力也小。另外，要注意分析消费者实际收入的变化。注意区分货币收入和实际收入。

2. 消费者支出分析

随着消费者收入的变化，消费者支出会发生相应变化，继而使一个国家或地区的消费结构也会发生变化。

（1）消费结构。德国统计学家恩斯特·恩格尔于1857年发现了消费者收入变化与支出模式，即消费结构变化之间的规律性。

（2）恩格尔系数。恩格尔所揭示的这种消费结构的变化通常用恩格尔系数来表示，即：

$$恩格尔系数 = 食品支出金额 / 家庭消费支出总金额$$

恩格尔系数越小，食品支出所占比重越小，表明生活富裕，生活质量高；恩格尔系数越大，食品支出所占比重越高，表明生活贫困，生活质量低。

恩格尔系数是衡量一个国家、地区、城市、家庭生活水平高低的重要参数。企业从恩格尔系数可以了解目前市场的消费水平，也可以推知今后消费变化的趋势及对企业推销活动的影响。

3. 消费者储蓄分析

消费者的储蓄行为直接制约着市场消费量购买的大小。当收入一定时，如果储蓄增多，现实购买量就减少；反之，如果用于储蓄的收入减少，现实购买量就增加。

居民储蓄倾向是受到利率、物价等因素变化所致。人们储蓄目的也是不同的，有的是为了养老，有的是为了未来的购买而积累，当然储蓄的最终目的主要也是为了消费。企业应关注居民储蓄的增减变化，了解居民储蓄的不同动机，制定相应的推销策略，获取更多的商机。

4. 消费者信贷分析

消费者信贷，也称信用消费，指消费者凭信用先取得商品的使用权，然后按期归还贷款，完成商品购买的一种方式。

信用消费允许人们购买超过自己现实购买力的商品，创造了更多的消费需求。随着我国商品经济的日益发达，人们的消费观念大为改变，信贷消费方式在我国逐步流行起来，值得企业去研究。

（三）政治法律环境分析

政治法律环境是影响企业推销的重要宏观环境因素，包括政治环境和法律环境。政治环境引导着企业推销活动的方向，法律环境则为企业规定经营活动的行为准则。政治与法律相互联系，共同对企业的市场推销活动产生影响和发挥作用。

1. 政治环境分析

政治环境是指企业市场推销活动的外部政治形势。一个国家的政局稳定与否，会给企业推销活动带来重大的影响。如果政局稳定，人民安居乐业，就会给企业推销造成良好的环境。相反，政局不稳，社会矛盾尖锐，秩序混乱，就会影响经济发展和市场的稳定。企业在市场推销中，特别是在对外贸易活动中，一定要考虑东道国政局变动和社会稳定情况可能造成的影响。

政治环境对企业推销活动的影响主要表现为国家政府所制定的方针政策，如人口政策、能源政策、物价政策、财政政策、货币政策等，都会对企业推销活动带来影响。例如，国家通过降低利率来刺激消费的增长；通过征收个人收入所得税调节消费者收入的差异，从而影响人们的购买；通过增加产品税，对香烟、酒等商品的增税来抑制人们的消费需求。

在国际贸易中，不同的国家也会制定一些相应的政策来干预外国企业在本国的推销活动。主要措施有：①进口限制；②税收政策；③价格管制；④外汇管制；⑤国有化政策。

2. 法律环境分析

法律环境是指国家或地方政府所颁布的各项法规、法令和条例等，它是企业推销活动的准则，企业只有依法进行各种推销活动，才能受到国家法律的有效保护。近年来，为适应经济体制改革和对外开放的需要，我国陆续制定和颁布了一系列法律法规，例如《中华人民共和国产品质量法》《企业法》《经济合同法》《涉外经济合同法》《商标法》《专利法》《广告法》《食品卫生法》《环境保护法》《反不正当竞争法》《消费者权益保护法》《进出口商品检验条例》等。企业的推销管理者必须熟知有关的法律条文，才能保证企业经营的合法性，运用法律武器来保护企业与消费者的合法权益。

对从事国际推销活动的企业来说，不仅要遵守本国的法律制度，还要了解和遵守国外的法律制度和有关的国际法规、惯例和准则。例如前一段时间欧洲国家规定禁止销售不带安全保护装置的打火机，无疑限制了中国低价打火机的出口市场。日本政府也曾规定，任何外国公司进入日本市场，必须要找一个日本公司同它合伙，以此来限制外国资本的进入。只有了解掌握了这些国家的有关贸易政策，才能制定有效的推销对策，在国际推销中争取主动。

（四）社会文化环境分析

社会文化环境是指在一种社会形态下已经形成的价值观念、宗教信仰、风俗习惯、道德规范等的总和。

任何企业都处于一定的社会文化环境中，企业推销活动必然受到所在社会文化环境的影响和制约。为此，企业应了解和分析社会文化环境，针对不同的文化环境制定不同的推销策略，组织不同的推销活动。企业推销对社会文化环境的研究一般从以下几个方面入手。

1. 教育状况分析

受教育程度的高低，影响到消费者对商品功能、款式、包装和服务要求的差异性。通常文化教育水平高的国家或地区的消费者要求商品包装典雅华贵、对附加功能也有一定的要求。因此企业推销开展的市场开发、产品定价和促销等活动都要考虑到消费者所受教育程度的高低，采取不同的策略。

2. 宗教信仰分析

宗教是构成社会文化的重要因素，宗教对人们消费需求和购买行为的影响很大。不同的宗教有自己独特的对节日礼仪、商品使用的要求和禁忌。某些宗教组织甚至在教徒购买决策中有决定性的影响。为此，企业可以把影响大的宗教组织作为自己的重要公共关系对象，在推销活动中也要注意到不同的宗教信仰，以避免由于矛盾和冲突给企业推销活动带来的损失。

3. 价值观念分析

价值观念是指人们对社会生活中各种事物的态度和看法。不同文化背景下，人们的价值观念往往有着很大的差异，消费者对商品的色彩、标识、式样以及促销方式都有自己褒贬不同的意见和态度。企业推销必须根据消费者不同的价值观念设计产品，提供服务。

4. 消费习俗分析

消费习俗是指人们在长期经济与社会活动中所形成的一种消费方式与习惯。不同的消费习俗，具有不同的商品要求。研究消费习俗，不但有利于组织好消费用品的生产与销售，而且有利于正确、主动地引导健康的消费。了解目标市场消费者的禁忌、习惯、避讳等是企业进行市场推销的重要前提。

（五）自然环境分析

自然环境是指自然界提供给人类各种形式的物质资料，如阳光、空气、水、森林、土地等。随着人类社会进步和科学技术发展，世界各国都加速了工业化进程，这一方面创造了丰富的物质财富，满足了人们日益增长的需求；另一方面，面临着资源短缺、环境污染等问题，从20世纪60年代起，世界各国开始关注经济发展对自然环境的影响，成立了许多环境保护组织，促使国家政府加强环境保护的立法，这些问题都对企业推销提出了挑战。对推销管理者来说，应该关注自然环境变化的趋势，并从中分析企业推销的机会和威胁，制定相应的对策。

1. 自然资源日益短缺

自然资源可分为两类：一类为可再生资源，如森林、农作物等，这类资源是有限的，可以被再次生产出来，但必须防止过度采伐森林和侵占耕地。另一类资源是不可再生资源，如石油、煤炭、银、锡、铀等，这种资源蕴藏量有限，随着人类的大量开采，有的矿产已经处于枯竭的边缘。自然资源短缺，使许多企业将面临原材料价格大涨、生产成本大幅度上升的威胁；但另一方面又迫使企业研究更合理地利用资源的方法，开发新的资源和代用品，这些又为企业提供了新的资源和推销机会。

2．环境污染日趋严重

工业化、城镇化的发展对自然环境造成了很大影响，尤其是环境污染问题日趋严重，许多地区的污染已经严重影响到人们的身体健康和自然生态平衡。环境污染问题已引起各国政府和公众的密切关注，这对企业的发展是一种压力和约束，要求企业为治理环境污染付出一定的代价，但同时也为企业提供了新的推销机会，促使企业研究控制污染技术，兴建绿色工程，生产绿色产品，开发环保包装。

3．政府干预不断加强

自然资源短缺和环境污染加重的问题，使各国政府加强了对环境保护的干预，颁布了一系列有关环保的政策法规，这将制约一些企业的推销活动。有些企业由于治理污染需要投资，会影响扩大再生产，但企业必须以大局为重，要对社会负责，对子孙后代负责，加强环保意识，在推销过程中自觉遵守环保法令，担负起环境保护的社会责任。同时，企业也要制定有效的推销策略，既要消化环境保护所支付的必要成本，还要在推销活动中挖掘潜力，保证推销目标的实现。

（六）科技环境分析

科学技术是社会生产力中最活跃的因素，它影响着人类社会的历史进程和社会生活的方方面面，对企业推销活动的影响更是显而易见。现代科学技术突飞猛进，科技发展对企业推销活动影响作用表现在以下几个方面。

1．科技发展促进社会经济结构的调整

每一种新技术的发现、推广都会给有些企业带来新的市场机会，导致新行业的出现。同时，也会给某些行业、企业造成威胁，使这些行业、企业受到冲击甚至被淘汰。例如，电脑的运用代替了传统的打字机，复印机的发明排挤了复写纸，数码相机的出现将夺走胶卷的大部分市场等。

2．科技发展促使消费者购买行为的改变

随着多媒体和网络技术的发展，出现了"电视购物""网上购物"等新型购买方式。人们还可以在家中通过"网络系统"订购车票、飞机票、戏票和球票。工商企业也可以利用这种系统进行广告宣传、推销调研和推销商品。随着新技术革命的进展，"在家便捷购买、享受服务"的方式还会继续发展。

3．科技发展影响企业推销组合策略的创新

科技发展使新产品不断涌现，产品寿命周期明显缩短，要求企业必须关注新产品的开发，加速产品的更新换代。科技发展运用降低了产品成本，使产品价格下降，并能快速掌握价格信息，要求企业及时做好价格调整工作。科技发展促进流通方式的现代化，要求企业采用顾客自我服务和各种直销方式。科技发展使广告媒体多样化，信息传播快速化，市场范围更广阔性，促销方式更灵活。为此，要求企业不断分析科技新发展，创新推销组合策略，适应市场推销的新变化。

4. 科技发展促进企业推销管理的现代化

科技发展为企业推销管理现代化提供了必要的装备，如电脑、传真机、电子扫描装置、光纤通信等设备的广泛运用，对改善企业推销管理，实现现代化起了重要的作用。同时，科技发展对企业推销管理人员也提出了更高要求，促使其更新观念，掌握现代化管理理论和方法，不断提高推销管理水平。

（七）竞争环境分析

竞争环境，是指企业所在行业及其竞争者的参与、竞争程度，它代表了企业市场成本及进入壁垒的高低。

竞争环境是企业生存与发展的外部环境，对企业的发展至关重要。竞争环境的变化不断产生威胁，也不断产生机会。对企业来说，如何检测竞争环境的变化，规避威胁，抓住机会就成为休戚相关的重大问题。目前，在中国加快融入国际经济的背景下，中国企业的竞争环境出现了急剧的变化，行业结构、竞争格局、消费者需求、技术发展等都发生了急剧的变化，不确定性增强。任何企业都必须时刻关注环境的变化，才能趋利避害。任何对环境变化的迟钝与疏忽都会对企业造成严重的甚至是决定性的打击。这是催生企业对推销信息管理需求的外部原因。

二、微观推销环境分析

微观推销环境是直接制约和影响推销活动的力量和因素，必须对微观环境推销进行分析。分析微观环境的目的在于更好协调影响推销活动的各种力量和因素的相互关系，促进推销目标的实现。

（一）客户需求环境

客户的类型不同，需求环境分析的内容也不同。

1. 个体客户

个体客户指个人或家庭客户，其需求主要分析以下几项：

（1）收入。个人或家庭的收入越高，购买能力越强，消费层次就越高，对高档品、奢侈品才越具有消费能力和条件。

（2）家庭类型和结构。家庭是社会的基本细胞，每个人的消费状况无不受到家庭的影响。

根据家庭从形成到衰亡的不同阶段，可分为单身型、新婚型、有子女型、老夫老妻型、鳏寡孤独型五种。不同类型的家庭结构，对不同的商品消费的侧重点不同。比如，单身型家庭的特点是收入不高，消费独立自主，乐于接受新鲜事物，但消费计划性差，是体育、娱乐产品和新产品的主要消费者；新婚型主要是二人世界，是住房、家具、装饰品和手工艺品等的主要顾客。另外，根据家庭的构成形式，也可将家庭分为主干型和核心型两种。主干型家庭是我国传统家庭的构成形式，即一对成年夫妇和他们的老人和子女共同生活在一起，老年保健品和儿童用品都是他们的主要消费对象；核心家庭型是现代家庭的主要形式，由一对年轻夫妇及他们的子女构成的，重点关注年轻夫妇自身和子女的需要。

家庭结构的分析包括家庭人口的多少、家庭购买决策类型。家庭平均人口的多少，对家用电器、生活用品等的消费数量和规格都有影响。例如，对家用电器的规格尺寸的要求，是针对家庭的人数而决定的。家庭购买的决策类型可分为丈夫决策型、妻子决策型和共同决策型三种。在诸如汽车、家电等技术性较强、商品价值较大的商品购买上，更多是丈夫决策型，而在家具、日用品等方面则是妻子决策型。

（3）文化程度。文化程度主要影响着需求的结构和对商品的款式、造型、色彩、包装装潢等的选择。按照马斯洛需求层次说，人们的需求不是平均化的，而是有着重要程度和先后层次的不同。这一学说可以解释收入与消费层次和消费结构的关系。收入越高，低层次的需求被满足之后，就可以以增加的收入形成对高层次的需求。在这个过程中，不能忽视文化对人消费需求的影响，文化程度高的消费者，对精神需求和实现理想更为重视，故此，对书籍、电脑等的消费需求是巨大的。

（4）职业和社会地位。职业不同，对商品的需求也会有一定的影响。一个人的社会地位不同，所属的社会群体也不同，其消费需求会受到群体的影响。比如，某一级的领导干部，其自身的着装不是只考虑自己的偏好，而更多的是考虑自己的身份、地位和所处的群体。

2. 组织客户

作为企业、机关单位等集团用户，需求环境的分析主要放在以下四个方面：

（1）企业的经济实力。经济实力代表着购买力，经济实力越强则购买力越强。

（2）企业大小。企业的大小与生产资料的购买数量、品种都有关系。大企业购买的数量大、品种多，这不能不说很有吸引力，但即便如此，也不意味着要放弃对中小企业的重视。

（3）企业类型。企业的生产技术不同，需要的生产资料商品就不同。技术密集型、资金密集型、劳动密集型和资源密集型等这些不同类型的企业形成了对生产资料产品不同的需求。此外，还可以按照行业特点，把企业分成重工业企业、轻工业企业、商业企业和服务企业等研究。

（4）需求的类型。根据企业或组织需求的不同，可分为新任务型、修改需求型、重复购买型三种。新任务型是过去没有该种需求，由于企业外部环境及其他原因而新产生的需求，如购买新技术、设备等；修改需求型是过去就有的需求，现在对需求的某些条件进行修改，如对购买的数量、规格、型号等作了重新修改；重复购买型是某些常规性的需求，如燃料、动力、原材料等每隔一段时间就需要再次购买。对前者，需要采取开拓推销策略，对第二种类型的企业要采取争取推销策略，对最后一种类型要采取巩固推销策略。

（二）客户组织环境分析

1. 组织大小

组织越大，其购买决策涉及的面就越广，参与决策的人员就越多，推销和达成交易的难度就越大，推销人员就越难接近真实的决策者；相反，组织小，就不会有这么大的问题。

2. 组织结构类型

组织结构类型有直线型、职能型、直线职能型和矩阵型等。不同类型的组织，其决策的方式、权限、决策参与者都有区别，分清这个区别，有助于推销人员掌握主攻方向和提高推销的成功率。

3. 组织决策结构

可分为技术型、财务型、分级型、统揽型四种。技术型的决策结构的决策权掌握在技术人员手中，他们注重产品的先进性和技术特点，对成本和价格不太敏感；财务型的决策结构的决策权掌握在财务主管手中，他们注重产品的成本和价格高低；分级型的决策结构是根据购买数量的多少和购买产品的重要程度，划分不同的决策权限，对于重要产品和数额较大的交易，决策权在企业主管手中，一般性购买决策权在采购部门手中；统揽型的决策结构则是无论何种购买，其决策权均掌握在企业最高主管手中。做好企业决策结构分析研究，根据推销的产品，找准决策人，便可以提高推销工作的效率。

（三）企业产品环境分析

企业所推销的主要是产品或劳务，所以，必须对本企业产品所处的具体环境进行深入细致的分析。

1. 产品品质特色

消费者或用户需要的是高质量的适合他们需要的产品，所以，本企业的产品技术是否先进，质量是否优良和稳定，是顾客首先要询问的问题，也是推销人员必须了解和掌握的重点。

2. 产品价格特色

顾客希望产品物美价廉，推销价格谈判也是推销洽谈中的重要问题，所以必须掌握本企业产品的价格特色。

3. 平行竞争产品

除了了解本企业产品，对竞争对手的产品了解也是必不可少的。在推销产品时，顾客会将你的产品和其他企业的产品不自觉地进行比较，如果你不能流畅地回答顾客对你的疑问，就会影响交易的达成。平行竞争产品是指其他企业生产的与本企业产品在原料、功能和技术上相似的产品，是本企业的主要威胁。

4. 替代竞争品

有些产品虽与本企业产品在原料、功能和技术方面有很大不同，但在满足消费者某种需求方面则有相同的地方，这种产品就是本企业产品的替代品。了解替代竞争品对研究市场需求，掌握消费趋势变化有着重要意义。

（四）客户公共关系环境分析

推销是推销人员向顾客进行的面对面的销售，因此，对顾客的人际关系环境进行分析是十分必要的。

1. 决策人员

无论是家庭或是组织推销，必须对决策人员进行分析，尤其是对组织的推销。决策人员的职位、年龄、阅历、性格爱好等都要了解，以便根据情况采取适当的销售策略。

2. 业务部门

在对组织的推销中，必须了解客户业务部门的有关情况，例如，人员构成、组织构成、工作分工等。不管是大宗交易还是一般交易，推销人员还是与这些业务部门的人员打交道，因此必须重视。

3. 采购人员

采购人员是推销人员直接面对并与之打交道的对象，他们的情况，如职务、年龄、性别、文化程度等都是需要事先了解和掌握的。

三、分析推销环境的方法

（一）外部环境分析法

1. 机会分析矩阵

推销员应善于辨识推销机会，即对企业的推销活动有吸引力和竞争优势的地方。推销机会的捕捉主要运用机会分析法，即根据推销业务的吸引力和机会成功的概率讲可能的机会加以分类，以便确定最佳的推销机会的过程，如图3-1所示。

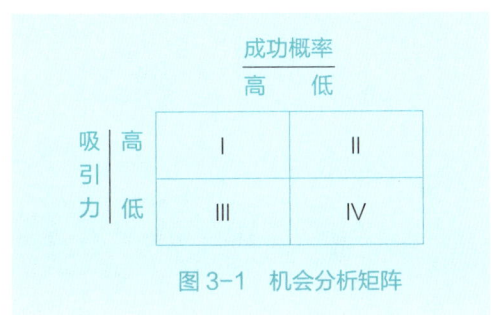

图 3-1　机会分析矩阵

由图 3-1 可见，企业最佳的机会出现在第 I 种情况下，第 IV 种情况机会最小，第 II、第 III 种情况介于二者之间。

推销机会的成功概率不仅取决于企业产品、价格、信誉、服务等方面的竞争力，而且还取决于企业是否拥有差别化的竞争优势，只有拥有最大差别优势，且推销人员素质高、能力强，才能将此优势转化为订单。

2. 威胁矩阵分析

除了抓住一切可以利用的机会外，推销员也应尽力避免推销环境可能给企业造成的威胁，即可能该企业或整个行业的营销活动形成一种不利的因素或趋势。推销威胁的识别主要采用威胁分析矩阵，即根据可能的威胁对企业的危害程度和发生概率加以分类，以便判断各种不利因素，从而采取有效措施加以避免或使损失减少到最低限度的过程，如图3-2所示。

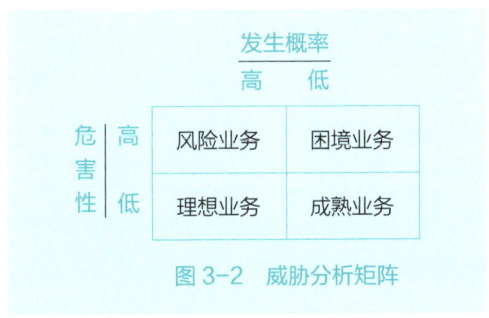

图 3-2　威胁分析矩阵

由图 3-2 中可见，风险业务发生的概率大且危害性严重，企业应高度重视这种业务的动态，提前拟定应变计划，说明威胁来临之前如何采取防范措施，使危害性减少到最低限度；成熟业务发生的可能性小，危害性也小，可以不考虑其威胁；理想业务尽管发生的概率大但其危害性却很小，而困境业务则发生的机会小，但一旦发生却危害性大，对于这两种业务，企业可以不需制定应变计划，但应密切注意监测可能的变化，以防事态的扩大。

（二）内部环境分析法

推销员除了识别出市场环境中有吸引力的机会外，还要分析是否具备利用此机会的能力，其差别竞争优势到底有多大。当然影响推销成功的因素并非同等重要，推销人员需要依据每一个因素的重要性及其优势大小分别制定不同的推销策略，如图 3-3 所示。

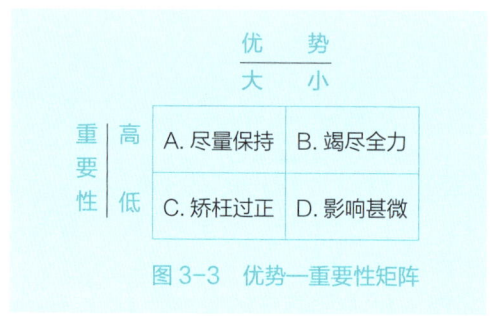

图 3-3 优势—重要性矩阵

由图 3-3 可见，A 方格中的企业优势明显而且很重要，企业必须尽量保持住这种相对优势；B 方格中的企业无优势可言但又很重要，企业必须竭尽全力加强这方面的竞争力，提高其相对优势；C 方格中的企业优势明显但顾客并不看重，说明企业在产品设计开发及包装方面有误，没有抓住顾客需求的关键点；D 方格中的企业优势小但重要性也很小，说明是一些无关大局的次要因素，对商品推销活动影响甚微。

四、适应推销环境的策略

面对推销环境的不断变化以及给推销活动所带来的威胁，企业可采取以下策略去适应环境的变化。

1. 积极防范策略

即企业抱着积极适应环境的态度，试图避免或限制不利因素的发展，使损失尽量减少。

2. 缓和化解策略

即企业通过改变营销策略与推广手段，以减轻和化解环境因素所形成的威胁。

3. 转移撤退策略

即企业将产品转移到其他地域市场，或进入到其他盈利更多的产品行业，实行多角化经营。如由于金融危机的影响，国际市场受挫，加上国内城镇市场日趋饱和，企业可以把市场转移到国内的农村市场开展业务。近年来国内的"家电下乡"就是很好的例子。

【总结与回顾】

推销信息是反映一定时间、范围等条件与推销活动有关的商品生产、流通及消费方面的各种消息、数据、资料和知识的总称。

常用的推销信息利用方法主要有：综合加工法、相关推断法、对比类推法、追踪反馈法和信息碰撞法。

推销人员所面临的推销环境可以从两个方面进行分析：间接推销环境和直接推销环境，即宏观推销环境和微观推销环境。

宏观推销环境是间接影响推销活动的社会约束力量：主要包括人口、经济、自然、科学技术、政治法律、社会文化等环境因素。

微观推销环境是直接制约和影响推销活动的力量和因素。微观推销环境包括客户需求环境、客户组织环境、企业产品环境、客户公共关系环境。

分析推销环境的方法包括内部环境分析法和外部环境分析法。

适应推销环境的策略包括转移撤退策略、缓和化解策略、积极防范策略。

本项目的教学重点：正确认识推销信息，学会分析并利用推销环境。

【复习思考题】

❶ 什么叫第二手资料，可以通过哪些渠道收集第二手资料？
❷ 利用推销信息的主要方法有哪些？
❸ 适应推销环境变化有哪些主要的对策？
❹ 有人说：第一手资料比第二手资料更准确，这种说法对吗？

【案例分析题】

❶ 创建于1886年的雅芳公司，其业务遍布五大洲120多个国家和地区，营销代表逾200万人，年销售额达几十亿美元，对公司的推销人员（即"雅芳小姐"）有一条不成文的规定，每个推销"雅芳"产品的人都必须是"雅芳"产品100%的用户。这并非强制性地扩大自己的销量，而是要每个推销员都懂得真正认识商品、了解其性能的重要性。

问题　你认为雅芳的这一规定有何深意？试从推销信息的角度进行分析。

❷ 1998年夏天，武汉持续高温，这给空调厂家和商家带来了意想不到的市场机会和丰厚的利润。格力空调窗机和小功率分体机一度脱销，厂家为保证市场供应甚至租用了飞机空运产品。武汉中商集团两天内销售空调4700多台。海尔空调因货源来不及供应，

甚至谢绝了顾客交预订款的要求。相反，1996年是我国梅雨期最长的年份之一，足足四十多天，遭遇冷夏的空调业价格战达到了"死亡之谷"。一台出厂价5800元的空调，大户批发价不到5200元，零售店的价格也不过5300~5400元，价格倒挂比少的5%，多的超过10%，这是空调行业从未有过的事情，不少空调厂家在这场价格战中被淘汰出局。

 影响空调销售的因素有哪些？推销信息的作用是什么？在推销中，推销员如何利用推销信息？

【能力拓展】

通过市场调研（获得第一手资料）和查阅相应资料（获得第二手资料），分析目前房地产和家具行业市场的销售状况，进一步分析如果你选择销售岗位的话是否会选择这两个行业，为什么？

项目四
了解顾客类型与购买行为

【任务分析】

推销人员每天的日常工作离不开与自己的目标顾客打交道,寻找顾客、拜访顾客、说服顾客、引导顾客……,那么,你对顾客了解吗?当提到"顾客"两个字的时候,你头脑里应该思考哪些内容呢?比如,顾客是单个最终的消费者,还是代表一个组织的采购员?他们为何购买?购买什么商品?为什么只买这种或那种品牌的商品,而不买其他品牌的商品?顾客有什么样的购买动机、购买模式?……

推销人员在推销之前,只有了解了你的顾客,才能够针对顾客的具体情况熟练地运用恰当的推销模式、推销方法及技巧。只有这样,才可能取得良好的销售业绩。

本项目的学习过程中,学生需完成以下任务:了解顾客类型,掌握不同类型顾客的购买行为特征,熟悉与顾客购买心理同步的推销模式。

【案例导入】

1. 推销员小李一见到顾客,就会忙不迭地介绍自己的单位、姓名。他一边恭敬地把名片送给顾客,一边说:"您好,我是从×××来的。我叫××,我来是推销××的,请多关照。"你认为他能够获得好的推销成绩吗?

2. 推销员小丁对产品的作用、性能倒背如流。所以,在见到顾客时,他总是先礼貌地打个招呼,然后很快就开始他的推销介绍,可是他的推销成绩并不好。后来,小丁在进行推销介绍时,又列举了很多关于顾客应该购买推销产品的理由,他仍然讲得头头是道。但是他的推销成绩仍然不理想,他苦恼极了。你认为小丁欠缺的是什么呢?你能帮助他吗?

3. 一位推销人员说:"我对顾客的推销介绍总是非常出色的,尤其擅长哲理上的分析和数字方面的列举。顾客也总是说非常感谢我的介绍,有的甚至说,听了我的介绍长了见识。在我把该讲的话都讲完了的时候,我就让顾客成交,可是大多数顾客不肯成交。我不知道为什么?"

4. 一位老推销人员说:"我一拿出合同,顾客就很紧张干脆走了。可是我总不能不拿出来呀,真不知道怎么办?"

| 思考题 | 他们四个都不知道该怎么办?你知道吗?学习本项目后,请结合顾客购买心理以及与其同步的推销模式帮他们找到解决问题的方法吧! |

任务一　了解顾客类型与购买行为

一、顾客类型

在推销活动中，推销员会接触各种类型的顾客，不同类型的顾客他们的购买需求、购买动机、购买行为模式不同。推销人员面对的顾客虽然是具体的个人，但从对方购买产品的用途来研究可以将顾客分为两类。

1. 个体类顾客

个体类顾客是产品的最终消费者，通常直接叫作消费者，他们购买的目的是为满足个人或家庭生活需要。

2. 组织类顾客

组织类顾客又叫集团性顾客、法人顾客，在推销活动中往往是大客户。这类顾客，购买者往往不是产品的最终消费者，他们购买产品的目的或用于加工后再销售（生产企业类顾客），或买来再出售（中间商类顾客），或给单位使用（行政事业单位类顾客），他们一次购买的量通常比较大，和供应商的关系比较稳定，所以叫作大客户。

二、个体类顾客的购买行为分析

（一）消费者购买行为的特征

1. 非营利性

消费者购买商品是为了获得某种使用价值，满足自身的生活消费的需要，而不是为了盈利去转手销售。

2. 非专业性

消费者一般缺乏专门的商品知识和市场知识。消费者在购买商品时，往往容易受厂家、商家广告宣传、促销方式、商品包装和服务态度的影响。

3. 层次性

由于消费者的收入水平不同，所处社会阶层不同，消费者的需求会表现出一定的层次性。一般来说，消费者总是先满足最基本的生存需要和安全需要，购买衣、食、住、行等生活必需品，而后才能视情况逐步满足较高层次的需要，购买享受型和发展型商品。

4. 替代性

消费品中除了少数商品不可替以外，大多数商品都可找到替代品。

5. 流行性

消费需求不仅受消费者内在因素的影响，还会受环境、时尚、价值观等外在因素的影响。时代不同，消费者的需求也会随之不同，消费者市场中的商品具有一定的流行性。

（二）消费者的购买动机

1. 求实动机

这是消费者最普遍和基本的购买动机。在购买商品时，他们主要追求商品的实惠、使用方便、偏重于购买低价及中等偏低的实用商品。

2. 求廉动机

这是一般顾客的普遍动机，具有这种动机的顾客，在购买商品时，特别重视商品的价格，要求物美价廉。很多顾客听说打折、降价、买赠等活动就会心动，就是出于求廉的动机。这些顾客多半属于经济收入较低或是有勤俭节约的习惯。

3. 求新动机

这是以追求商品的时尚和新颖为特点的购买动机。具有这种动机的顾客特别重视商品的款式新颖、格调清新和社会流行的式样。他们对商品的实用程度及价格高低不大注重。这类顾客多半是经济条件较好的青年男女。

4. 求名动机

这是以追求名牌产品、特色产品的购买动机。这些顾客在购买商品时，很注意商品的商标、牌号、产地、名声和购买地点。

5. 求奇动机

这是以重视商品的与众不同之处为主要特征的购买动机。

6. 从众动机

这是大部分顾客都有的动机，特别是对商品不了解的情况下，会持观望的态度，看周围其他顾客的反应。

（三）个体类顾客的购买行为模式

个体类顾客也就是我们通常说的消费者。从系统的角度分析，消费者的购买行为是一个投入产出的过程。一方面，消费者要接受各种外部刺激；另一方面，消费者会做出各种反应。外部的刺激和消费者的反应往往是有形的，看得见、摸得着；而消费者如何消化各种外部刺激，并进而形成自己的某种别具特色的反应，则常常令人难以揣摩。这是消费者"黑箱"作用的一种结果，消费者黑箱又称购买者黑箱，是指消费者在受到外部刺激后所进入的心理活动过程。由于它对企业来说是一种看不见、摸不着、不透明的东西，故称之为消费者黑箱，其作用原理如图4-1所示。

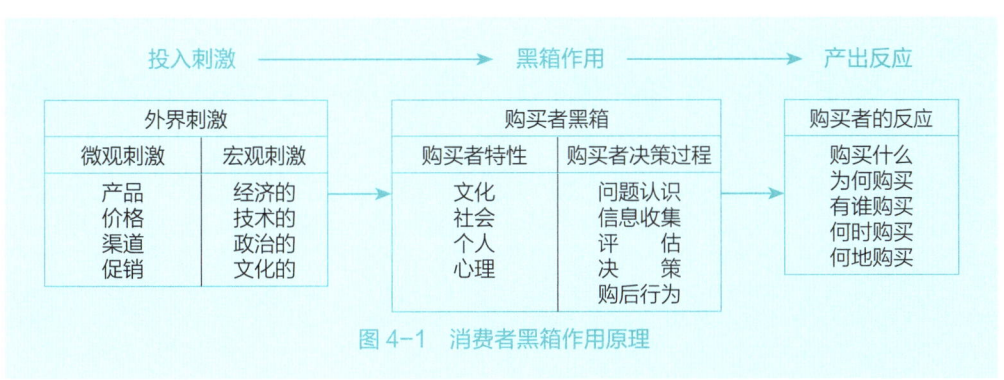

图4-1　消费者黑箱作用原理

1. 投入刺激

消费者购买行为中的投入因素，首先是各种不可控制因素形成的宏观环境刺激。它们构成笼罩整个市场的"大气候"，制约着整个消费需求，并对每个消费者的"黑箱"发生显著的影响。由各种企业可控制因素即市场营销手段组成的市场营销刺激，受制于宏观环境因素。同时，这些因素的变化和不同组合形式，又成为影响消费者"黑箱"的具体而又直接的"小环境"。

2. "黑箱"作业

消费者购买行为中的"黑箱"作业包含两方面内容：

（1）消费者的心理活动。外部刺激和消费者的个人特征，会影响其购买活动中对各种事物的认识、情绪和意志，并制约其反应。

（2）消费者购买决策过程。消费者的购买活动，并非始于某个商店，也非结束于交款、取货。它从消费者认识到需要开始，至购后使用、消费完毕告一段落，反复循环又不断发生新的变化。在这个过程中，消费者必须做出一系列的判断和决定。其决策不仅受到购买心理气氛的制约，而且受到外部刺激的"大气候"和"小环境"的影响。

3. 产出反应

在诸多因素的共同作用下，消费者最终将做出一定的反应来满足其需要和欲望。消费者行为从此开始由观念形态进入现实之中。

消费者购买行为是指消费者为满足个人或家庭生活需要而购买所需商品的活动以及与之有关的决策过程，它主要包括六个方面的内容，可以概括为"5W1H"。

（1）购买什么(What)? 即购买对象是什么。主要指消费者要购买什么商品，比如，某种便利品、选择品或特殊品，有形产品或无形产品，以及商品的类型、品牌等。

（2）为何购买(Why)? 即消费者的购买目的是什么。它主要受制于消费者的需要及消费者对需要的认识。

（3）由谁购买(Who)? 消费者的购买活动通常是由购买的倡议者、决定者、执行者和商品的使用者综合作用决定的，推销员推销方法的决策应当符合有决定影响的顾客的需要。

（4）何时购买(When)? 消费者购买商品的时间，受消费地区、季节、商品性质、节假日和消费者忙闲的影响，而形成一定的习惯。推销员可通过分析研究抓住最佳推销时机。

（5）何地购买(where)? 这个问题可以从两个方面进行考察：一是消费者在何处决定购买；二是消费者在何处实际购买。

（6）如何购买(How)? 即消费者采取什么方式购买，研究的内容既包括购买类型又包括付款方式。

不同性格顾客的应对技巧

【唠叨型客户的应对技巧】

相对于沉默型的顾客,凡事都得由你主导去发问,去寻找话题,你一定会觉得叨唠型、喋喋不休的客人简直是好应付多了。如果你真的这么认为,那你就要小心了。碰上这类型的客人,你至少有下面三种危机:

(1)把说话的主导权赋予了他,很可能永远也无法将他再拉回你推销的主题上。

(2)他好不容易找得到一个肯听他说话的对象,哪里肯轻易罢休,而这么一来,你宝贵的时间就这么白白地浪费掉了。

(3)爱说话的客人总是不明白推销员时间的可贵。甚至他们会觉得,既然想赚我的钱,多花时间聊一聊也是应该的。但是化身为推销员的你,可不能没有这样的自觉。爱说话的客人,通常较容易以自我的观点为核心,去批评、或者评论、或者只是东家长、西家短的标准三姑六婆型。既然对方是十足的自我主义者,你不妨在他的言语中偶尔出言附和他,协助他尽早做个结论。询问的方式在此是绝对要避免的,否则,你不经心的一句问话,可能又会引起他口若悬河呢?其次,你要设法将他的"演讲",四两拨千斤地导入你的推销商品之中,既然对方要讲话,让他讲些和产品有关的东西不是更好吗?在他发表意见的同时,若能掌握机会及时进攻,就能有些许胜算。要特别小心的是,这类型的顾客转换话题的功夫一流,你可不要让对方又狡猾地溜出了主题。

【和气型顾客的应对技巧】

和气型客人最受推销员的喜爱。他们谦和有礼,不会尖酸地拒绝你上门,也不会恶劣地将你扫地出门。他们很专心且表现出浓厚的兴趣听你解说产品。因为,他们永远觉得你懂得比他还多。即使他们想拒绝,也会表现得对你很抱歉的样子,仿佛是自己对不住你。这是因为他们觉得你的工作很辛苦。对推销员来说这真是叫人感动的顾客,而这一切,都是因为你有一种被尊重、受重视的感觉,但你可别高兴过头。和气的顾客也不是全无缺点的。他们优柔寡断,买与不买之间总要思考好久。他们耳根子软,别人的意见往往能立即促使他变卦、反悔。所以对于这样你又爱又无奈的顾客,一切还是得步步为营。在契约签订之前,一切的欢欣都还言之过早呢!和气型客人永远不会怀疑你的解说,甚至对你提出来的各种市场相关资料,推崇得不得了,全盘地接受,而且还十分感谢你,但又常常犹豫不决。这并非表示他真的拒绝了,大多时候,他的确是很想买,但是,又说不上是什么原因让他下不了决定。总之,理由还不够十全十美就是了。这个时候你就得耐心地询问他,究竟还有什么令他拿不定主意的,并且设法帮他解决,别担心,只要你找出他迟疑的原因，通常便能轻易找到解决的方式。因为这类型的客人，通常烦恼的都不是什么严重的大问题。不过，最棘手的倒要算是第三者的意见了。只要随便一个人提出对产品相反的意见，和气型的客人就又开始陷入两难的犹疑中，这真是叫人伤透脑筋的事！眼看好不容易就要成交了，怎么一下子又回到原点！最后要提醒你的是：只要他一决定购买，就立即请他在契约上签个字吧！否则，我们的"好好先生"恐怕又要后悔。

【骄傲型顾客的应对技巧】

骄傲型顾客说实在挺叫人讨厌的。他们喜欢自夸自赞，仿佛把别人都放在脚底下似的践踏。他们总觉得高人一等，一副自视甚高的样子，好像别人都比不上他。有一点成就就得意老半天，恨不得大家都将他捧上天！这样的客人真叫人难以忍受。不过，既然身为推销员，不能忘记"每一个顾客都是可爱的"行销守则，还是暂时收起那种主观的好恶之心，诚心诚意地敲开这个骄傲者的心门吧！骄傲型的客人看似高不可攀，很难使他服服帖帖地信服你，因为他们总有一套独特的看法，并且还引以为豪，但其实这类型的客人还是有他个性上的弱点。举个例子来说，他爱被人捧，你就把他捧上天吧！只要让他高兴，觉得你真的认同他的社会地位，他人格上的某种别人无法超越的崇高性，他便肯悄悄地屈身下来照顾你的需要。骄傲型的人最好还是多尊称他的头衔。而且，试着找出他最高的那顶帽子，他最在乎、最得意、最津津乐道的职务去尊称他。马屁要拍对地方，才有更大的效果。附和他言谈中透漏出的理论。暂且把你自己忘记吧！千万别和他起冲突，要知道，和骄傲型客人辩论是最无可救药的。唯有让他觉得你真心推崇他，他的自尊心一旦得到满足，才是你商机的开始，成交的可能性也就相对提高了。你可能觉得很委屈吧！这么隐藏自我，只求得一张定单。这么低声下气，似乎只是在向人乞讨、期待别人的施舍。千万别这么消极！换个角度想想吧！你是在施舍一点自尊给那个自大狂、可怜虫。只要稍微满足一下他可怜的、自卑又自大的心，他就能"龙颜大悦"，马上签下订单了。交易成功才是真正的目的所在。能征服这种骄傲型的顾客，何尝不是销售生涯中的一大乐事呢？

【刁钻型顾客的应对技巧】

他好像没有意思要购买产品，但却又缠住你，话题团团绕。说他可能有兴趣要买了，可是瞧他又是一副趾高气扬、爱买不买的样子。你很难琢磨这类型顾客的心里究竟在想些什么！肯定是一场辛苦的买方、卖方拉锯战。也许对身为推销员的你是辛苦了些，但对对方而言，他可是深深地乐在其中，因为他充分享受这种极尽批评之能事、挖苦人的乐趣。而你，免不了狠狠地被刮一顿了。不过，为了达成交易这个崇高的理想，这一切都不算什么，又是一个崭新的挑战。刁钻型的顾客，看我们怎么征服你！刁钻型的客人有一个特色，他总爱挑剔你，故意拂你的意思。你所有辛苦准备的产品目录、解说资料、市场调查，在他面前是全然不具任何意义的。

这时，你大概会有很深的无力感，同时也十分怀念起尊崇你如市场专家的和气型顾客了。这类型的顾客从来不会赞同你的意见，甚至不断地出言反驳。总之，你说的话是不对，毫无道理的。一般初识场面的推销新手可能会沉不住气了！千万不要有这个情绪上的波动，这对于刁钻型的客户来说是最大的禁忌，一旦你发怒，也正是意味着这场交易的失败。即使你在口舌上的争辩赢过了他，失去交易，也就意味你失去了战场。所以，只有一个字——忍！忍气吞声，压抑自己的情绪吧！千万不要违背他的意思。他爱怎么说就怎么说吧！反正，你包容他的一切，以静制动，他也伤不到你。不过，也不全然是处于被攻击的弱势。偶尔，也可以委屈地说一些损自己的幽默话，化解一下他嚣张的性格，用幽默取代正面的冲突，他会因此对你更感兴趣一些。只要你能包容他怪异的性格，让他满足其征服的欲望，到最后他的损人游戏终止，也就是成为你囊中之物的时机了。

【吹毛求疵客户的应对技巧】

他事事追求完美，容不得一点瑕疵！他看你不顺眼，他就不会喜欢你的产品！他即使想买产品，也会找出一千种产品不好的地方。这就是吹毛求疵型顾客。遇上这类客人，对销售员来说，可真是极大的挑战。如果你没有很充足的常识，面对他千奇百怪的挑剔方式，你恐怕要招架不住！他很在乎对你的印象。十足处女座的完美主义者，容不下一点缺点。只要你带给他稍微一点不好的印象，他可以立即推翻你的产品。对于这样的顾客，你得好好打理自己的门面，整洁的服饰，最好还烫得笔挺，头发稍微梳理后，再踏入他的公司。一开始所有动作最好能守住基本的推销员法则，中规中矩的礼节，客套的寒暄语，第一印象千万不要给对方任何一个挑剔的机会，否则，连再谈下去的机会都没有。对于产品，从小细节开始，他也是尽其所能地发掘产品任何可能的丁点缺失。你不要试图反驳他，因为吹毛求疵型顾客绝对是个自信心十足的人，你只要附和他即可，如果真的想反驳他的指责，得十分有技巧地点点头，这么说："先生，您真是细心。能照顾到这么小的细节。不过还好，我们这个产品正巧和其他公司的产品，有小小幅度的不同，就是……""王董，您真是高明，而且学识丰富，连这点您也有研究，关于质地的问题，您放心，公司早已有相关部门做了深入的研究，才研发出这一系列与众不同的产品……"

类似这样，先满足他挑剔的心，让他觉得你看，我说的没错吧！果然这部分真的有问题！有这种自尊心满足的感觉，他才不会太过分地为难你，这是因为，除了吹毛求疵的缺点之外，他还十分体恤人！他可能会说："算了，反正这种问题也不全是你们这些小小推销员的错！"因而原谅你产品上的瑕疵！

总之，这类型的客户也许难缠了一点，不过，你只要尽力在各方面，从自己的打扮举止开始到商品知识，都不要有被对方挑剔的地方，处处完美，无懈可击，还是能得到这类型客人的赞美的。

三、组织类顾客的购买行为分析

（一）组织类顾客的购买特征

组织类顾客与个体类顾客的购买行为既有相似性，又有较大差异性。组织类顾客的购买通常有直接重购、修正重购和新购，在购买过程中与消费者市场相比，具有明显的购买特征。

1. 购买者比较少

组织购买者不像个体消费者那么人数众多，推销员面对的组织购买者往往数量少，更适合上门拜访与推销洽谈。

2. 购买数量大

组织购买者往往一次购买数量较大，他们往往可以成为营销企业的大客户。

3. 派生需求

组织购买者（特别是生产类顾客和中间商的需求）顾客往往是个体消费者需求派生而来的，所以推销人员在拜访组织购买者之前，需要对终端市场的需求情况做到心中有数。

4. 需求弹性小

组织购买者的总需求受价格影响较小，受终端市场需求的影响更大。

（二）组织类顾客购买行为模式

1. 多人决策、关系繁多

组织的购买不像消费者购买那样简单，消费者的购买往往是一个人或者最多需要一次家庭会议来解决。组织的购买通常多人决策，往往有一个采购中心，组织的采购中心包括发动者、影响者、决策者、采购者、信息控制者等人员，他们在购买决策过程中分别扮演不同的角色。根据每次购买的具体情况，购买中心的每个角色会由不同的个人、部门和不同层次的高级管理人员担当。推销员需要判断每个人员在该组织购买过程中的身份，扮演什么角色，对购买方案的选择起到什么作用，甚至需要了解那些重点人物如采购者、决策者的个人相关信息和心理。

2. 购买程序复杂、持续周期长

组织的购买通常要经历问题识别、总需要说明、明确产品规格、寻找供应商、征求供应商意见、选择供应商、签订合同、执行情况评价等复杂的购买程序，并且由于复杂的程序要走，往往持续的周期较长，有时候一项购买甚至需要几年的时间才能完成，这对推销人员的耐心、服务等要求会更高一些。

3. 购销双方直接见面、直接购买

组织类购买者由于需求量大、服务要求高等方面的问题，所以购销双方往往是不经过中间环节，直接见面，针对性洽谈，特别是那些技术复杂、单价很高的产品，以及需要按特定要求制造的产品更是如此。

4. 供需双方关系密切、关系长久

由于购买者少、一次购买量大，大客户对供货商来说更具有重要性。同时，购买者对供应商也有较大的依赖性，如保证供货质量和数量、提供技术和配件、放宽信贷条件、有效服务等，所以供需双方关系密切，持续时间长。这就要求推销人员通过有效服务，与客户保持长期业务关系，从而保证自己产品的销售量和市场占有率。

组织类顾客（大客户）与个体类顾客购买的突出区别见表4-1。

表4-1　　　　　　　　组织类顾客（大客户）与个体类顾客购买区别

	大客户	个体顾客
销售周期	长	短
与顾客关系	长期、广泛	短期、局部
顾客购买决定	有多个决策者或决策影响者	少决策者
购买决策过程	复杂	简单
同一顾客回头生意	多	少
销售重点	对顾客的价值	产品功能上的满足

任务二　熟悉与顾客心理同步的推销模式

了解了不同类型的顾客以及不同顾客的购买行为模式，那么我们在具体的推销过程中，如何根据推销活动的特点以及对顾客接受推销过程各阶段的心理演变采取相应的策略呢？这就是我们要研究的与顾客心理同步的推销模式。

一、爱达（AIDA）模式

根据消费心理学研究，顾客购买的心理过程可以分为四个阶段，即注意（Attention）、兴趣（Interest）、欲望（Desire）、行动（Action）。国际推销协会名誉会长、欧洲市场及推销咨询协会名誉会长、著名的推销专家海因兹·姆·戈德曼（Heinz M. Goldman）于1980年在《推销技巧——怎样赢得顾客》一书中根据消费心理学的研究，把成功的推销活动概括为四个步骤：引起潜在顾客的注意—唤起潜在顾客的兴趣—激起潜在顾客的购买欲望—促成潜在顾客的购买行为。

注意、兴趣、欲望和行动四个单词的英文缩写为AIDA，中文音译为"爱达"，所以戈德曼的推销步骤又称为爱达模式。这种模式就是由推销人员把潜在顾客的注意力吸引到推销的产品上，使潜在顾客对产品产生兴趣。这样，潜在顾客的购买欲望随之产生，从而促使潜在顾客做出购买决策。

这种推销模式的适用性很强，适用于店堂的推销，如柜台推销、展销会推销；适用于所有生活用品（消费品）的推销；适用于一些易于携带的办公用品的推销；适用于面对陌生推销对象的推销；适用于新推销人员的推销。

爱达模式的具体推销步骤如下。

（一）吸引潜在顾客的注意

潜在顾客是指可能购买推销品的人。人们的购买行动通常都是从注意开始的，因此，开展推销活动首先要引起潜在顾客对推销品的注意。推销人员通过推销活动刺激潜在顾客的感官，使顾客对推销人员和推销品有一个良好的感觉，促进潜在顾客对推销活动有一个正确的认识和正确的态度。注意分为有意注意和无意注意。推销人员一定要通过积极努力，强化刺激，唤起潜在顾客的有意注意，使潜在顾客注意力从其他事情转移到推销活动上来。

1. 形象吸引法

（1）仪表服饰吸引法。推销人员的仪表是吸引顾客注意的一个重要因素，如高大威武，苗条匀称，矮小干练等，只要突出特点都能够吸引顾客注意等。

目前对推销人员的着装有三种看法：一是传统着装，一般选择穿西装或者穿企业工装；二是突出个性，越能美化自己越好；三是应以顾客的眼光为转移，即应穿顾客爱好的、顾客喜欢的服装。第三种看法的支持率可能比较高。无论如何，体形与衣着很好地配合，就可以给顾客一个比较好的印象。

佩戴饰物已经成为人们的一种时尚。对推销人员是否佩戴饰物亦有三种意见：一是认为以不佩戴为好。在没有把握的情况下，尽量不要佩戴。二是认为可佩戴能协调形象，能显示自己品位高雅的饰物。三是认为应佩戴与顾客协调的饰物，或者投其所好地佩戴顾客喜欢的饰物，就可以引起顾客的注意。当然，特别新潮的或者特别落伍的，都可能引起顾客的有意注意，但是必须注意可能产生的负面影响。

（2）举止形象吸引法。举止形象吸引法是指推销人员利用举止、行走和坐卧的形象吸引顾客注意的方法。推销人员动作利落潇洒、举手投足幅度适度、起落有致、言谈话语彬彬有礼、气质高雅，都可以给顾客在视觉上形成美好的第一印象而引起注意。体态优势如果适当突出，也能引起顾客注意，如昂首阔步、威风凛凛，或玉树临风、温文尔雅等。即使没有任何体态优势，所有推销人员也应该挺胸、抬头、平肩、目光直视，要坐有坐相，站有站相，走有走相，因为这些举止形象不仅可以吸引顾客的注意，而且也是推销人员有信心、有能力的体现。

（3）神态形象吸引法。神态形象是指推销人员的精神状态、心理活动状态、面部表情状态和身体表情状态等。神态形象吸引法主要是通过眼神和面部表情的变化以及所反映的心理活动特征吸引顾客注意的方法。

眼神是心灵的窗口。资深推销人员应该对自己的眼神和表情负责任。推销人员的眼神以充满信心、诚实、精力集中与神采飞扬为好；与顾客进行目光接触是与顾客建立感情的第一因素，当与顾客的距离在两米之内时，推销人员必须与顾客进行目光交流。推销人员在进入顾客办公室后，也应立即以有神的眼光环视所有的人，与每个注视自己的人交流眼神，以吸引顾客的注意，然后把目光停留在一位或两位主要目标顾客的脸上。

面部表情以坦诚的微笑为佳。过度的热情和冷漠都会引起顾客怀疑。面带自然的微笑，可以给人以亲切的感觉；憨厚的笑容，可以使顾客放心；坦诚的微笑，可以表明推销人员对自己的公司和产品有足够的信心。

> **小知识**
>
> 　　有的推销人员针对特殊环境与特殊顾客，刻意设计自己的形象以吸引顾客注意。如原一平先生，他总是千方百计接近与吸引顾客的注意。一次为了和一位超级顾客见面，他刻意到专为那位顾客制作西装的裁缝那里订制了一套与该顾客一模一样的西装、领带与饰物，然后在一个特定的场合与顾客同时出现。使顾客大为惊喜，顾客自然对原一平先生产生极大的注意和浓厚的兴趣。
>
> 　　原一平先生认为，约占90%的顾客是从推销人员的外表决定"第一印象"的。因此，在他有条件以后，他很注意服装的款式，很注意走路、站立及坐的姿态，认为这些是创造推销人员魅力的秘密。他总是在设计自己的形象和神态，用来吸引顾客的注意力。他更注意他的笑容，他的笑容被誉为"值百万美金的笑容"。

2. 语言吸引法

语言吸引法，也就是要尽力说好"第一句话"。具体方法有：

（1）出奇言吸引法。出奇言吸引法即讲出与别人不一样的语言，说出与本人以前不一样的话，说出令顾客意想不到的语言等，吸引顾客注意的方法。

例如，一位推销人员对顾客说："10磅软木您打算给多少钱？"顾客回答："什么，10磅软木？我不知道，大概不多吧，它跟我有关系吗？"推销员说："当您坐在湖中一艘即将沉没的船上时，您愿意花多少钱买10磅软木保命呢？"原来，这位推销人员只是想说明一份意外保险的价值和作用，通过观察和比喻的方法，使用顾客意想不到的语言，可以吸引顾客的注意。

（2）谈奇事吸引法。所谓奇事，就是顾客不可能了解的新奇的事。用奇事作为开场白可以满足人们的好奇心。例如，一个高高大大的推销人员一进门就说："太可怕了，要不是我命令自己非要到这里来，我真的要回去了。"人们一下子都竖起了耳朵，想听听外面出了什么可怕的事，能令一个又高又壮的推销人员不敢来这里。

（3）"一语中的"吸引法。"一语中的"吸引法即以推销开始后的第一句话就指出顾客的主要需求以吸引顾客的方法。运用这个方法事先要做好详细的调查，然后对顾客的需求进行概括，以求一语中的。

例如，一位推销人员一进到厂长办公室，立即说："你们肯定需要改进产品质量，重新树立企业形象，这里有你们需要的东西。"原来推销人员一直密切注意顾客的生产经营状况，发现他们因为购买了不合格的压缩机而导致产品上市后受到投诉，现在正在着急呢。顾客一听有解决办法，立即振奋起来了。

（4）奇怪问题吸引法。奇怪问题吸引法即提出一个令顾客感到奇怪的问题而吸引顾客注意力的方法。

例如，一个在百货公司柜台观察了很久的推销员，见到公司经理就问："你们有中学生服装专柜吗？"公司经理肯定会觉得奇怪，没听说哪里有开设中学生服装专柜的。他如果是一个精明的生意人，他就立即会想到十几年前生育高峰期出生的孩子现在该是中学生了，设立一个中学生专柜也许有大笔生意可做。推销人员把刚才观察到的一群中学生因买不到合适的衣服而走的事情告诉经理，经理随即与推销人员讨论有关订货事宜。

3. 行为方式吸引法

行为方式吸引法是指推销人员用奇怪的、特别的行为方式引起顾客注意的方法。具体方法有：

（1）顾客仰慕的行为方式。顾客仰慕的行为方式即通过高效的、轻松的、美好的等让顾客仰慕的不同的行为动作吸引顾客的注意。

例如：一个推销微型电脑的推销员走到一个写票、制单、取款的桌子前，见工作人员有些手忙脚乱，于是把小巧的微型收银机放在柜台角上，并熟练地操作。在开票员尚未写好之前，推销员已把打印出来的票据递到了他的面前，单据字迹清晰秀丽，数据准确无误，推销人员潇洒的动作和高效率的工作，使开票员顿时大感兴趣。虽然没有说话，但是推销员的沉默与微笑胜过千言万语。

与先进技术相联系的产品，在与陌生顾客或者技术陌生的顾客进行推销时，都可以采取这样的方法。

（2）与传统的做法不同。推销人员也可以用不断创新的方法接近顾客。首先，推销人员可以与自己原来的做法不同。然后，了解同行的传统做法，再设计出不同的接近策略。创新是推销人员最好的品质和素质。

例如：传统的卖报纸方法是卖一份报纸收一份钱。但是创造了微软公司的大老板比尔·盖茨小时候卖报纸就跟传统的不一样，他是一边跑，一边往人们手中塞报纸，塞一段后，回过头来再收钱。于是他总是比别人卖得多些。

（3）与他人不同的做法。调查其他推销人员在同样情况下的做法，然后反其道而行之。例如，别的推销人员见了顾客后总是"说"，您就可以想办法"听"。别人总是喋喋不休地解答顾客的提问，而你反而向顾客请教。

例如，有个卖二手车的推销员了解到有一对夫妇想要买辆二手车，却对车的价钱拿不准主意。有几个推销员已经跟他们二人争论过，但都做不成生意。他打电话给顾客说，知道他们二人对车及车价很有看法（与别人不同），想请二位帮忙给一部相当不错的二手车定价（又不同）。二人听了很高兴，欣然前往（接近成功）。结果是那位推销员以不错的价格卖掉了那部车。

4. 产品吸引法

产品吸引法即直接以产品的能够立即被顾客了解到的差别优势吸引顾客注意的方法。例如利用产品的新颖、美观、奇特、艺术化的包装装潢独有的魅力吸引顾客的注意力，使产品包装起到沉默推销员的作用；利用产品特殊功能、一目了然的新的使用价值吸引顾客。

例如"索尼"的创始人盛田昭夫在创办公司初期，就是在教室里用收录机录下老师讲课的声音，在下课时重新放给学生听，吸引了学生很大的注意和兴趣。用同样的方法，他使法院的工作人员、公司的老总、各种各样办公室的工作人员纷纷购买他的收录机。

其他如热情邀请顾客免费品尝、试用、测试产品、现场的产品质量评定和研讨、现场的产品制造和表演等，也是有效的产品吸引法。

（二）唤起顾客的兴趣

唤起顾客兴趣，是唤起顾客对推销活动及推销品的兴趣，或者说诱导顾客对推销产生积极态度。兴趣与注意有着密切的关系。兴趣是在注意的基础上发展起来的，反过来又强化注意。顾客对推销的兴趣都是以他们各自的需要为前提的，同时也只有了解了推销品可以满足需要后才会产生兴趣。因此，唤起顾客兴趣的关键在于使顾客清楚地意识到他们在接受推销的产品后可以得到何种利益。为尽快引起顾客的兴趣，很多推销员都是通过示范的方式，在示范的过程中向顾客说明产品的品质、功能等方面的优点，并且与市场上同类产品相比较，设法使顾客感觉到所提出的产品、价格、服务等方面都对他有利。示范可以加深和强化认识与记忆。示范比任何演讲和说明都更能给顾客留下深刻的印象。

爱达模式中唤起消费者兴趣的阶段就是示范的阶段。推销员要尽可能地向顾客示范所推销的产品。人们总是相信"百闻不如一见"。在所推销的产品不便随身携带时，推销员可以借助产品的宣传资料、数据和其他一些器具，向顾客宣传介绍所推销的产品。如有可能，推销员应尽量少谈产品，让顾客尽快亲自检验产品的质量。让顾客亲眼看一看、亲手摸一摸，这比其他任何一种方法都更具有说服力。

有心理学家通过试验、调查证明：听见的事情，3小时后能记住的人只有10%；而见到的事情3小时后仍有70%的人能够记住。

推销员做示范激起顾客的兴趣，应当注意以下几点。

1. 了解顾客的基本情况

了解顾客的情况是做示范的一个重要先决条件，推销员在唤起顾客兴趣的这一阶段首先要对顾客的情况进行了解。为了使产品满足顾客的愿望和需要，推销员应当分析：需要了解顾客哪些方面的情况，如何设问，如何运用自己手头掌握的资料。这些问题处理得越好，就越有可能直接与顾客交换意见和看法，成交的可能性也就越大。

2. 向顾客示范所推销的产品

为了使顾客消除疑虑，产生购买欲望，推销员可采用的方法就是实际演示所推销的产品，让顾客亲眼看到产品所具有的功能、性质、特点和使用效果。产品越复杂、技术性能要求越高，就越有必要通过示范使其具体化。示范得越早，效果就会越好。当产品不便随身携带时，推销员可以利用模型、样品、照片和图片做示范。这样有助于使顾客产生形象概念，给顾客留下栩栩如生的感观印象。

3. 让顾客亲自参与示范

如可能的话，让顾客亲自参与示范，会达到更好的效果。推销人员在做推销演示时，应该吸引顾客的注意力。不能只顾自己讲，自己操作，忽略顾客的感受。应让顾客亲自参与演示并提出问题，以便唤起顾客的兴趣。一般说，顾客是经常愿意参加演示的，特别是一些操作性较强的产品。顾客在参与演示时，推销人员应注意给他们必要的提示，直到顾客满意为止。顾客通过亲自演示会提高对产品的兴趣，产生购买动机。

有些产品可能不便于顾客亲自操作，推销人员也应该注意让顾客参与你的演示活动，如要求顾客协助完成某一动作或传递物品等。这样，顾客也会产生直接参与的感觉，从而提高兴趣。

（三）激发顾客的购买欲望

所谓购买欲望，是指顾客想通过购买某种推销品而给自己带来某种特定利益的一种需求。激起购买欲望是指推销人员通过推销活动的进行，在激起顾客对推销品的兴趣后使顾客产生对推销品强烈拥有的愿望，从而导致顾客产生购买的欲望。

在推销过程中刺激顾客的购买欲望可分三个步骤进行。推销人员首先提出推销建议；在得到顾客的反应之后，找到顾客疑虑所在；然后有针对性地进行理由论证，多方诱导顾客的购买欲望，直至达成交易。

激发顾客购买欲望的方法和技巧有三大类：推销效用法、美景描绘法和多方证实法。

1. 推销效用法

作为推销者，我们应当意识到顾客最终能否产生购买行为总是归根于我们能否使其清楚地认识到产品对他们的效用。

（1）象征地位的效用。任何一位居住在数百万元洋房之内的老板、大款都不愿意开一部一路上都咳咳咔咔的老爷车，原因就在于与他的身份地位不符。

（2）满足虚荣心的效用。如果有一位和你的顾客工资收入相当的人买了新家具，装修了新房子，他心里多多少少总有些犯"红眼病"，如果这时推销员抓住了顾客的这种心理，他会比平日里更容易接受推销，从而购买与邻居相同或相类似的相关产品。

（3）经济上的效用。对于一个忙碌的上班族，使用微波炉能使其从烦琐的家务中解脱出来，推销员在推销中应重点强调这种经济上的效用，以使顾客获得解脱。

所以对推销员而言，可以利用的推销效用是很多的，只要能抓住时机，把握顾客消费心理，推销就会成功。

2. 美景描绘法

例如：有一位推销空调的能手，他从不对顾客滔滔不绝地介绍产品的性能、优点和方便程度。在最初的说服中，他总是采用美景描绘法来激起顾客的购买欲望。在夏天，他总对顾客说："先生们，小姐们，你们能否想象在盛夏炎炎的烈日中，你们挥汗如雨。回家后仍然面对酷暑，被太阳晒得发烫的肌肤被黏黏的汗液包裹，四面洞开的窗，没有丝毫的风吹来，衣服顽固地贴在你的前胸、后背，像要赖的小孩死也不肯起来。如果这时的你，还不得不挥着锅铲，拿着瓢盆，面对着炉火赶着做晚饭，天啊！那是多么令人无奈。即便是温文尔雅的你在经过这种夏天、这种生活后也会变得暴躁不堪。但是，你可想到过，只要你拥有了一台空调，就可以把酷暑拒之门外，迎面的阵阵凉风，可以让你感受夏日里清凉、惬意的生活。"

我们只有给出具体、形象、生动的词汇，才容易唤起顾客的想象，让顾客为自己再勾画出一番美景，从而激起购买欲望。

3. 多方证实法

顾客在对产品产生兴趣后，对产品所具有的性能和所带来的利益，有时仍是心存疑惑的。顾客常常会对推销人员的说明、演示报有怀疑态度："这可能吗？""这个产品确实有那么多功能吗？""他用于演示的产品是否是特制的？"甚至有些顾客会提出："推销人员的一言一行是否真实可靠？"顾客所说的这些话也正说明推销人员的讲解和演示发挥了作用，顾客对推销的产品产生了兴趣，但还需找到真实、可靠的依据来肯定、证实推销人员所做的一切。也正是因为这样，在其疑虑未消除之前，尽管顾客对产品有着浓厚的兴趣，购买欲望还是难以产生。这时候，推销人员应向顾客提供充分的证据和相关的资料，以及使用者的信息反馈，来证实其产品的可靠性，达到吸引顾客、激发其购买欲望的目的，这就是多方证实法。

运用多方证实法的技巧主要有：

（1）利用权威证书证实。在每一位顾客的心目中对有关技术与职能部门颁发的证书、奖状等都有较高的信任度。当顾客产生兴趣后，推销人员应及时地拿出一些权威部门的认证书、检验证书、奖状证明或其他用户的使用情况等，有利于打消顾客的疑虑。例如，推销人员在推销产品时可以向顾客展示关于产品的 ISO 9001 的认证书，并说明该证书的性质。事实证明，这种方法是行之有效的。

（2）利用用户情况证实。还有一些顾客除对证书、技术性能关心外，还关心其他用户的使用情况。推销人员应充分利用顾客的这种心理，将其他用户的使用情况介绍给顾客，甚至可以将用户的联系方法告诉他们，让顾客听一下用户自己的意见，这样更容易消除顾客的疑虑。

多方证实法的目的在于从不同角度向顾客强化购买产品所获得的利益，消除顾客的种种疑虑，使他们的兴趣更加稳定，进而产生购买欲望。

在推销活动中以上这些方法往往是一同使用。但是，并不是说每次都要面面俱到，要针对不同的顾客类型选择不同的方法。

（四）促成交易

爱达模式的最后一个步骤，也是全部推销过程与推销努力的目的所在，它要求推销员运用一定的成交技巧来促成顾客采取购买行动。在一般情况下，顾客即使对推销品发生了兴趣并有意购买，也会处于犹豫不决的状态。这时推销人员不应悉听"客"便，而应不失时机地促使顾客进行关于购买的实质性思考，进一步说服顾客，帮助顾客强化购买意识。

二、迪伯达（DIPADA）模式

迪伯达模式和下面的埃德帕模式也是由海因兹·姆·戈德曼提出的。"迪伯达"，是英文字母"DIPADA"的译音，由Definition（确定）、Identification（结合）、Proof（证实）、Acceptance（接受）、Desire（欲望）、Action（行动）六个英文单词的第一个字母组成。将推销过程分成这六个步骤，就形成"迪伯达"推销模式。

迪伯达模式适用于生产资料的推销，对老顾客及熟悉顾客的推销，以及顾客属于有组织购买（即单位购买）的推销。

其具体步骤如下：

（1）准确发现顾客的需要和愿望。从推销实践来看，真正的推销障碍来自顾客的需要和欲望得不到满足。因此，在这一阶段，推销人员应通过对顾客心理的科学分析，准确发现顾客的需要与愿望，而不要急于向顾客介绍推销品。这种做法既体现了以顾客为中心的原则，能引起顾客的兴趣，也有利于营造融洽的推销气氛和消除推销障碍。

（2）把推销品与顾客的需要、愿望结合起来。准确发现顾客的需要与愿望是说服顾客的要点，把顾客的需要和愿望与所推销的产品联系起来，则是建立说服顾客的基础。只有这样，才能很自然地激起顾客的兴趣，为促使顾客采取购买行动埋下伏笔。

（3）证实推销品符合顾客的需求和愿望。推销人员对自己所推销的产品进行介绍、说明时，要证实所推销的产品符合顾客的需要与愿望，即证明所推销的产品是顾客所需要的，以增加顾客的信任度，减少顾客的疑虑。

（4）促使顾客接受推销品。推销人员在介绍其产品之后，使顾客完成了对产品认识的心理过程，但推销人员还应该提供必要的、真实可靠的证据向顾客证明，推销品符合顾客的需要，促使顾客接受所推销的产品。

（5）刺激顾客的购买欲望。在推销过程中，仅仅将顾客的需要和推销品联系起来还是远远不够的，还应该使顾客认识到：他必须购买该推销品才能满足其需要。因此，这就要求推销人员必须想办法激发顾客的购买欲望。

（6）促使顾客做出购买决定。这个阶段与爱达模式的第四个阶段"达成交易"是相同的。

三、埃德帕（IDEPA）模式

埃德帕模式是迪伯达模式的简化形式。其中：I为Identification的缩写，意为：把推销的产品与顾客的愿望结合起来；D为Demonstration的缩写，意为：示范产品阶段；E为Elimination的缩写，意为：淘汰不合适的产品；P为Proof的缩写，意为：证实顾客的选择是正确的；A为Acceptance的缩写，意为：接受某一产品，作出购买决定。

埃德帕模式适用于向熟悉的中间商推销，也用于向主动上门购买的顾客进行推销。

1. 把推销的产品与顾客的愿望联系起来

一般来说，人们总希望从购买活动中获得一定的利益，包括在一定程度上增加收入、

074　现代推销实务

减少成本、提高效益。推销人员应对上门主动求购的顾客热情接待，主动介绍商品，使顾客认识到购买商品所能获取的一定利益，紧紧扣住顾客的心弦，欲罢不能，只好接近推销人员，这种效果是其他接近方法所无法收到的。在实际推销工作中，普通顾客很难在推销人员接近时立即认识到购买商品的利益，同时为了掩饰求利心理，也不愿主动向推销人员打听这方面的情况，而往往装出不屑一顾的神情。如果推销人员在接近顾客时主动提示商品利益，可以使商品的内在功效外在化，尽量满足顾客需求。

在向顾客展示利益时，推销人员应该注意下述问题：商品利益必须符合实际，不可浮夸。在正式接近顾客之前，推销人员应该进行市场行情和用户情况调查，科学预测购买和使用产品可以使顾客获得的效益，并且要留有一定余地。

2．向顾客示范合适的产品

证实的常用办法是示范。所谓示范就是当着顾客的面展示并使用商品，以显示出你推销的商品确实具备能给顾客带来某些好处的功能，以便使顾客产生兴趣和信任。熟练地示范你推销的产品，不仅能吸引顾客的注意力，而且更能使顾客直接对产品发生兴趣。示范最能给人以直观的印象，示范效果如何将决定推销成功与否。因而，示范之前必须周密计划。

3．淘汰不宜推销的产品

有些产品不符合顾客的愿望，我们称之为不合格产品。需要强调指出，推销人员在向顾客推销产品的时候，应及时筛选那些与顾客需要不吻合的产品，使顾客尽量买到合适的产品，但也不能轻易淘汰产品，要做一些客观的市场调研及分析。

4．证实顾客的选择正确

用实例证明顾客已挑选的产品是合适的，该产品能满足他的需要。

5．促使顾客接受产品

推销人员应针对顾客的具体特点和需要进行促销工作，并提供优惠的条件，以促使顾客购买推销的产品。

四、费比（FABE）模式

费比模式是由美国俄克拉荷马大学企业管理博士、台湾中兴大学商学院院长郭昆漠教授总结出来的推销模式。"费比"是英文"FABE"的中文译音。FABE是英文单词Feature(特征)、Advantage(优点)、Benefit(利益)和Evidence(证据)第一个字母的组合。费比模式将推销过程分为四个步骤。

1．将产品特征详细地介绍给顾客

费比模式要求推销人员在见到顾客后，要以准确的语言向顾客介绍产品的特征。介绍的内容应当包括：产品的性能、构造、作用、使用的简易性及方便程度、耐久性、经济性、外观优点及价格等，如果是新产品则应更详细地介绍。如果产品在用料和加工工艺方面有改进的话，也应介绍清楚。如果上述内容多而难记，推销人员应事先打印成宣传材料或卡片，以便在向顾客介绍时将材料和卡片交给顾客。因此，如何制作好广告材料和卡片成为费比模式的主要特色。

2. 充分分析产品的优点

费比模式要求推销人员应针对在第一步骤中介绍的产品特征，寻找出产品特殊的作用，或者某项特征在该产品中扮演的特殊角色、具有的特殊功能等。如果是新产品，则务必说明该产品的开发背景、目的、设计时的主导思想、开发的必要性以及相对于老产品的差别和优势等。当面对的是具有较高专业知识的顾客时，则应以专业术语进行介绍，并力求用词准确，言简意赅。

3. 尽数产品给顾客带来的利益

这是费比模式中最重要的一个步骤。推销人员应在了解顾客需求的基础上，把产品能给顾客带来的利益，尽量多地给顾客列举出来。不仅要讲产品外表的、实质上的优势，更要讲产品给顾客带来的内在的、附加的利益。从经济利益、社会利益、工作利益到社交利益，都应一一列举出来。在对顾客需求了解不多的情况下，应边讲解边观察顾客的专注程度和表情变化，在顾客表现出关注的主要需求方面要特别注意多讲解、多举例。

4. 以证据说服顾客

该模式要求推销人员在推销中要避免用"最便宜""最合算""最耐用"等字眼，因为这些话已经令顾客反感而没有说服力了。因此，推销人员应该用真实的数据、案例、实物等证据解决顾客的各种疑虑，促使顾客购买。

费比模式与其他模式相比，有一个明显的特色：事先把产品特征、优点及带给顾客的利益等列出来，印在纸上或写在卡片上，这样就能使顾客更好地了解有关的内容，减少产生疑问与异议的空间。费比模式正是由于具有这一特色，而受到了不少推销人员的大力推崇。为了尽可能地发挥费比模式这一特色，推销人员应事先准备好各种推销用语，即介绍产品、指出产品优点的销售用语，对产品效用价值进行特别介绍的销售用语，刺激顾客购买欲望的销售用语，说明企业文化、企业经营理念的用语等，并将各种行之有效的推销用语印在纸上，牢记心里，达到随时能脱口而出的熟练程度。

【总结与回顾】

推销人员在推销之前，必须要了解和掌握顾客的类型，把握不同类型顾客的购买行为。

推销模式是根据推销活动的特点以及对顾客接受推销过程各阶段的心理演变应采取的策略、归纳出的程序化的标准推销形式。典型的推销模式有爱达模式、迪伯达模式、埃德帕模式和费比模式。

本项目的教学重点：了解顾客的购买类型及购买行为模式，掌握四种推销模式。

【复习思考题】

1. 结合本项目知识，谈谈你对不同类型顾客购买行为的理解和认识。
2. 不同顾客的购买行为过程包括哪些环节？它们有何内在联系？
3. 爱达模式的具体步骤有哪些？

【案例分析题】

❶ 潘德仁先生在推销中非常善于琢磨客户心理，抓住客户要求，并用娴熟的语言技巧来引导客户做出购买决定。他曾荣获香港第十八届杰出推销员的殊荣。

潘先生曾在一家办公用品公司当推销员。一次，他来到一个客户办公室推销自己公司的碎纸机，客户在听完了产品介绍，弄清了购买细节后，说他愿意买一台，并表示将在第二天到潘先生处订货。第二天，潘先生左等右等，还不见客户前来。他便登门拜访，却发现客户正坐在桌前看另外一家办公用品公司的样本册，而且目光停留在其中一页一动不动。潘先生凭着对本行业产品的全面了解，一眼便知客户正在关注的产品和昨天他所推荐的碎纸机属于同一类型，区别仅仅在于前者有扇清除纸屑的小拉门。

潘先生彬彬有礼地说："打扰您了，我在公司等了好久还不见您来，知道您一定很忙，所以又亲自来您这儿了。"

客户只应了一声"请坐"，又低头去看刚才那一页。潘先生已经猜出客户喜欢碎纸机上有门。沉思片刻，找到一把椅子在客户边上坐下，和和气气地说："我们公司的碎纸机上有圆洞，同样可以取出纸屑，而且方便得多。"

客户点点头，想了想又说："圆洞是能取出纸屑，但是未必比拉门来得方便啊。"潘先生不慌不忙地应道："您是搞工程技术的，一定知道废纸被切碎时洞口要承受不小的震击，如果洞口是圆形的，圆上各点的曲率完全相同，整个边受力均匀，不易损坏，反之拉门的洞口是方形的，受力不均，使用寿命要打折扣。"

客户看着潘先生，迟疑了一会儿："您的解释的确有道理，可我虽是技术出身，却很注重美观，圆形难免叫人感到呆头呆脑的。"

"圆是由一组到平面一点距离相等的点组成的，它线条光滑、流畅、一气呵成，多么和谐，多么完整，平时所言'圆满'，就是这个道理啊。您买以后，保您用了会非常满意。"

这位客户被潘德仁丰富的力学、美学知识所折服，终于微笑着签了订单。

 潘先生在推销过程中是如何抓住顾客心理的？

❷ 印刷用品公司的推销员弗兰克已约好去见普鲁印刷公司的生产部经理波恩。

弗兰克：早安！波恩，今天早上承蒙接见，至感荣幸。我知道您的工作很忙，时间安排得很紧凑。对了！我在报纸上看到有关贵公司的报道，业绩超越最近这五年，这一定是您的经营方向正确，领导有方，相信一定有很多人在谈论贵公司的管理。(这段话用了哪种模式？)

波　恩：是的，我们对公司的业绩感到很欣慰，那不是轻易得来的。本公司和其他公司一样，同样也有我们的问题。

弗兰克：贵公司有哪些问题呢？(这句问话抓住了什么？)

波　恩：最主要的问题是印刷时，机器停顿的时间太多。

弗兰克：造成机器停顿的原因是什么呢？（这句问话又抓住了什么？）
波　恩：原因之一是本公司购买的温滚筒质量太差，不只是向您的竞争厂商Ajax购买，同时也向贵公司购买。这些滚筒都不耐用，接缝处有撕裂的痕迹，绒布上沾有油墨，有谁知道还有其他原因没有？
弗兰克：我了解您的感受，很高兴您把这些问题告诉我。到目前为止，这确实是业界相当普遍的问题，这也是我今天来拜访您的原因之一。本公司最近开发了一种崭新且现代化的3—Plate湿滚筒，如果使用它，您刚才所提的这些问题就不会再发生了。您听说过这种新产品吗？（这段话应用了哪种模式？）
波　恩：尚未听说过。
弗兰克：我想您应该认识第三街Paragon印刷公司的Fred Filbert吧，您认为他的作业方式和贵公司的作业方式相同吗？（这句问话有什么用意？）
波　恩：是的，大部分都相同。
弗兰克：上个月我和Fred讨论时，他告诉我，他的滚筒纸潮湿表面的平均寿命才16小时，因为强烈的碰撞、起泡、解开等动作，平均每次换班时间就得更换表面，此时机器就要被迫停顿了。这就是您所遭遇到的问题吗？（这段话应用了哪种模式？）
波　恩：是的，正是如此。（这句问话起了什么作用？）
弗兰克：大约在四星期前，经过我建议之后，Fred决定试用3—Plate湿滚筒，后来他发现不但减少了强烈碰撞、起泡、解开等动作。经过一个月以后，第一个湿滚筒仍然一直在使用。因为无须更换表面，所以减少机器停顿的时间，节省的就足够支付3—Plate湿滚筒的费用了。（这段话应用了哪种模式？）
波　恩：不错，这是我常听推销员说的老套。这种新产品的价格一定很贵吧。
弗兰克：让我把这个问题说清楚之后，再来讨论价格吧！坦白说，3—Plate滚筒是一种革命性的新产品，潮湿的表面是一个崭新的观念，它是一个完整的圆柱形，尤其是含有坚固的纤维管，完全没有接缝，可消除您所遭遇到的问题。其实，3—Plate湿滚筒确实要比干燥滚筒更坚固，您曾经使用过唯一的就是纸套筒吗？（这段话应用了哪种模式？）
波　恩：当然用过，纸质比布质便宜多了。
弗兰克：纸质的单价可能比较便宜，但就长期而言，比布质更昂贵。例如3—Plate套筒不会像您所使用的纸质套筒那样有裂缝、会伸张、会收缩。（这段话应用了哪种模式？）
波　恩：安装又如何呢？
弗兰克：我为您准备了一份，让我们到您的机器上去试试。（这段话应用了哪种模式？）

他们朝着机器的方向走去，并叫来一名机器操作员。

波　恩：您看，装套筒就是这么容易，只要把它置于滚筒上就可以了。您为何要使用构造复杂或有许多控制装置的套筒呢？不像这种套筒吧！它丝毫没有改变湿印刷机的基本设计。这种套筒的单价虽然贵一点，但是当您要改变印刷颜色时，无须清洗，实际上是节省了不少费用；印刷中遇有短暂的停顿时，也不会像纸张一样变得干燥。何不把3—Plate公司所赠送的套筒装到您的印刷机上呢？（这段话应用了哪种模式？）让我们再回到办公室去吧，那里要安静得多。他们一起回到波恩先生的办公室。

波　恩：现在让我把3—Plate湿滚筒的优点做一个总结，首先是可使印刷清晰，而且绝对不会留有柳絮状的纤维；其次是改变印刷颜色时，无须清洗或更换套筒；第三是工作进行中，不会产生任何形式的痕迹；第四是无须重新准备或调整。（为什么会是顾客来总结？）

弗兰克：您可能会担心成本问题，可不是吗？使用3—Plate套筒之后，无须使用酒精或其他特别溶液，也无须花费洗衣费用。曾经使用过这种套筒的人，都发现3—Plate套筒比他们以前所使用的任何套筒都经济。（这段话应用了哪种模式？）

当然，最后的结果，是波恩买了弗兰克推销的机器。

❶ 弗兰克推销时都用了哪些推销模式，结合案例中带括号的部分谈一谈。
❷ 运用所学推销模式分析弗兰克成功的原因。

【能力拓展】

❶ 课下观看电影《购物狂》，并分组讨论电影中几个典型购物狂的消费心理。
❷ 分组练习：设置一个推销场景，按照某一个推销模式进行模拟推销。

模块二

推销过程与技能

项目五
寻找准客户

【任务分析】

为了提高推销人员的工作效率,在拜访顾客之前,推销员需要运用一定的方法和技巧寻找到产品的潜在顾客(又叫准客户)。寻找准顾客的根本目的是使推销员的推销工作聚焦,缩小推销范围。如果在实践推销行动之前没有进行准顾客的寻找与分析,推销人员就会陷入盲目的拜访状态,一是导致销售效率低下;二是容易使推销员丧失推销信心。

本项目学习过程中,学生需完成以下任务:掌握寻找准顾客的技巧,审查顾客资格,做好推销准备工作。

【案例导入】

2014年6月底,天气已经变得较为炎热,装修进入淡季。A装修公司业务员小李正发愁这个季度的任务肯定完不成了。有一天,在和一个朋友聊天时偶尔听说当地某大学家属楼刚刚竣工,该小区有700多套住房,教师们刚拿到钥匙,并且学校马上要放暑假。得到这一消息后,该推销员决定联手几个建材品牌,在新楼附近开展家装联谊会。由于该装修公司在当地小有名气,并且服务周到(免费设计、免费监理、免费替顾客砍价等),很快小李就拿到了几个订单,在一周多的时间完成了当月的销售任务。

> **思考题** 案例中的小李是如何寻找准顾客的?在推销工作中寻找准顾客的技巧还有哪些呢?

任务一 掌握寻找准顾客的技巧

一、卷地毯式访问法

卷地毯式访问法，是指推销人员对推销对象的情况一无所知或知之甚少时，直接走访某一特定区域或某一特定职业的所有个人或组织，以寻找准顾客的方法。采用这种广泛搜寻的方法，可以捕捉到一定数量的准顾客。这一方法的理论依据是平均法则，即在推销人员走访的所有人中，准顾客的数量与走访的人数成正比，要想获得更多的准顾客，就要访问更多数量的人。

卷地毯式访问法比较形象地说明推销人员寻找准顾客的过程，就像家庭主妇清洗地毯一样逐一检查。采用卷地毯式访问法寻找顾客，首先要挑选一条合适的"地毯"，也就是先要划定适合的访问范围。推销人员应该根据自己所推销商品的特性和用途，进行必要的推销区域可行性研究，确定一个较为可行的推销地区或推销对象范围。例如，你是一次性尿布的推销员，你挑选的"地毯"可能是妇幼保健院、医院等；你推销的是某种特效洗衣粉，你确定的"地毯"可能是某一社区的居民或宾馆客房部等。为了得到被访者的合作，走访前最好事先与之联系。此外，还需与其他方法配合使用。

例如：小王是广州一家食品机械设备厂的推销员。小王来到上海后的第一天就买了一本上海工商企业最新的电话簿，找出了上海食品和饮料的生产及加工行业的企业一共有300多家。根据各企业的地址以及相距小王所住宾馆的距离远近，小王制定的推销拜访计划是：

（1）所有的企业进行一次电话拜访，预约面谈；

（2）凡是同意面访的准顾客，确定具体的面访时间，进行推销洽谈；

（3）凡是不同意面访的准顾客，如果距离近，也进行一次实地考察，不作推销面访，仅进行资料传递和收集，并争取建立联系，加深第一印象，他日再作推销面访。

二、链式引荐法

链式引荐法，也叫"无限连锁介绍法"，所谓链式引荐法，就是推销人员在访问现在顾客时，请求为其推荐可能购买同种商品或服务的准顾客，以建立一种无限扩展式的链条。这是西方国家的推销人员经常使用的一种方法。

链式引荐法寻找准顾客源于链传动原理，齿链之间是一环紧扣一环的啮合状态，以此带动物体的移动。作为推销人员，就必须从现有顾客这一环去联系潜在顾客的下一环，不断延伸,以至无穷,扩大推销员与准顾客之间的联系,使推销人员所掌握的准顾客源无限发展下去。因此,链式引荐法的关键在于推销人员首先要取信第一个顾客,并请求引荐其余的顾客,由其余的第二链节发展更多的顾客,最终形成可无限扩大的"顾客链"。要使"顾客链"长久运转下去,推销人员必须不断地向链传动系统添加"润滑油",以维持各链节之间的正常运转,通过链式的传动使推销品能畅通无阻地进入客户手中。这里所说的"润滑油"就是推销员只有成功地将自己的推销人格和自己所推销的商品推销给现有顾客,使现有顾客感到满意,赢得现有顾客的信任,才可能取得源源不断的新顾客名单。

采用链式引荐法寻找无形产品(旅游、教育、金融、保险等)的潜在顾客尤为适合,因为在服务领域里,信誉、感情和友谊显得尤为重要。但从使用范围看,工业用品更多地使用这种方法寻找潜在用户,因为同行业的工业品用户之间通常较为熟悉,且相互间有广泛的联系。

链式引荐法的具体办法很多,其要点有:

(1)每次推销洽谈时,有计划地请对方引荐两三个需要同样商品的准顾客。

(2)直接请现有顾客代为推销,可以配合一定的奖励或佣金。

(3)请现有顾客以书信、名片、电话等手段进行引荐。

记录在吉尼斯世界纪录大典,并有美国"最伟大的推销员"称号的汽车推销大王乔·吉拉德在其自传中写道:每一个顾客的背后都有250人,称为250定律。他指出,推销员若得罪一个人,也就意味着得罪了250人。相反,如果推销员发挥自己的才智"利用"了一个顾客,也就得到了250个关系。

一般说来,人与人之间的交往和联系,是以某种共同的兴趣或者共同的需求和利益为纽带的,某一个交际圈内的所有人可能均有某种共同的消费需求,可能是你的一大类顾客。推销员从现有顾客的各种交际活动和社会联系中,都可以直接或间接寻找到与其有联系的新顾客。

三、中心开花法

中心开花法,是指推销人员在某一特定的推销范围内发掘出一批具有影响力和号召力的核心人物,并且在这些核心人物的协助下把该范围里的个人或组织都变成推销人员的准顾客,一般而言,这些核心人物或是推销人员的顾客,或是推销人员的朋友,前提是这些中心人物愿意合作。

中心开花法实际上也是一种链式传递介绍法,只是中心开花法是利用"核心人物"的链式关系来不断地扩大其顾客群,而不是利用普通的现有顾客。因此,中心开花法的关键是找出核心人物，并极力说服这些核心人物，在取得他们的信赖和支持后，就可以利用他们的影响力、权威性或示范效应，带动一大批潜在顾客。例如，推销教学参考书找到教师这样的核心人物，在得到教师的首肯后，你推销的书籍就有了大量的顾客——教师的学生。推销人员要想取得"核心人物"的信任和支持，首先必须让对方了解自己的工作，使对方相信推销人员的推销人格和商品，相信能为其解决实际问题并使他们得到实实在在的利益。说服核心人物，取得他们的信任和合作后，就能利用中心开花法进一步寻找准顾客。

中心开花法主要适用于金融服务、旅游、保险等无形商品及时尚性较强的有形商品准顾客的寻找。

例如，小王从事某学习机的推销已经有数月了，但他的业绩很不理想。一次偶然的机会，小王遇到了一位外语教师。经过一番介绍后，该教师发现小王销售的学习机对提升学生的英语听力很有帮助。于是，该外语教师在上课时给同学们介绍了某学习机，因为教师在学生心目中的影响，学生们纷纷购买了该学习机，小王的学习机在当地的销量大大得到了提升。

四、关系拓展法

所谓关系拓展法，是指推销人员利用自身与社会各界的种种关系寻找准顾客的方法。任何一个人都不可能在真空中生活与工作，必然要与各种各样的人发生方方面面的联系，例如，同学关系、师生关系、同事关系、上下级关系、亲属关系、老乡关系等各类人际关系。在这些关系中，有些你非常亲密和熟悉，有的较为正式，有些仅是初次结识交往甚少，不管怎样，他们都可能是你的准顾客，你应该把他们列入你的准顾客名单。

关系拓展法也是链式引荐法的一种，只是这种方法首先开始启动的链节是推销人员自己的关系户，然后逐步扩散渗透，形成一张推销某一商品的关系网，关系网中的人员可能就是你的准顾客了。

采用关系拓展法主要是寻找日用消费品的准顾客。

五、个人观察法

个人观察法也叫直观法，它是指推销人员根据自身对周围环境的直接观察、判断、研究和分析，寻找准顾客的方法。

利用个人观察法寻找顾客，关键在于培养推销人员个人的灵感和洞察力。推销人员还应具备良好的观察能力与分析能力，善于从报纸杂志、广播电视、人们的言行举止、一些杂乱无章的闲谈中搜寻你的准顾客。在实际生活中，准顾客无处不在，有心的推销人员只要"睁大眼睛""竖起耳朵"，留心周围的任何事，就可能找到可能的买主。例如，美国一个成就卓著的汽车推销员，整天开着一辆新汽车在住宅区街道上转来转去，寻找旧汽车，当他发现一辆旧汽车时，就和该汽车的主人交谈，并把这辆旧汽车的主人看作一位准顾客。

从各种报纸杂志、广播电视节目和互联网上推销人员也可以找到自己的准顾客。

总之，推销人员只要善于观察和思考，就会从自己所见所闻的各种似乎互不相干的信息里找到潜在的顾客。

六、委托助手法

委托助手法就是推销人员委托有关人员寻找顾客的一种方法，即企业推销人员雇用一些低级推销人员寻找顾客，自己则集中精力从事实质性的推销活动。

委托助手法在实际运用时，低级推销人员通常打着市场调查或免费提供服务等名义，对可能性比较大的推销区域发动卷地毯式的访问，一旦发现潜在的准顾客，立即通知高级推销人员安排正式访问。通常这些助手都不是企业聘用的，而是推销人员安排的探子，他们能自然而然地接触到需要购买推销人员货物和服务的准顾客，所获报酬依据提供信息后达成生意金额的多少来支付。

七、广告探查法

广告探查法，是指推销人员利用各种广告媒介寻找顾客的方法。在西方国家，推销人员用来寻找顾客的主要广告媒介是直接邮寄广告、电话广告和电子商务广告。

广告探查法通常用于市场需求量大、覆盖面较广的商品推销。推销走访前首先发动广告攻势，刺激和诱导市场消费需求的产生，在此条件下不失时机地派员推销商品，把"拉引"与"推动"策略结合起来，促使推销效率的提高。广告可用的媒体很多，可根据市场特点、产品特性、推销范围、推销对象和产品生命周期综合考察后做出选择，报纸、杂志、广播、电视、互联网、邮寄目录、说明书都是可以利用的理想传媒。

通常，推销主体与推销对象之间存在着信息的阻隔，运用现代化的传播手段往往使信息传递面拓宽，使推销人员与准顾客之间的信息沟通在短期内得以完成，缩短了推销时间，拓展了市场，从而大大提高了推销效率。一则好的广告可以相当于成千上万个推销人员，产品的营销战役，首先是广告的前哨战，其次才是推销人员的常规战和攻坚战。

八、文案调查法

文案调查法，是指通过收集整理现有文献资料，以寻找可能买主的方法，这种寻找准顾客的方法，实际上是一种市场调查的方法，着重于现成资料（或称为第二手信息资料）的收集、整理和分析，以确定准顾客。

第二手信息资料来源于历史或现有的各种参考文献之中。第二手信息资料依据其资料来源可分为内部资料与外部资料两部分。内部资料是指企业内部报告系统所提供的反映企业内部情况方面的资料；外部资料是指由企业外部有关机构所保存的全部资料、年鉴、报纸杂志、电话簿，以及信息中心、行业协会、调研机构的资料等。总之，企业应建立数据库或市场营销信息系统，不断输入和更新内外部资料，以供包括推销人员在内的企业各类人员查询，寻找顾客"引子"。

任务二　审查准顾客资格

一、认定准顾客

经过寻找，推销人员在取得"引子"之后，还需要对准顾客的资格进行认定，看其是否具备准顾客资格。如果具备，才能列入正式的准顾客名单之中，并建立相应的档案，作为推销对象。准顾客资格认定主要包括对顾客需求的认定、支付能力的认定和准顾客购买决策权的认定三个方面，只有上述三个条件均具备才是合格的准顾客。现代推销学中把对某特定对象是否具备这三个条件的研究称为准顾客资格认定。认定准顾客是推销成功的关键，认定的目的在于发现真正的推销对象。

准顾客资格认定的意义主要表现在以下几个方面：

（1）通过准顾客资格认定，可提高推销访问的成功率。"引子"成为准顾客还必须具备一定的条件，不加以区分就对"引子"进行访问，必然降低推销效率和成功率。通过初步的认定，避免和减少访问不可能成为准顾客的"引子"，有利于提高访问的成功率。

（2）通过顾客资格认定，可节省推销访问的费用，把不符合资格的"引子"从目录中剔除，必然避免了徒劳无功的推销活动，同时也节省了各种费用开支，如旅差费等。

（3）通过顾客资格认定，有助于减少推销访问的时间。了解购买能力及购买决策者，可直接明确访问对象，不必在接近过程中再去摸索，没有必要对无购买能力的"引子"浪费太多的时间，从而使推销人员的平均访问时间缩短，效率得到提高。

（4）通过顾客资格认定，有利于推销人员有的放矢地实施推销策略，争取最有可能的顾客。

二、准顾客需求分析

准顾客需求分析，即事先确定某特定对象是否真正需要推销人员所推销的产品或服务，通过使用推销品能为顾客解决什么问题或使顾客获得何种利益。只有顾客真正需要某种商品或劳务，只有推销品能帮助顾客解决实际困难，给顾客带来好处，使购销双方均获利，这种推销才是解决问题导向的推销。

准顾客需求分析应从以下几个方面入手：

（1）分辨顾客是否需要推销品，即准顾客是否已意识到购买某推销品的必要。例如，计算机推销员在对客户进行推销访问前，必须首先弄清楚准顾客有无购买计算机的需要。从现代市场营销理论出发，顾客有了购买需求，才会产生购买行为。作为杰出的推销人员应当仔细识别顾客的需要及其程度。有些顾客的需要是显露的，直截了当表达自己的需要，而且还希望马上得到满足；有些顾客的需要由于各种原因，却是潜在的，推销人员应该找出原因，采取必要手段把潜在的需要变为现实的需要。

（2）了解"引子"对推销品品牌的态度。"引子"可能需要，但表现出不同的态度。有的推销对象会说，我压根就没有想过购买这种品牌的产品；有的顾客也许会说，我从未听说过这种牌子；还有的会说，我就想买这种品牌的产品。只有了解了"引子"的品牌态度，才能明确访问中应采取的推销策略。

（3）分析判断"引子"为满足自身需要能够接受何种价格水平。对推销品需求强烈的人可能比需求小的人愿意出更多的钱，高收入阶层的人或财大气粗的组织比低收入阶层的人或财力弱小的组织在付款数额和方式上存在更大的灵活性，需要的紧急程度也影响购买价格和付款方式。

经过严格的认定之后，如果推销人员确认某特定对象不具有购买需求，或者发现自己的推销品不能满足其实际需要，或者有需求而无购买力，就不应向其推销。而一旦确信顾客存在需要并且存在购买的可能性，自己所推销的产品或服务对顾客有利，有助于解决他的某种实际问题，就应该信心百倍地推销，而不应有丝毫犹豫和等待，以免坐失良机。

需求也是可以创造的。现代推销工作的实质，就是要探求和创造需求。随着科技的发展和新产品的日新月异，顾客中存在着大量潜在需求。推销人员不应将其作为不合格顾客而草率放弃。正是因为存在潜在的需求，才为推销人员去大胆探求和创造需求提供了用武之地，也正是顾客有困难有问题，才有赖于推销人员去帮助顾客改善生产和生活条件并解决其潜在的问题。总之，现代推销人员应勇于开拓、善于开拓，透过现象看本质去创造需求，发掘顾客的潜在需求。

三、准顾客支付能力研究

准顾客对推销品由于需要而产生购买欲望，在具有购买该产品或服务的欲望的基础上，就应进一步审查顾客的货币支付能力，仅仅有需求、有欲望但无能力购买商品的"引子"就不可能是真正的准顾客。

准顾客支付能力研究的内容主要是指组织的财务状况或个人的收入水平等能反映准顾客的支付能力的指标。但通常这些指标不能轻易得到，因而准顾客支付能力研究就有一定难度。尽管有这样或那样的困难，推销人员仍可以通过一定途径从某些侧面了解财务状况。譬如：对企业支付能力审查，如果是上市公司，可以从传媒中收集公司有关财务指标，也可以从政府或主管部门那里查询有关资料，还可以通过推销员的询问判断其财务状况的好坏，并据此确认是否具有支付能力。在对个人的支付能力进行研究时，主要通过询问、观察"引子"的言行来判断，一般支付能力强的人，注重自己的衣食住行与其身份相协调，但切忌"以貌取人""以服饰取人"的表面观点，见面之初就轻易给对方支付能力下结论，否则会导致推销失误，丧失好的推销机会。除此之外，还需要对准顾客的潜在支付能力进行研究，即使其暂时不具有现实的购买能力，并不意味着今后也不具备支付能力。如果准顾客因为种种原因，一时资金短缺，则推销人员也可以在一段时间之后再行拜访或准其赊销，鼓励顾客购买。

四、准顾客购买决策权的审核

除了分析核定准顾客对产品或服务是否具有需要和支付能力外，还需进一步审核准顾客是否具备购买决策权。准顾客购买决策权审核即调研推销对象的购买决策状况。从现代推销学的角度看，向一个家庭或组织推销，实际是向家庭或组织的购买决策者进行推销。准顾客购买决策权审查的目的就在于缩小推销对象的范围，避免盲目推销，提高推销工作的效率。准顾客购买决策权审核的内容主要有以下两方面。

（一）购买决策权的审核

消费者市场和组织市场由于具有不同的市场特征，购买决策也不会完全相同。对于消费者市场来说，推销对象可能是某一个人或某一个家庭，大多数日用消费品很容易判断出谁是购买决策者，审核购买决策权相对容易。但对一些价值高、不经常购买且需要冒一定风险的高档商品的购买来说，购买决策权在该家庭中就较难把握，家庭成员之间的意见或建议都可能影响到推销品的接受性，推销人员必须重视所有的家庭成员，并依据推销品的性质、类型、使用对象抓住关键的决策者进行推销。组织市场比个人市场更复杂，影响购买决策的人员类型和数量更多，掌握购买决策者的意见就显得更为重要。组织市场购买带有很强的专业性，通常是理智性的采购，一般购买决策均由企业管理者做出，采购人员的灵活性较小。推销人员应深入调查了解企业组织机构的设立方法，根据具体的推销品选好推销对象。

（二）购买决策地点的审核

推销人员不仅应针对具有购买决策权的人进行推销，也应对做出购买决策的地点进行预测，以便在最需要推销员提供推销建议时能及时深入到购买决策中，影响或改变准顾客的购买决策。个人消费品的购买带有很大的冲动性，情感型购买者不少，购买决策的做出也就随情境而变，难以捉摸。耐用消费品的购买由于价格高、风险大，购买时持慎重态度，购买决策通常在家中做出，很少在购买现场做出。组织市场的购买则更是精心策划，通常需要分析价格、供货条件、性能、质量、服务方面的因素后综合做出。了解核实购买决策的地点，有利于推销员及时有效地"捕捉"到推销对象，提高推销效率。

任务三 建立客户档案

经过对准顾客资格的审查，剔除各种不符合条件的准顾客，就可以确定一份理想的准顾客名单，以备正式产品推销时使用。推销人员将通过审查的各类准顾客名单积累起来并装订成册，建立档案。

一、顾客分析表

通过长期的资料积累，推销人员可以将自己的顾客按照时间顺序分为三大类，即现有顾客、过去顾客、将来顾客，对每一类顾客都要进行详细的分析，以便从中发现产品销售机会（表5-1）。

表5-1　　　　　　　　　顾客情况分析表

	哪些人				向我们买什么	不可能买什么	能推荐哪些顾客
现有顾客	名称	地址	电话	采购员及主管姓名			
	哪些人				为什么失去	如何挽回	能买什么产品
过去顾客	名称	地址	电话	采购员及主管姓名			
	哪些人				怎样才能向我们订货		他们可能购买什么
将来顾客	名称	地址	电话	采购员及主管姓名	他们需要什么	能满足他们的需要吗	

二、建立顾客资料卡

在建立了顾客分析表的基础上，推销人员还应对每一个经过审查的顾客制作详细的资料卡，对卡中的有关内容作充分的调查和了解，便于将来在接近顾客和面谈时查找，使产品推销工作系统化、表格化，进一步提高产品推销工作的效率。

在实际推销工作中，推销人员可以根据实际需要来设计顾客资料卡的具体格式。表5-2、表5-3就是两种比较常见的顾客资料卡。

表 5-2　　　　　　　　　　　　消费者个人或家庭资料卡

顾客姓名		性别		住址	
学历		年龄		性格特征	
职业		年均收入			
购买商品			购买日期		
付款方式					
备注					

表 5-3　　　　　　　　　　　　组织类顾客资料卡

组织名称		营业地址	
企业性质			
联系电话		经营规模	
日销金额			
订购商品			
交易日期			
付款方式			
收款日期			
营业状况			
信用等级			
备注			

不论采用哪种形式，一般来讲，客户资料卡应该包括表 5-4 中罗列的内容。

表 5-4　　　　　　　　　　　　准顾客资料卡的详尽内容

编号	组织类顾客	编号	个人或家庭类顾客
1	公司名称	1	姓名
2	公司地址	2	年龄
3	联系电话	3	住址
4	所属行业	4	联系电话
5	员工人数	5	职业
6	注册资本	6	职务
7	负责人	7	兴趣
8	业界信用	8	喜爱的运动
9	市场地位（占有率）	9	与本企业开始交易的日期
10	采购主管	10	交易实绩
11	采购协办人员	11	信用情况

续表

编号	组织类顾客	编号	个人或家庭类顾客
12	公司创办日期	12	往来银行
13	与本公司开始交易日	13	付款条件
14	交易实绩	14	付款日期
15	信用评级状况	15	
16	开户银行		
17	付款方式		
18	付款日期		
19	付款条件		

根据以上的有关资料，推销人员就可以根据有关标准将准客户分为A、B、C、D级，级别不同，推销人员准备访问的次数也就不同，具体分类内容见表5-5。

表5-5　　　　　　准客户的A、B、C、D等级划分

项目 等级	具备准客户要求条件的程度	计划访问次数	计划购买产品的时间	计划购买推销产品的数量
A级	具备完整的购买条件	1周访问1~2次	计划当月就购买产品	
B级	虽未具备完整的购买产品的条件，但是具有访问价值	隔周须访问1次	2~3个月内购买产品	
C级	尚不具备完整购买产品的条件，偶尔可以访问	应该每月访问1次	半年内购买产品	
D级	尚不具备完整购买产品的条件，但从长远看有一定的开拓潜力	顺路访问或电话访问即可	1年内购买产品	

三、顾客资料卡的利用

在以后的产品推销业务中，推销人员根据顾客资料卡，就可以随时掌握客户购买本企业产品的情况、订货次数，并将顾客的有关资料进行汇总，随时掌握客户的购买进度以及采购时机；可以清楚地分析、控制产品推销业务的成长状况，该客户占总推销额的比例是多少，发掘该客户的潜在购买能力；推销人员可以以此分析与每位客户每笔交易所花费的推销费用，将每一笔产品交易的推销费用汇总起来，就可以清楚地了解推销费用占产品总推销额的合理比例，可以此衡量以后推销业务的投入水平与产出效益。

推销人员利用客户资料卡可以定期地对客户进行综合评价，及时发现推销过程中存在的问题，并提出改进措施。表5-6就是一则利用客户资料卡编制的客户综合评价表，对推销人员完成配额任务非常有用。

表 5-6　　　　　　　　　　　客户情况的综合评价表

	客户评比资料	评　语	存在的问题	改进措施
1	客户的基本情况			
2	每次订购产品的数量			
3	订购产品的次数（每年）			
4	占公司推销总额的比例			
5	推销费用水平			
6	货款回收情况			
7	客户对本公司的评价			
8	客户对推销业务的支持程度			
9	访问计划			
10	延迟交货的情况			

【总结与回顾】

寻找准顾客的技巧有：卷地毯式访问法、链式引荐法、中心开花法、关系拓展法、个人观察法、广告探查法、文案调查法等。

审查准顾客资格包括：准顾客需求分析、准顾客支付能力研究、准顾客购买决策权的审核。

建立客户档案可以利用的表格有：顾客分析表、顾客资料卡、客户情况的综合评价表等。

本项目的教学重点：掌握寻找准顾客的技巧，学会对准顾客的资格进行审查。

【复习思考题】

❶ 准顾客需要具备哪些条件？寻找准顾客的方法有哪些？
❷ 建立准顾客档案的必要性如何？

【案例分析题】

❶ 宁波新海电气股份有限公司（简称"新海"）是中国规模最大的打火机企业，其产品 90% 以上出口。为拓展美国市场，新海派了两名年轻销售人员长期驻美国工作。在调查美国市场后，销售人员认为参加展览会是一个寻找商机的好机会。于是销售人员就前往展览会现场寻找客户，一次偶然的机遇，销售人员了解到美国的一家 A 公司在美国大量销售中国另一家打火机公司的打火机，于是抱着试试看的心态来到 A 公司的摊位前，与 A 公司的代表进行了洽谈。可没想到的是，当新海的销售人员说明来意后，A 公司代表居然对新海一点兴趣都没有，连名片都不愿收下。他说："我们有自己的合作伙伴，你们还是另找他人吧。"新海的销售人员受过良好的训练，面对这样的回答依然表示了很好的礼仪，在随后的日子里依然抽时间去拜访他，每次交谈虽然不多，但给对方留下了较好的印象。

"功夫不负有心人"。在一次时隔半年的展销会上，销售人员终于打动了A公司代表。由于是"非典"期间，参会人数不多，展会比较空，新海销售人员和A公司代表在交谈中谈了很多关于国内非典的情况以及国内打火机行业的发展情况，双方进行了比较融洽的沟通。在这一次沟通中，A公司代表也第一次表示他们对现在的供应商不太满意，并表示如果新海有样本和样品的话，可以拿到公司来看看。但新海的销售人员几次打电话都因A公司代表很忙，拒绝了销售人员的拜访。直到最后，A公司代表终于答应销售人员的拜访，但要求销售人员必须早上8点赶到。由于两公司距离1个多小时车程，所以销售人员早晨5点便起床，提前半小时赶到约定地点。遗憾的是双方约见后还是因为价格太高而没有达成协议。不过值得欣喜的是，这次见面虽然没达成协议，但双方加深了了解。在随后的时间里，新海销售人员与A公司代表仍然保持着很好的关系，隔一段时间通一次电话。终于，在新海的努力下A公司代表答应对新海的样品试试看，由于新海的产品质量和服务很好，A公司在进行了3个月的试用后决定大规模采用新海的产品。

现在，A公司已经成为新海的大客户，双方合作非常愉快，建立了非常好的客户关系。新海销售代表在讲述她从事销售的几点体会时，认为作为一个推销员应该具备以下品质：对产品和公司有十足的信心，热爱和忠于自己的企业；能够忍受客户的冷漠和嘲讽，对待顾客一定要有耐心，具备很强的心理承受能力和协调沟通能力；"不管什么事情发生总有解决的办法"，是她销售成功的座右铭，"不要向客户抱怨，在遇到任何困难时应该站在客户的角度思考问题，平静地告诉客户遇到什么困难，客户有什么样的选择，把客户当作自己的朋友。"

 你认为在寻找和开发客户的过程中，最重要的是什么？

❷ 李先生与黄先生同是一家工厂的推销人员，工作能力、工作态度以及说服顾客的能力都不相上下。在同一个月里，他们俩各自拜访了300户顾客，但两人的推销成绩差别较大。

李先生和黄先生的推销业绩之所以有比较大的差别，原因在于李先生比较注意对潜在顾客的资格审查，而黄先生却不太关心顾客资格的审查，他认为见到顾客以后自然会明白对方的情况。在产品推销实践中，并非每一位准顾客都能成为推销人员的目标顾客。从准顾客到目标顾客还需要对其资格进行鉴定、选择，分析其是否具备成为目标顾客的条件。只有准顾客具备了一定的资格条件，才能正式将其列入目标顾客的名单中，建立客户资料卡，作为产品的推销对象。

 你认为对准顾客资格的审查有何意义？

❸ 一个化妆品推销员的经历

我曾经是某外贸公司的办公室文员，由于公司生意不景气，我辞掉了公职，加盟雅芳公司，做了一名职业推销员。加入一个新行业，一切都必须从头开始，我为自己没有客户而发愁，不得不每天挎着一个大背包，里面装满了各种眉笔、唇膏、粉饼等化妆品，一家家地敲着陌生人的大门。可是能开门见我的人很少，多数人只是在门镜里看了看，就很不客气地在门里说："我们不需要，快走吧！"一连几个月我的收入虽然有所提高，但仍不足以维持温饱，这深深刺痛了我那颗骄傲的心，我不相信在别人干得有声有色的行业中，自己只是一个"脓包"，我一定有办法开创自己的新天地。

我先向我的同学、亲友介绍雅芳化妆品，先请她们试用，并借机向她们推销产品，很快我的业绩有了上升，之后我又请她们把我介绍给她们的同事，但是当用这些常规方法发展到近50人时，我的业务又出现了停滞。接下来我决定先在自己住的小区里展开推销活动。我写了几百封信："X号的李女士，您好！我是您的邻居王小丽，在雅芳公司工作，我很希望与您交个朋友。能在晚上6至8点钟之间给我打个电话吗？我的电话是87654321。"并附上一些化妆品的说明书，然后把信件塞进了各户的信箱。以后几天晚上陆续接到电话，卖出了3只口红、4个保湿粉饼和1瓶收缩水。

就这样做了几个月，我的推销成绩又有了很大进步，但我仍觉得销售增长的速度慢。怎样才能提高效率呢？我苦思冥想了很长时间也不得要领。后来在儿子的家长会上我偶然得知有一个孩子的妈妈是某单位的工会主席，姓王，我突然有主意了，决定试一试。

机会来了，有一天下着大雨，工会主席还没来，看着孩子们一个个被家长接走了，她的孩子很急。我就主动上前安慰他，告诉他说："阿姨可以送你回家。你先给妈妈打个电话，告诉她不要着急，康明（我儿子）的妈妈送你回家。"孩子照办了。我把他送到家，记住了她家的地址。

后来，我们成了好朋友，我给她做了全套护肤美容和化妆，边做边讲解，并针对她的肤质特点提出建议，工会主席发现化妆后比平时漂亮多了，大家的赞美使她很高兴，自然成了我的顾客。

后来，我知道她的单位每个月都有一个工会活动日，这一天由工会主席安排活动。于是，我请求她能否在活动日这天为女职工安排一次美容讲座，她爽快答应了。

为了这次美容讲座，我请了一位美容师做我的助手。我先讲了皮肤的肌理，护肤的常识，美容化妆的技巧，服装色彩的搭配。然后有人问了有关皮肤的一些问题，好在平时我注意翻看医学书刊，医学知识加上美容知识使我能圆满回答这些问题。最后又把大家分为两组，我和美容师分别给每个人做全套护肤美容和化妆，边做边讲解，并针对每个人的肤质特点提出建议。全部工作完成后，各位女士你看看我，我看看你，惊喜地发现化妆后的同事比平时漂亮多了，大家互相赞美着，气氛达到了高潮。我趁机宣传雅芳化妆品是世界知名品牌，它质量可靠，色彩时尚，款式品种繁多，无论何种肤质都能找到合适的一款等。当场就有一半人登记购买产品。

当天晚上，我来到工会主席家表示感谢，她客气地说："我还要谢谢你呢，你替我组织了一次很好的工会活动。说实话，我们工会的活动总是搞得有声有色，这在局里都是有名的。"

我忙接上说："是啊，有您这样一位开明的领导，那是职工的福气啊。王主席，听说你们局挺大的，都有哪些单位啊？"

她兴致勃勃地数出了一大串单位。

我看着她若有所思地说："那些单位的工会主席肯定不如您年轻。"

"何以见得？"

我肯定地说："只有心理年轻的人才会对美容化妆感兴趣。不管您岁数是不是比他们小，您心理年轻，人看上去就年轻。"

她高兴地笑了。

我又趁机说："王主席，您能不能帮我个忙，给我介绍一下那些工会主席呀？只要告诉我名字就行了。"

我取出随身携带的小本子，记下她告诉我的名字，单位。我一边写一边故意自言自语道："焦化厂、炼钢厂……听说过，都在什么地方呀？王主席，如果我知道电话就好了……"

她看了我一眼，说："帮人帮到底吧。"于是起身去找电话本。我忙拿出事先准备好的一瓶香水放到桌子上，说："您那么肯帮忙，我一定有所表示，我觉得这瓶香水气味最适合您，松木味，淡淡的，请您试试。"

她高兴地收下香水，给我一串电话号码。

我抄完号码后，又大胆地说："王主席，您能给他们打电话帮我约个见面时间吗？"我心里清楚，这有些强人所难，她一定不会帮我这个忙的，不过没关系，我正等着她拒绝呢。

果然，她犹豫了一下，拒绝了我的请求。

我故意表现得非常失望，嘴上却说："没关系，我自己去找他们吧。王主席，我找他们时提到您的名字，您不会反对吧？"

她似乎松了一口气，说："可以。"

我大功告成，又与她闲聊了一会儿，告辞出来。

第二天，我按照名单上的号码开始打电话。"炼钢厂吗？您是工会张主席吧？您好！有色金属公司工会的王主席请我给您打电话，我是雅芳化妆品公司的王小丽，最近我帮助他们单位搞了一次工会活动，效果非常好，王主席让我给您介绍一下，您能不能抽一点时间咱们见个面呢？"……

通过这种方法，我发展了几个公司的大量顾客，她们之中有的人买全套化妆品，有的人只买单件，不论怎样，我对她们一视同仁，不厌其烦，周到服务，大家对我也非常满意。因此我的顾客像滚雪球般越来越多，销售量直线上升，收入也有了极大的提高。

❶ 在寻找准顾客的过程中，推销人员采用了哪些方法？

❷ 推销人员是怎样请王主席推荐新顾客的？你能归纳出请求推荐新顾客的几个步骤吗？

【能力拓展】

如果你是一位保健品的推销员，试着分析一下该产品的准顾客在哪里？如何建立顾客准资料卡？

项目六

接近客户

【任务分析】

推销员通过寻找顾客,基本确定了要拜访的对象,要想成功实现推销,必须运用一定的技巧接近客户,并且在接近客户的过程中,给客户留下良好的印象。那么在接近客户之前需要做好哪些工作?在接近客户过程中可以使用哪些技巧呢?

本项目学习过程中,学生需完成以下任务:做好接近准备工作,掌握接近客户的技巧,把握接近顾客的要点。

【案例导入】

一位推销人员急匆匆地走进一家公司,找到经理室敲门后进屋。

推销员:"您好,李先生。我叫李明,是美佳公司的推销员。"

曲经理:"我姓曲,不姓李"。

推销员:"噢,对不起。我没听清楚您的秘书说您姓曲还是姓李。我想向您介绍一下我们公司的彩色复印机……"

曲经理:"我们现在还用不着彩色复印机。即使买了,可能一年也用不上几次。"

推销员:"是这样……不过,我们还有别的型号的复印机。这是产品介绍资料。"(将印刷品放到桌上,然后掏出烟与打火机)"您来一支?"

曲经理:"我不吸烟,我讨厌烟味。而且,这个办公室里不能吸烟。"

思考题 你认为这个推销员能推销成功吗?为什么?推销员应如何接近顾客呢?

任务一　做好接近准备工作

接近顾客是推销过程中的一个重要环节。它是推销人员为进行推销洽谈与目标顾客进行的初步接触。能否成功地接近顾客，直接关系到整个推销工作的成败。在推销实践中，成功地接近顾客，并不一定能带来成功的交易，但成功的交易则是以成功地接近顾客为先决条件的。接近顾客能否成功，不仅取决于推销人员的素质、经验、推销技巧和推销艺术，还取决于推销人员在接近顾客前的准备工作做得是否充分。

一、接近准备工作的意义

在接近顾客之前，推销人员必须做好接近准备工作。所谓接近准备，是指推销人员在接近目标顾客之前进一步深入了解该顾客的基本情况，设计接近和面谈计划，谋划如何开展推销洽谈的过程。接近准备阶段，实际上是顾客资格认定工作的延续。接近准备工作的主要目的是更多地收集目标顾客的资料，为推销访问和约见顾客做好准备。接近准备工作的重要意义在于以下几个方面。

1. 有助于进一步认定准顾客的资格

在初步认定准顾客资格的基础上，推销人员已基本确定某些个人和团体是自己的准顾客，但这种认定有时可能不会成为事实。因为真正的准顾客要受其购买能力、购买决策权、是否已经成为竞争者的顾客和其他种种因素的制约。对于这些制约因素，都要求推销人员必须对准顾客的资格进行进一步的认定，而这项任务必须在接近顾客之前的准备工作中完成，以避免接近顾客时的盲目行为。

2. 便于制定接近目标顾客的策略

目标顾客的具体情况和性格特点存在着个体差异，推销人员不能毫无区别地用一种方法去接近所有的顾客。有的人工作忙碌，很难获准见面，有的人却成天待在办公室或家里很容易见面；有的人比较容易接近，有的人却很严肃，难以接近；有的人时间观念较强，喜欢开门见山地开始推销洽谈，有的人却比较适宜采取迂回战术；有的人喜欢接受恭维，有的人却对此持否定的态度等。推销人员必须进行充分的前期准备，把握目标顾客诸如上述多方面因素的特点，才能制定出恰当的接近顾客的各种策略。

3. 有利于制定具有针对性的面谈计划

推销人员在推荐商品时，总是要采取多种多样的形式，从产品的各方面进行游说，或突出产品制作材料的新颖、先进的生产工艺，或突出产品良好的售后服务和保证，或突出优惠的价格等。关键在于推销人员介绍商品的侧重点要切合顾客的关注点，否则，面谈介绍商品的工作就失去了针对性，推销的效果会因此而大打折扣，甚至使推销工作无功而返。例如，准顾客最关心的是产品的先进性和可靠的质量，而推销人员只突出产品完善的售后服务，有可能使顾客担心产品的返修率比较高，质量不可靠。推销人员做好前期准备工作，深入挖掘准顾客产生购买行为的源头——购买动机，就能找到准顾客对产品的关注点，制定出最符合顾客特点的面谈计划。

4. 可以有效地减少或避免推销工作中的失误

推销人员的工作是与人打交道，要面对个性各异的潜在顾客。每一位潜在顾客都具有稳定的心理特质，有各自的个性特点，推销人员不可能在短暂的推销谈话中予以改变，而只能加以适应，迎合准顾客的这些个性特点。因此，推销人员必须注意顺从顾客要求，投其所好，避其所恶。推销人员做好接近准备，充分了解准顾客的个性、习惯、爱好、厌恶、生理缺陷等，就可尽量避免触及顾客的隐痛或忌讳而导致推销失败。

5. 能够增强推销人员取得工作成功的信心

有没有取胜信心，对于推销人员取得成功至关重要。推销人员在毫无准备的情况下贸然访问准顾客，往往因为情况不明、底数不清，总担心出差错触怒顾客而行动举棋不定，言词模棱两可。顾客对自己推销的商品信心不足的推销员，只会感到担心和失望，进而不能信任推销员所推销的产品，当然，也难以接受。充分的前期准备工作，可以使推销人员底气十足，充满信心，推销起来态度从容不迫，言语举措得当，容易取得顾客的信任。

由此可以看到，接近顾客的准备工作非常重要，尤其是当商品具有贵重、高档、无形、结构复杂、数量较多或顾客所不熟悉等特点时更是如此。

二、接近准备的内容

接近准备都需要做好哪些工作，这是每一个推销员在接近准备工作中需要考虑的问题。

（一）了解目标顾客的情况

为了提高推销效果，争取在接近面谈中赢得主动地位，推销人员要对目标顾客进行详尽的了解，充分掌握目标顾客的资料。对目标顾客资料的收集、汇总分析和进行推销预测，是接近准备工作的最主要内容。而这些工作的具体内容要因人而异，要根据推销人员所面临的推销问题的不同而有所变化。根据准顾客的性质，可分成个体顾客和组织（或团体）顾客两种类型。他们的情况不同，相应的接近准备工作也不同。

1. 个体准顾客

即个人或家庭式的准顾客。对个体准顾客的接近准备应包括以下内容：

（1）一般内容。它包括姓名、年龄、性别、民族、出生地、教育程度、职称、信仰、居住地、邮政编码、电话号码等。

（2）家庭及成员情况。它包括所属单位、职业、职务、收入情况和家庭成员的价值观念、消遣方式、兴趣爱好、购买与消费的参照团体等个性资料。

（3）需求内容。它包括购买的主要动机，需求的指向和特点，需求的排列顺序，购买能力、购买决策、购买行为在时间、地点、方式上的规律性等。

2. 团体准顾客

是指那些可能购买推销员所推销的商品的企事业单位及其他社会团体组织。团体顾客的最大特点是其购买决策的复杂性，购买执行人与决策人往往分离。因此，向团体顾客推销时，就是向该团体的购买执行人和决策人进行推销。而对于团体顾客的接近准备，主要又是对团体决策人的接近准备。这些因素，都使团体顾客的接近复杂化。但是，由于团体的购买力大，生产周期与消费周期较长，所以对推销人员来说，显得更有价值。对接近团体顾客的准备，有些内容与接近个体顾客的准备相同，但范围要比接近个体顾客大得多。通常接近团体顾客之前应当了解、掌握以下情况：

（1）该组织的基本情况。它包括该组织的法人全称及简称、地址、电话、电讯传真号码、邮政编码、电报挂号、交通运输条件等情况；组织的性质和规模；该组织所属产业、投资及生产规模、成立时间与演变经历；组织的人事状况；该组织的近期及远期的组织目标、组织规章制度、办事程序、主要领导人的作风特点、组织结构图及职权范围的划分、人事状况及人际关系等；决策人的有关情况：决策者的个人基本情况、家庭情况、社会经历、兴趣爱好、性格特点等情况。

（2）生产经营情况。它包括产品品种、产量；生产能力及发挥水平；设备技术水平及技术改造方向；产品结构调整及执行情况；产品加工工艺及配方；产品主要销售地点及市场反应；市场占有率及销售增长率；管理风格与水平；发展、竞争与定价策略；经营业绩及利税水平等。

（3）购买习惯和购买行为的特点等。首先应摸清该组织的购买习惯。购买习惯是指目标顾客的采购部门及其工作程序和制度、购买信用及购买力集中程度、购买时间、频率及批量、现有进货渠道、支付方式及供求双方的关系及其发展前景等。其次，应掌握该组织的购买行为情况。它包括摸清该组织发现需求和提出购买申请的部门、对需求进行核准与说明的部门、对需求及购买进行决策的部门及选择产品及厂家的标准等。

（二）拟定推销方案

推销方案就是推销员展开推销活动的行动方案，它不一定是书面的，可以是内心的一种设想。推销员在访问顾客之前，对如何接近顾客，如何展开面谈，如何妥善处理异议并促成交易，都经过认真考虑，并精心设计出对策，有助于推销人员顺利地接近顾客，较快地转入推销的正题，及时排除推销洽谈中的阻力，获得有效的推销成果。推销方案的主要内容有：

（1）确定访问对象、见面时间和地点。应选准适当的访问对象并选择其所能容许和接受的时间和地点见面。

（2）选择接近的方式。根据产品自身的特点和顾客不同的情况，选择合适的接近方式。

（3）商品介绍的内容要点与示范。推销员必须对所推销商品的功能、特点、规格、价格、售后服务等各方面的情况，全面掌握并牢记心中，清楚商品能给顾客带来哪些好处。同时，又掌握顾客的实际需要和兴趣所在。通过事先准备，结合商品和顾客两方面的情况，确定介绍商品的侧重点和示范商品的突出点，以求说服顾客。

（4）异议及其处理。设想顾客可能提出哪些异议，做好处理这些异议的准备，使下一步面谈能顺利进行。

（5）预测推销中可能出现的问题。尽管推销员已经获取了准确可靠的信息，进行了深入的思考和透彻的分析，设计的行动方案也很周密，但是，在访问顾客时，仍然可能遇到一些意想不到的问题。如有些人本来需要这种产品，但对来访的推销员拒而不见；有些人本来是购买决策人，却让其他人与你周旋，而此人不需要这种产品，却热衷于同你争论，甚至面红耳赤，不欢而散；有时还会出现令人非常难堪的场面，推销员对此要有充分的心理准备并预先想出相应的对策。

（三）做好必要的物质准备

物质准备工作做得好，可以让顾客感到推销员的诚意，可以帮助推销员树立良好的洽谈形象，形成友好、和谐、宽松的洽谈气氛。

物质方面的准备，首先是推销员自己的仪表准备，应当以整洁大方、干净利落、庄重有气质的仪表给顾客留下其道德品质、工作作风、生活情调等方面良好的第一印象。其次，推销员应根据访问目的的不同准备随身必备的物品，通常有客户的资料、样品、价目表、示范器材、发票、印鉴、合同纸、笔记本、笔等。

物质准备应当认真仔细，不能丢三落四，以防访问中因此而误事或给顾客留下不良印象。但是，也要防止行装过于累赘，以免风尘仆仆的模样给人留下"过路人"的印象而影响洽谈的效果。

通常绝大多数推销人员在接触顾客之前就已经做好了各项接近顾客的准备工作。但是，在某些特殊的情况下，推销人员可以利用正式面谈开始之前的短暂时间继续进行接近准备，以检查一下前期准备工作的内容是否准确，并进一步搜集各种新的信息，以便发现有利于促成顾客购买的有利因素，也可以相应地修改已经制定好的推销计划，使推销工作具有更强的针对性和更大的成功把握。因此，推销人员不仅应该在接近顾客之前做好充分的准备工作，而且要在接近顾客以后根据收集到的新信息调整原定计划，完善接近顾客的准备工作。

任务二　掌握接近客户的技巧

如何成功地接近推销对象，是推销学研究的一个重要内容。现代推销理论认为，推销商品首先要推销自己，如果顾客对推销员没有好感、不信任，那就很难接受推销劝说，更不可能购买推销品。因此，推销员成功地塑造自己的良好形象，在接近顾客的过程中，给对方留下良好的第一印象至关重要。为了在接近顾客短暂的时间内达到预期的目的，必须要有适当的接近方法。推销员必须根据顾客及推销品等具体因素灵活地选用接近顾客的方法，以保证成功地接近顾客。在实际的推销工作中，经常采用的接近顾客的技巧有以下几种。

一、介绍接近法

所谓介绍接近法，是指推销人员自我介绍或经过第三者介绍而接近推销对象的办法。介绍的主要方式有口头介绍和书面介绍。

1. 自我介绍法

自我介绍法是到目前为止推销员最常使用的方法，即推销员首先通过口头自我介绍的方式让顾客了解自己的身份、姓名、背景及其来访目的，然后主动提供一些能证明自己真实身份的证件，如身份证、工作证、名片、推销介绍信和其他有关证件进一步加深顾客的印象。口头介绍可以进行详细解说，以弥补书面文字材料的某些不足，还可借助良好的表达赢得顾客的好感；各种证件的应用，可以消除顾客的疑虑，造成融洽的气氛。

由于介绍信及有关证件需要重复使用，不可能交给顾客留存，所以，赠送本人或公司的名片是现代推销接近时常用的做法。推销员的名片正面通常写明了其姓名、工作单位、职务、职称、联络方法等，反面则介绍了公司主要产品目录、服务项目、开户银行等内容。接近时适时递上一张名片，可以让顾客尽快了解推销员和所推销产品的概貌，迅速缩短与顾客的距离。告辞时递上一张名片则便于日后联系。

自我介绍是最常用的方法，也是其他许多接近方法的基础，但是无情的事实表明，推销员在开始接近顾客时所做的自我介绍绝大多数是毫无意义的。顾客一般不太关心推销员的自我介绍，只是在推销品或者推销员的建议令他感兴趣后，才重新询问推销员的尊姓大名或查看推销员的名片。所以，在接近顾客之初，推销员不一定详细地进行自我介绍，就是进行自我介绍也要和其他方法配合使用。

2. 他人引荐法

在可能的情况下，推销员可以通过顾客社交圈里的人介绍而接近顾客，在推销员接近顾客时，只需要交给顾客一张便条、一封信、一张介绍卡、一张介绍人的名片，或者介绍人的一句话、一个电话，就可让推销员轻松地接近顾客，如能由介绍人亲自引见则效果更好。推销员所找的介绍人都是熟悉顾客、与顾客来往密切和对顾客能产生直接或间接影响的人。介绍人所起的作用的大小，要看推销员、顾客与介绍人关系的密切程度。这种方法也有局限性，有时顾客碍于人情面子而勉强接待推销员，却不一定有购买诚意，只是虚于应付，而在有些情况下，顾客还忌讳熟人的引荐。

推销员应努力扩大自己的交往面，争取有关人士的协助和引荐，但应注意尊重介绍人的意愿，不可勉为其难。

二、产品接近法

所谓产品接近法，是指推销人员直接利用所推销的产品引起顾客的注意和兴趣，从而顺利进入推销面谈的接近方法。由于这种方法是以推销品本身作为接近媒介，因而也把它称为实物接近法。

产品接近法符合顾客认识和购买产品的心理过程。顾客购买商品时，最为关注的不是推销员的说服能力，而是推销品的性能、品质、价格等指标。通常顾客在决定购买之前总希望彻底了解商品及其各种特征，诸如商品的用途、性能、品质、造型、颜色、味道等。有的顾客还喜欢亲自触摸、检查、操作商品。推销员采用产品接近法，直接把产品、样本、模型摆在顾客面前，让产品作自我推销，给顾客一个亲自摆弄产品的机会，以产品自身的魅力引起顾客的注意和兴趣，既给了顾客多种多样的感官刺激，又满足了顾客深入了解商品的要求，这是产品接近法的最大优点。

这种方法最适合具有独到特色的产品，或颜色鲜艳、雅致，或功能齐全，或造型别致等，因为这类产品很容易吸引顾客的注意力诱发顾客的询问。但是，采用产品接近法也存在一些局限性。一般说来，运用产品接近法的效果要受以下一些因素的制约。首先，推销品本身必须具有知名度或一定的吸引力，要能够激起顾客的使用欲望，才能引起顾客的注意和兴趣，使推销员达到接近顾客的目的。若推销品本身不能激起顾客的购买欲望，即使推销员信心十足，也会难以奏效。其次，推销品应精美轻巧、便于携带。不便携带的产品，加大型机器设备、重型机床等是无法利用产品接近法的。再次，推销品必须是看得见、摸得着的有形实体，无形产品和服务（如各种保险、旅游服务等）无法利用产品接近法。最后，推销品必须品质优良，不容易损坏或者变质，操作简便，使用效果显而易见，这样才经得起顾客反复摆弄，并使顾客从触摸、检验和操作中感受到产品所能带来的利益。

三、利益接近法

所谓利益接近法就是推销员抓住顾客追求利益的心理，利用所推销的产品或服务能给顾客带来的利益、实惠、好处引起顾客的注意和兴趣，进而转入面谈的接近方法。从现代推销原理来讲，这是一种最有效、最有力的接近顾客的方法。因为它不仅符合顾客求利的心理，而且符合商业交易互利互惠的基本原则。顾客购买商品的目的是想通过商品使用价值的实现而从中获得某种利益，而工商企业的购买更是直接以盈利为目的。个人消费者总是希望同等的货币能够获取更多的使用价值，工商企业的购买则是希望能使本企业降低成本、提高效益、增加利润或得到其他利益。因此，物美价廉是顾客普遍追求的一个目标，也是各类消费者维护和争取自身利益的一个重要手段。

推销人员采用利益接近法，直接陈述顾客购买商品所能获得的利益，既避免了一些顾客掩饰其求利的心理而不愿主动询问产品所能提供利益的障碍，帮助顾客正确认识产品，增强购买信心，又突出了商品的推销重点，迅速达到接近的目的。在具体使用利益接近法时，要注意两点：一是对产品利益的陈述要能打动顾客的求利心理，但必须实事求是，不可夸大其词，否则就会失去顾客的信任感或导致推销本身没有实际效益。在正式接近顾客之前，推销员要科学地测算出商品的实际效益，并且要留有一定的余地；在接近顾客陈述产品利益时，最好能出示财务分析资料、技术性能鉴定书、用户证明等资料予以印证。二是产品利益要具有可比性。推销人员可以通过对产品供求信息的分析，使顾客相信购买该产品所能产生的实际效益。这样,顾客才能放心购买这种产品。

四、好奇接近法

所谓好奇接近法,是指推销员利用顾客的好奇心理而接近顾客的方法。好奇接近法是把心理学的研究成果具体运用于推销学。好奇与探索是人类行为的基本动因之一,这一动力驱动人类去探索未知事物的原委,消除自身的秘密障碍。好奇接近法就是利用人类的好奇心,首先引起顾客对推销人员和推销品的注意和兴趣,然后说明购买推销品可能得到的利益,从而接近顾客并转入实际面谈阶段。

例如,某推销员对顾客说:"我这里有一份资料说明了贵公司上个月销售量下降20%的原因。"顾客的态度立即从冷淡转变为积极关注。

运用好奇接近法要注意,推销人员无论是采用语言、动作、实物或其他什么方式唤起顾客的好奇心,都应该与推销活动相关,否则将难以转入推销洽谈;唤起顾客好奇心的事物应当符合客观规律,合情合理,奇妙而不荒诞,不可故弄玄虚,导致顾客失去兴趣;还应当考虑到顾客的文化素养和生活环境,要避免推销员自以为奇特而顾客却觉得平淡无奇,弄巧成拙反而妨碍了接近顾客。

另外,还有所谓震惊接近法,即推销人员利用某种令人吃惊或震撼人心的数据资料、事情来引起顾客的注意与兴趣从而接近顾客的方法,其原理、注意事项可参照好奇接近法。

五、问题接近法

所谓问题接近法,也叫问答接近法或讨论接近法,是指推销人员利用提问方式或与顾客讨论问题的方式接近顾客的方法。在实际推销工作中,问题接近法常常与其他各种方法配合起来使用。例如,好奇接近法、利益接近法等都可以用提问作为引人入胜的开头。当然,问题接近法也可以单独使用。推销员可以首先提出一个问题,然后根据顾客的回答再提出其他一些问题,或提出事先设计好的一组问题,引起顾客的注意和兴趣,引导顾客去思考,环环相扣,一步步逼近接近的目的。

采用问题接近法,可以迅速抓住顾客的注意力,并使之参与讨论保持注意力和兴趣,从而顺利转入推销洽谈。在具体运用时,推销员应当注意以下几点:

(1)问题必须突出重点,有的放矢。推销人员必须在接近准备的基础上设计所提问题,要能一针见血、切中要害。如所提问题漫无边际,只会使顾客产生抵触情绪,不能引起顾客的注意和兴趣。

(2)问题表述必须简明扼要,抓住顾客的关注点,最好能形象化、量化、直观生动。

例如,对酒店经理说:"您希望在保证贵酒店正常经营的情况下明年电费开支减少15%吗?"比简单地问"您想降低成本吗?"效果会好得多。

(3)问题应当具有针对性、耐人寻味,应当是顾客乐意回答和容易回答的,要避免有争议、伤感情和顾客不愿意回答的问题,以免引起顾客的反感。

六、表演接近法

所谓表演接近法，是指推销员利用各种戏剧性的表演手法来展示产品的特点，从而引起顾客的注意和兴趣。这是一种古老的推销术，也被称为马戏接近法。旧时常有一些街头艺人在街头巷尾耍杂技、玩把戏，在表演中推销商品。在现代推销环境中，这种方法仍有重要的利用价值。

例如一位消防用品推销员见到顾客后，先从提包里拿出一件防火衣，然后将它放进一个大纸袋里，用打火机点燃纸袋，当纸袋烧完后露出了仍然完好无损的防火衣。这一戏剧性的表演，使推销员不费口舌就拿到了订单。

表演接近法实际上是把产品示范过程戏剧化，迎合某些顾客求新求奇的心理，甚至可以产生移情作用，把顾客自然带入购买的情景之中。在具体运用这种方法时应当注意：表演所用的道具应当是推销品或者其他与推销活动有关的物品，表演的内容应与推销密切相关；应当尽量使表演产生戏剧效果，既出人意料、又合乎情理，要能打动顾客，又不露表演的痕迹，即所谓"无表演的表演"；应当尽量让顾客参与其中，使之成为重要角色，以激发顾客的兴趣，并增加真实感。另外还应注意在表演过程中出现的各种意外。

七、直陈接近法

所谓直陈接近法也称报告接近法、陈述接近法或说明接近法，是指推销人员利用直接陈述来引起顾客的注意和兴趣，进而转入面谈的接近方法。推销员直陈的内容，可以是商品的新特点，可以是价格、服务等方面的优惠条件，也可以是有关企业情况的介绍。但是，所陈述的内容必须与顾客有密切的利害关系，才能引起顾客的注意和兴趣。

例如，"这种商品比同类商品价格便宜20％"，"这是本厂荣获科技进步奖的新产品"。

在推销实践中，有许多有利于达成交易的事实和道理不为顾客所知。在接近顾客时，免去不必要的繁文絮语，开门见山地直接陈述一个事实和一个道理，可以立即吸引住顾客，缩短与顾客的认识过程，迅速转入正式面谈，在采用这种方法时应当注意：陈述应当有理有据，杜绝无稽之谈和不实之词；陈述的语言必须高度概括，简单明了，切不可面面俱到，使人听得心烦；陈述的内容应避免陈词滥调，富有新意，不落俗套；陈述应针对顾客主要的购买动机，富有感染力。

八、赞美接近法

赞美接近法是指销售人员利用一般顾客的虚荣心，以称赞的语言博得顾客的好感，达到接近顾客目的的方法。

例如，一位推销工业品的推销员经过顾客的厂区，来到顾客的办公室，对顾客说："您的企业可真漂亮，无论是车间布局，还是厂区绿化，都可以说是一流的，相信您企业的效益一定不错。"

一位推销员来到顾客的办公室，发现对方比自己年轻，于是说："您这么年轻就当上总经理了，可真是位成功人士啊！"

销售人员要注意观察、判断顾客，在称赞顾客时要真诚、恰如其分。切忌虚情假意，以免引起顾客的反感。

九、馈赠接近法

馈赠接近法是指销售人员通过赠送礼物来接近顾客的方法。馈赠礼物比较容易博得顾客的欢心，取得他们的好感，从而拉近销售人员与顾客的关系，而且顾客也比较乐于合作。但赠送的礼品不要过于贵重，注意应符合国家有关政策规定。赠送礼物应具有使用价值，并尽量与推销的产品有一定的联系。

十、求教接近法

求教接近法是指销售人员通过请顾客帮忙来解答疑难问题，从而接近顾客的方法。

例如，销售人员问："李工程师，你是机电产品方面的专家，你看看与同类老产品相比，我厂研制并生产的产品有哪些优势？"

销售人员采用这种方法主要是利用对方好为人师的特点。注意一定要问对方擅长回答的问题，并在求教后及时将话题导入有利于促成交易的谈话中。

十一、调查接近法

调查接近法是指销售人员利用市场调查的机会接近顾客的方法。这种方法现在为许多企业采用。它既可以帮助企业了解顾客需求的状况，又可以借调查之机扩大企业产品的知名度并进行宣传和销售。采用这种方法对销售人员的相关专业知识水平要求较高，如此才能打消顾客的戒备心理，从而深入进行调查。

十二、社交接近法

社交接近法又叫搭讪接近法，是指通过与顾客开展社会往来接近顾客的方法。采用这种方法一般不开门见山地说明用意，而是尽量先与顾客形成和谐的人际关系。

以上介绍了多种接近顾客的方法，推销人员应当在推销实践中灵活运用各种接近方法，并根据实际情况创造一些新的行之有效的接近顾客的方法，以取得推销的成功。

任务三　把握接近顾客的要点

销售人员在拜访和接近顾客的时候，要注意以下一些要点，以达到快速与顾客建立联系的目的，为进入销售洽谈阶段打下良好的基础。

一、巧妙地开场

销售人员时常遇到准顾客的冷淡态度，打破冷淡气氛以顺利进行销售工作往往是令新入行销售人员头痛的问题，甚至有较多经验的销售人员也常常不能很好地解决。经验告诉我们，漫无目的地"盲聊"，只可能得到漠不关心与不感兴趣的反应。不要认为"三句话不离本行"是坏事，因为这样对方很容易知道你拜访的目的并非是社交活动，并尽快知道你的来意。因此，销售人员并不一定要故意隐瞒，但也并非要直截了当地说明来意。为了打破准顾客的冷淡，销售人员应该周密计划初见面时所说的话。一般来讲，最初的话往往会决定对方对你的第一印象如何，这一方面可能引起顾客的关心，也可能打消顾客的关心。尤其在初次拜访时，顾客总是存有"是否就要求我购买呢"的抗拒心理，同时也有一种"见面也好，听听他说什么"的心理，这两种心理混合在一起，十分复杂。

因此，凭销售人员最初的一言，便可决定是"拒绝"还是"听听看"。高明的接近法能顺利地进入商谈；而采用笨拙的接近法，当时就有可能遭到回绝。比较明智的做法是：开口时不露出任何"请你买"的苗头，而要给对方以这种感觉。"这么好的东西，若不给我们介绍的话，将是一件很遗憾的事。"也就是用这样轻松的心情去接近对方，效果自然较好。

正如华人第一推销大师陈安之所说"卖产品不如卖自己"。通常，销售人员首先应该"销售"自己。在初次拜访时，确有"销售"自己的必要。销售人员应先介绍自己的企业，再介绍自己，再说明为什么来访。这样说明绝不是直接说来销售产品的，而是说"因为这是对贵公司非常有用的机器"或"最近这一行业有很多家使用这种机器，实行生产合理化，因此节省了若干经费，很受欢迎"，先强调对方能够得到的利益。开场白到底如何进行才算合适，并没有一个简单明确的答案。以下几种开场白被誉为"推销员的 12 种创造性开场白"。

（一）金钱

几乎所有的人都对钱感兴趣，省钱和赚钱的方法很容易引起客户的兴趣。如：

"张经理，我是来告诉您贵公司节省一半电费的方法。"

"王厂长，我们的机器比您目前的机器速度快、耗电少、更精确，能降低您的生产成本。"

"陈厂长,您愿意每年在毛巾生产上节约 5 万元吗?"

(二)真诚的赞美

每个人都喜欢听到好听的话,客户也不例外。因此,赞美就成为接近顾客的好方法。

赞美准顾客必须要找出别人可能忽略的特点,而让准顾客知道你的话是真诚的。赞美的话若不真诚,就成为拍马屁,这样效果当然不会好。

赞美比拍马屁难,它要先经过思索,不但要有诚意,而且要选定既定的目标与诚意。

"王总,您这房子真漂亮。"这句话听起来像拍马屁。"王总,您这房子的大厅设计得真别致。"这句话就是赞美了。

下面是两个赞美客户的开场白实例。

"林经理,我听华美服装厂的张总说,跟您做生意最痛快不过了。他夸赞您是一位热心爽快的人。"

"恭喜您啊,李总,我刚在报纸上看到您的消息,祝贺您当选十大杰出企业家。"

(三)利用好奇心

现代心理学表明,好奇是人类行为的基本动机之一。美国杰克逊州立大学刘安彦教授说:"探索与好奇,似乎是一般人的天性,对于神秘奥妙的事物,往往是大家所熟悉关心的注目对象。"那些顾客不熟悉、不了解、不知道或与众不同的东西,往往会引起人们的注意,推销员可以利用人人皆有的好奇心来引起顾客的注意。

一位推销员对顾客说:"老李,您知道世界上最懒的东西是什么吗?"顾客感到迷惑,但也很好奇。这位推销员继续说,"就是您藏起来不用的钱。它们本来可以购买我们的空调,让您度过一个凉爽的夏天。"

某地毯推销员对顾客说:"每天只花一毛六分钱就可以使您的卧室铺上地毯。"顾客对此感到惊奇,推销员接着讲道:"您卧室 12 平方米,我厂地毯价格每平方米为 24.8 元,这样需 297.6 元。我厂地毯可铺用 5 年,每年 365 天,这样平均每天的花费只有一角六分钱。"

推销员制造神秘气氛,引起对方的好奇,然后,在解答疑问时,很巧妙地把产品介绍给顾客。

(四)提及有影响的第三人

告诉顾客,是第三者(顾客的亲友)要你来找他的。这是一种迂回战术,因为每个人都有"不看僧面看佛面"的心理,所以,大多数人对亲友介绍来的推销员都很客气。如:

"何先生,您的好友张安平先生要我来找您,他认为您可能对我们的印刷机械感兴趣,因为这些产品为他的公司带来很多好处与方便。"

打着别人的旗号来推介自己的方法,虽然很管用,但要注意,一定要确有其人其事,绝不可能自己杜撰,要不然,顾客一旦查对起来,就要露出马脚了。

为了取信顾客,若能出示引荐人的名片或介绍信,效果更佳。

(五)举著名的公司或人为例

人们的购买行为常常受到其他人的影响,推销员若能把握顾客这层心理,好好地利用,一定会收到很好的效果。

"李厂长,××公司的张总采纳了我们的建议后,公司的营业状况大有起色。"

举著名的公司或人为例，可以壮自己的声势，特别是，如果举的例子，正好是顾客所景仰或性质相同的企业时，效果就更显著了。

（六）提出问题

推销员直接向顾客提出问题，利用所提的问题来引起顾客的注意和兴趣。如：

"张厂长，您认为影响贵厂产品质量的主要因素是什么？"产品质量自然是厂长最关心的问题之一，推销员这么一问，无疑将引导对方逐步进入面谈。

在运用这一技巧时应注意，推销员所提问题，应是对方最关心的问题，提问必须明确具体，不可言语不清楚、模棱两可，否则，很难引起顾客的注意。

（七）向顾客提供信息

推销员向顾客提供一些对顾客有帮助的信息，如市场行情、新技术、新产品知识等，会引起顾客的注意。这就要求推销员能站到顾客的立场上，为顾客着想，尽量阅读报刊，掌握市场动态，充实自己的知识，把自己训练成为自己这一行业的专家。顾客或许对推销员应付了事，可是对专家则是非常尊重的。如你对顾客说："我在某某刊物上看到一项新的技术发明，觉得对贵厂很有用。"

推销员为顾客提供了信息，关心了顾客的利益，也获得了顾客的尊敬与好感。

（八）表演展示

推销员利用各种戏剧性的动作来展示产品的特点，最能引起顾客的注意。

一位消防用品推销员见到顾客后，并不急于开口说话，而是从提包里拿出一件防火衣，将其装入一个大纸袋，旋即用火点燃纸袋，等纸袋烧完后，里面的衣服仍完好无损。这一戏剧性的表演，使顾客产生了极大的兴趣。卖高级领带的售货员，光说："这是××牌高级领带"，这没什么效果，但是，如果把领带揉成一团，再轻易地拉平，说"这是××牌高级领带"，就能给人留下深刻的印象。

（九）利用产品

推销员利用所推销的产品来引起顾客的注意和兴趣。这种方法的最大特点就是让产品作自我介绍，用产品的魅力来吸引顾客。

河南省一乡镇企业厂长把该厂生产的设计新颖、做工考究的皮鞋放到郑州华联商厦经理办公桌上时，经理不禁眼睛一亮，问："哪产的？多少钱一双？"广州表壳厂的推销员到上海手表三厂去推销，他们准备了一个产品箱，里面放上制作精美、琳琅满目的新产品，进门后不说太多的话，把箱子打开，一下子就吸引住了顾客。

（十）向顾客求教

推销员利用向顾客请教问题的方法来引起顾客注意。

有些人好为人师，总喜欢指导、教育别人，或显示自己。推销员有意找一些不懂的问题，或懂装不懂地向顾客请教。一般顾客是不会拒绝虚心讨教的推销员的。如：

"王总，在计算机方面您可是专家。这是我公司研制的新型电脑，请您指导，在设计方面还存在什么问题？"受到这番抬举，对方就会接过电脑资料信手翻翻，一旦被电脑先进的技术性能所吸引，推销便大功告成。

（十一）强调与众不同

推销员要力图创造新的推销方法与推销风格，用新奇的方法来引起顾客的注意。日本一位人寿保险推销员，在名片上印着"76600"的数字，顾客感到奇怪，就问："这个数字什么意思？"推销员反问道："您一生中吃多少顿饭？"几乎没有一个顾客能答得出来，推销员接着说："76600顿吗？假定退休年龄是55岁，按照日本人的平均寿命计算，您还剩下19年的饭，即20805顿……"，这位推销员用一个新奇的名片吸引住了顾客的注意力。

（十二）利用赠品

每个人都有贪小便宜的心理，赠品就是利用人类的这种心理进行推销。很少人会拒绝免费的东西，用赠品作敲门砖，既新鲜，又实用。

当代世界最富权威的推销专家戈德曼博士强调，在面对面的推销中，说好第一句话是十分重要的。顾客听第一句话要比听以后的话认真得多。听完第一句话，许多顾客就自觉不自觉地决定是尽快打发推销员走还是继续谈下去。因此，推销员要尽快抓住顾客的注意力，才能保证推销访问的顺利进行。

二、运用 FABE 法则介绍产品

FABE 法则又称为费比法则，它是由美国奥克拉荷马大学企业管理博士郭昆谟总结并提出的。该方法将介绍产品归结为 4 个步骤：

（1）介绍产品的特征（Feature）。
（2）分析产品的优点（Advantage）。
（3）介绍产品给客户带来的利益（Benefit）。
（4）提出证据（Evidence）来说服客户，促成交易。

FABE 介绍法对业务员的产品知识要求比较高，要求业务员了解与产品有关的多方面知识，具体包括：

（1）了解企业的历史，使销售员便于与客户交流，并在销售中忠诚地代表该企业、该产品。
（2）了解产品的生产工艺和制作方法，以便能向客户介绍产品的性能和质量。
（3）熟悉产品所有的性能，以使用"证据"来说服客户。
（4）熟悉产品的使用方法，以便向客户示范。
（5）熟悉企业竞争者及其产品，以便进行比较，从而突出自身竞争优势。
（6）熟悉产品的发货方式。
（7）熟悉售后服务的运作情况，以便让客户放心购买，无后顾之忧。

三、把握顾客的兴趣点

销售人员在与顾客接触过程中要判定顾客的类型，根据顾客类型，结合自己对产品的了解快速断定针对特定顾客的兴趣集中点，围绕一至两个兴趣集中点来展开销售，做到有的放矢。一般来说，商品的兴趣集中点主要有：

（1）商品的使用价值。对于大多数商品和顾客来说，这都是兴趣集中点。因此详细地介绍产品的功能是必不可少的，也是首当其冲的。对于经济上不是很宽裕的顾客，强调商品的多种功能就显得尤为重要。

（2）流行性。它是爱慕虚荣的顾客一个重要的兴趣及重点，大多数装饰品、高档日用品都应突出这一集中点。根据顾客的着装以及家庭用具可以判断出其兴趣是否集中于此。

（3）安全性。它对于食品、婴儿用品、电器等显得比较重要。老年顾客以及保守类型的顾客的兴趣会集中在此。

（4）美观性。青年顾客及年轻夫妇多重视商品的美观性，女性顾客比男性顾客更重视这一点。性格内向、生活严谨的人在注重商品的使用价值的同时，对其外观也较挑剔，如果你的产品外观上有缺陷，不妨刻意回避一下。

（5）教育性。随着人们收入的提高，对于这一点人们日益关注，尤其是中年顾客。

（6）保健性。如食品、服装、用具，针对老年人要强调这一点。有财力和有时间保护自己健康的顾客尤其重视这一点。

（7）耐久性。它作为使用价值中的一种特殊方面受到大多数顾客的重视，但有些强调时尚的商品则不必强调其耐久性。

（8）经济性。强调商品的质量价格比优势无疑会使那些经济不宽裕的顾客的承受能力加强。

另外，商品数量有限，往往会促使犹豫型的顾客做出决策。同时，"物以稀为贵"的思想为大多数人所认同，因此不妨稍加利用。

四、进行精彩的示范

在发现了面前顾客的兴趣集中点后，可以重点示范给他们看，以证明你的产品可以解决他们的问题，适合他们的需求。当然如果你的顾客是随和型的，并且当时的气氛很好，时间充裕，你可以从容不迫地将产品的各个方面展示给顾客。但是，我们认为大部分顾客都不会喜欢你占用他们过多的时间，所以有选择、有重点地示范产品还是很有必要的。比如你销售新型的食物处理机，而你的顾客已有了一台老式处理机，这时你只要向他示范你的机器的新功能就可以了。而如果你将所有的功能都示范一遍，则会给顾客造成一种印象：这机器的大部分功能我的机器已经有了，不换也罢。这样就将于你有利的因素混在冗长的示范中而难以得到突出。如果在示范过程中能邀请顾客参与，则效果更佳，这样给顾客留下的印象更深。在示范时你可以请顾客帮你一点小忙，或借用他方便而不贵重的用具等，总之，想办法让顾客参与进来，而不是在一边冷眼旁观。

在示范过程中，销售人员一定要做到动作熟练、自然，给顾客留下利落、能干的印象，同时也会对自己驾驭产品产生信心。销售人员做示范时，一定要注意对产品不时流露出爱惜的感情，谨慎而细心的触摸会使顾客在无形中感受到商品的尊贵与价值，切不可野蛮操作。

谨记你的态度将直接影响顾客的选择。在整个示范过程中，销售人员要心境平和、从容不迫。尤其遇到示范出现意外时，不要急躁，更不要拼命去解释，这样容易给顾客造成强词夺理的印象，前面的一切努力也就付之东流了。一旦出现问题，你不妨表现得幽默一点，让顾客了解这只是个意外罢了，那么谨慎地再来一次示范是必不可少的。

例如，当你销售钢化玻璃时，你的示范动作是举起铁锤玻璃，理想状态是玻璃安然无恙。而当你向顾客介绍了这种玻璃的各项指数，并开始示范时，顾客已想象到了结果是玻璃并不会碎，谁知玻璃恰恰碎了。这时你怎么办呢？你一定不要面露惊慌之态。你可以平静地告诉顾客："像这样的玻璃我们是绝对不会卖给您的。"随后再示范几块。这样就化险为夷了，也许还会增加顾客的印象。

只要你努力去避免缺陷，再加上你熟练的动作和幽默的语言，一定会精彩地完成示范，达到强化顾客兴趣的目的。

【总结与回顾】

接近顾客是推销过程中的一个重要环节。它是推销人员为进行推销洽谈与目标顾客进行的初步接触。能否成功地接近顾客，直接关系到整个推销工作的成败。

接近准备工作的重要意义在于：有助于进一步认定准顾客的资格，便于制定接近目标顾客的策略，有利于制定具有针对性的面谈计划，可以有效地减少或避免推销工作中的失误，能够增强推销人员取得工作成功的信心。

接近准备的内容：了解目标顾客的情况，拟定推销方案，做好必要的物质准备。

常用的接近顾客的技巧有：介绍接近法、产品接近法、利益接近法、好奇接近法、问题接近法、表演接近法、直陈接近法、赞美接近法、馈赠接近法、求教接近法、调查接近法、社交接近法。

销售人员在接近顾客的时候，要注意的要点：巧妙地开场，运用FABE法则介绍产品，把握顾客的兴趣点，进行精彩的示范。

本项目的教学重点：做好接近客户前的准备工作，掌握常用的接近技巧。

【复习思考题】

❶ 你认为接近顾客前的准备有必要吗？
❷ 常见的接近技巧有哪些？分别适用于哪类顾客？

【案例分析题】

❶ 美国一位推销女士总是从容不迫、平心静气地提出三个问题："如果我送给您一小套有关个人效率的书籍，您打开书会发现十分有趣，您会读一读吗？""如果您读了之后非常喜欢这些书，您会买下吗？""如果您没有发现其中的乐趣，您可以把书重新塞进这个包里给我寄回，行吗？"这位推销女士的开场白简单明了，使顾客几乎找不到说"不"的理由。后来这三个问题被该公司的全体推销人员所采用，成为标准的接近方法。

推销员运用的接近方法是什么？陈述这种方法的好处，并简述推销员成功的理由。

❷ 一名矿泉水推销员上门推销。下面是他与一位家住七楼的家庭主妇的对话。

推销员：夏天到了，自来水供应正常吗？水质如何？

家庭主妇：供应不正常，水质也不好。

推销员：如果有一种既纯净又有保健功能的饮用水，您的家庭愿意接受吗？

家庭主妇：可以考虑。

推销员：如果我们每周两次送水上门，既经济又方便，这样的服务方式您会满意吗？

家庭主妇：非常好。那我就订三个月的用量吧。

 推销员运用的接近方法是什么？陈述这种方法的好处，并简述推销员成功的理由。

❸ 某推销人员向某建筑公司推销一种新型防漏材料。该推销人员首先向公司经理求教："经理从事建筑业二十多年，可以称为建筑业的专家了。我想请教一下经理：目前建筑行业有哪些防漏技术，采用哪些防漏材料？"

在仔细倾听顾客的回答后，还可继续询问："目前这些防漏材料中，哪种防漏材料更好，使用中有什么问题？"

问题 推销员运用的接近方法是什么？陈述这种方法的好处，并简述推销员成功的理由。

❹ "恒暖"公司提供的产品是适用于独栋别墅的绝缘电热器。在这个例子中，销售人员所负责的供暖系统已经在用户中有一定的占有量，它的主要特点是大大地节省供暖费用。以前在"比较富裕"的小区中，这种产品都是通过"流动售货员"挨家挨户地上门推销的。

下面是一位推销人员上门推销的过程。

顾客把门打开了一半，销售人员向后退了半步。

销售人员：您好！我能找克拉姆先生亲自谈谈吗？

顾　　客：我就是，您有什么事儿吗？

销售人员：克拉姆先生，这套房子这么漂亮，是您的吧？

顾　　客：是啊，不过，您到底有什么事呀？

销售人员：我先做一下自我介绍。我叫芬克，海尔曼·芬克，是"恒暖"公司的！

（他递上了一张名片。顾客为了接名片，不得不向前走了一步。）

销售人员：克拉姆先生，我想您一定希望能够在最大限度上削减您的供暖费用！
顾　　客：对，可是我们一般不买上门推销的产品！
销售人员：我也不建议您那么做，克拉姆先生！您记得您去年冬天的供暖开支是多少吗？
顾　　客：记得，差不多3000马克！
销售人员：如果我现在说，根据目前的能源价格，您每年至少还可以从这3000马克中省出800马克，那您感兴趣吗？
顾　　客：但是，您怎么能做到这一点呢？
销售人员：克拉姆先生，如果我可以进去谈的话，只需要7分钟，您就可以知道，"恒暖"是怎样帮您做到这一点的？我可以进去坐一会儿吗？
顾　　客：您不能在门口说吗？
销售人员：为了得出准确的数据，我必须从里面看看您房子的墙壁和窗户，克拉姆先生。而且，在这儿我也没法把我的材料展示给您看！每年省出的800马克一定值得您付出这7分钟时间……
顾　　客：嗯，我一般是不让陌生人进来的，不过今天给您开个特例……我对您的产品还是比较好奇……

问题　推销员运用的接近方法有哪些？简述推销员成功的理由。

❺ 赵兴是某家电销售公司的推销员，他特别擅长于向顾客演示他所推销的各类家用电器。例如，滚筒洗衣机是他最乐意向顾客示范推荐的一种家用电器。为了向顾客演示滚筒洗衣机如何不伤衣料、纽扣，他把钢笔放入滚筒里，让它随洗涤物一起滚动。有一次，当他正向顾客作演示时，钢笔裂开了，墨水沾满了正在洗衣机内洗涤的衣物。

问题
（1）你对赵兴演示商品的方法有何意见？
（2）如果你是赵兴，你将如何向顾客解释？如何做？
（3）作为推销员应掌握哪些演示技巧？

【能力拓展】

安排一场模拟推销，由推销员提前做好推销的准备工作。通过情景模拟来体会，不同的推销员运用不同的方法去接近不同的顾客的接近效果。有条件的可以把同学们的接近过程进行录像并回放，让演示的同学也来分析效果如何。

项目七

推销洽谈

【任务分析】

推销洽谈是推销过程中最重要的环节，关系到推销活动的成败。推销人员要根据推销环境、竞争对手、企业实力、谈判目标、谈判策略等有效组织洽谈活动。推销洽谈是一项充满科学性和艺术性的工作。推销人员要采取不同的策略应对洽谈过程中出现的不同问题，提高推销洽谈的成功率。

本项目学习过程中，学生需完成以下任务：了解推销洽谈的程序，把握推销洽谈的原则，掌握推销洽谈的技巧。

【案例导入】

推销员小胡供职的湖南怀化一家综合性服务企业，策划了一个"十佳礼仪小姐大奖赛"的广告演出活动。他受命推销公司活动计划，以赢得广告客户，获得营业收入。

当地的工商企业不少，从哪家企业开始呢？小胡想，参与这个活动的企业必须具备两个条件：一是效益好，能有广告资金投入；二是重视广告宣传，乐于投入资金。一家制药企业——广州白云山制药总厂怀化分厂进入了他的视野。这是一家沿海地区先进企业与内陆合办的工厂，联营后，通过加大科技投入，不断开发新产品、努力提高产品质量、强化销售等一系列措施，使工厂发生了很大的变化。特别是企业带来的广东人注重广告宣传，注重销售等新的营销观念深深地吸引了小胡，他决定上门推销。

厂长是一位精明的医学硕士，年龄和小胡差不多，是位三十刚出头的年轻人。因为年龄相仿，经历相似，可以交谈的话题很多，容易相处，一见面小胡决定先不谈正事，融洽感情再说。于是自我介绍后，小胡即代表公司感谢白云山总厂对湖南特别是湘西人民的支持，对他们远离家乡，远离亲人在外艰苦创业的精神表示钦佩，并和他们谈起了工作、生活和工厂生产情况。待气氛缓和之后，小胡就将一本《公共关系》杂志递给了厂长，并翻出事先折好页的文章，请厂长指教。

推销怎么要带上一本杂志呢？原来事前小胡做了充分准备。临去之前，小胡请一位与厂里很熟的朋友为他预先约见。动身时又带上一本西安出版的《公共关系》杂志，因为里面刊登着小胡的一篇文章："公关广告的基本类型"，文章中引用了广州白云山制药总厂开展赞助型公关广告的实例，这也算是小胡和白云山厂的联系，拿着到时肯定会帮上忙的。果然不出所料，杂志起到了作用，当厂长看到已用红线划出的白云山厂实例后，马上来了兴趣，不仅把实例看完，还把文章从公关广告与商品广告的不同，一直到公关广告有赞助型、服务型等七种基本类型的全文都认认真真看了一遍。待厂长看完抬起头来，小胡乘机把计划和盘托出。或许是文章的宣传效应，没等小胡怎么解释公关广告宣传如何如何重要，厂长便对这次活动表现了浓厚的兴趣，并就其中一些技术性问题进行询问。等听到小胡圆满的回答，了解到活动安排十分周密后便欣然应允，答应投入广告费一万元，买下本次大奖赛活动的冠名权。很快，一份关于举办"正清杯"十佳礼仪小姐大赛广告宣传协议书正式签署，一万元广告费如期汇到了公司的账户上。

思考题 你如何看待小胡的推销洽谈？推销员在推销洽谈环节应该做好哪些工作？

任务一　了解推销洽谈的程序

一、推销洽谈的概念

推销洽谈也称交易谈判，是指推销人员运用各种方式、方法和手段，向顾客传递推销信息，并设法说服顾客购买商品和服务的协商过程。在古代推销人员主要依靠一双"铁腿"和一张"巧嘴"，行万里路，登万户门，说万次话，讨万回价，当面商议，各得其所。因此，古人所称的推销洽谈基本上属于当面洽谈。在现代推销环境里，新的推销方法、推销技术和推销手段的不断出现，使得推销洽谈的方式和方法也在不断变化。现代推销洽谈可以利用人类所能利用的一切信息沟通工具，除面对面的直接洽谈外，还有电话、书信、电报、电子邮件等推销洽谈方式。因此，作为现代推销学中的一个科学概念，推销洽谈具有特定的含义，它是一个既丰富又复杂的活动。

二、推销洽谈的目标

从现代推销学理论上讲，洽谈的目标既取决于顾客购买活动的一般心理过程，又取决于推销活动的发展过程。因此，我们认为现代推销洽谈的目标在于向顾客传递推销信息，诱发顾客的购买动机，激发顾客的购买欲望，说服顾客，达成交易。

为了实现推销洽谈的目的，推销人员需要完成以下几方面的任务。

1. 向顾客传递信息、介绍情况

为了说服顾客达成交易，必须向顾客全面介绍推销品的情况以及生产企业的情况，包括品牌、商标、功能、质量、价格、服务、销售量、市场地位以及生产企业的情况。只有在顾客对相关各信息了解的情况下，才能做出购买决策。在洽谈之初，推销员要将自己所掌握的有关信息迅速传递给顾客，以帮助客户尽快认识和了解推销品的特性及其所能带来的利益，增强顾客对推销品以及生产企业的好感，诱发顾客的购买兴趣，为顾客进行购买决策提供信息依据。同时，推销员在向顾客传递信息时必须客观、恰当、实事求是。

2. 准确把握顾客需求、展示推销品的功能

从市场营销学的角度讲，只要能够发现人们的购买需求和动机，就可以预测和引导人们的购买行为。购买行为是受购买动机支配的，而动机又源于人的基本需要。为此，推销员在洽谈之初就必须找到此时此刻的顾客的心理需要，并投其所好地开展推销洽谈。同时，在推销洽谈中针对顾客的需求展示推销品的功能，满足顾客的需求，只有当顾客真正认识到推销品的功能和利益，感受其所带来的满足感，才能产生购买动机。一种推

销品往往有多种功能和利益，但不同的顾客对该产品有不同的需求。例如，手机是一种通信工具，但不同的顾客，由于性格、职业、经济情况、年龄、性别等方面的不同，决定了顾客对手机的需求不同。推销员要善于发现顾客的需求，并紧紧围绕着这个需求来展示推销品的功能和利益。否则，即使推销员向顾客传递的信息面面俱到，而顾客想要了解的功能却一带而过，就不能起到诱发顾客的购买动机，刺激顾客的购买需求的作用。因此，只有针对顾客的需求，传递推销品的信息，展示推销品为顾客带来的利益，才能真正地激发顾客的购买欲望，最终达成交易。

3. 恰当处理顾客的异议

在推销洽谈中，顾客接收到推销人员传递的有关推销品的信息后，经过分析会提出一系列的看法和意见，这就是我们常说的顾客异议。顾客异议处理不好或不排除，就很难说服顾客，达成交易。所以，处理顾客异议是推销洽谈的关键任务。产生顾客异议的根源有两方面：一是推销人员所发出的信息本身不全面，顾客因信息不全面而提出异议；二是顾客对推销品知识的不了解或欠缺。因此，一个优秀的推销员必须掌握尽可能多的与推销品相关的知识。例如，电脑推销人员必须是一位熟悉基本电脑制造技术和使用技术的技术人员，化妆品推销人员最好是一位业余化妆师。只有这样，才能圆满地解答顾客提出的各种问题，妥善处理顾客异议，帮助顾客加深对推销品的认识，取得顾客的信任，顺利达成交易。

4. 促使顾客做出购买决定

推销人员寻找、接近并说服顾客的最终目的是要顾客购买推销品。顾客购买活动的心理过程，历经认识阶段之后，还要经过情绪变化和意志决定这两个发展阶段。在认识明确，动机诱发之后，顾客会产生相应的情绪反应和意志行为，甚至会产生错综复杂的心理冲突。经过一番激烈的内心冲突之后，顾客就会做出购买或不购买的决策。在洽谈过程中，推销人员必须准确把握顾客购买决策前的心理冲突，利用各种理智的和情感的手段去刺激顾客的购买欲望，引导顾客做出购买决定，促成交易。所以，推销人员可以采用各种方式说服顾客，强调顾客购买推销品所能得到的利益，满足顾客的特殊要求，给予顾客一些优惠，提供优质的服务，强化顾客的购买欲望，为顾客最终做出购买决定而努力。

总之，推销洽谈的目标在于沟通推销信息，诱发顾客的购买动机，刺激顾客的购买欲望，催促顾客采取购买行为，最终目的还在于达成交易，推销产品。

三、推销洽谈的程序

经过和顾客的接触之后，如果顾客有购买意愿和购买动机，双方就要在约定的时间和地点展开正式的洽谈。推销洽谈一般包含三个阶段：推销洽谈的准备阶段、正式洽谈阶段和合同的签订和执行阶段。每个阶段都有不同的工作重点和要求，做好每一阶段的工作，才能最终实现谈判目标。

推销人员在实际推销活动中，总是要面对各种各样、形形色色的顾客。为了推销的成功，推销人员使用的推销方法、方式也要因人而异，不能千篇一律。这就要求推销人员在推销洽谈前，认真准备有关推销洽谈的各种资料和知识，针对不同顾客，拟订具体的推销洽谈计划，制定解决顾客异议的方案。只有这样，推销人员才能将不同的推销洽谈的内容分清主次，突出重点，采用不同的方式、方法，有的放矢地进行洽谈。推销洽谈的具体步骤如下。

（一）制定洽谈计划

1. 洽谈的预期评价

对洽谈取得的成绩作一个预期评价，对洽谈将要出现的结果进行预先安排。洽谈可能取得的成绩，可分为以下两个层次：

第一层次，是本次洽谈的最低界限。例如，让顾客确认自己对推销品有需求，顾客能认同推销品给其带来的利益等。

第二层次，是本次洽谈要取得的成绩。例如，有效处理顾客异议等。

在推销洽谈之前，推销人员必须对预期值有一个清楚的认识，并科学地确定。

2. 确定推销洽谈的时间、地点

推销洽谈时间、地点的确定，是影响推销洽谈的一个不可忽视的因素。确定在什么时间、什么地点与顾客进行推销洽谈，是制订推销洽谈计划的主要内容之一。通常，推销洽谈的时间、地点的确定，既要方便自己又要方便顾客；既要考虑自身的利益，更要考虑顾客的利益。

3. 进一步核实顾客的基本情况

顾客的基本情况包括：姓名、年龄、职务、性格、偏好、工作作风、顾客本人及其所在部门和公司的状况、愿望、要求等；顾客是否有权购买，是否有支付能力，其购买动机、态度、阻力、需求变化是什么等。只有掌握了这些基本情况，才能制定相应的策略和方法，才能在推销洽谈中灵活、有针对性地进行推销。

4. 提供产品和服务

制定洽谈计划时，对产品的性质、类别、功能、特色以及它能为顾客带来什么好处等都要明确。这样才能把顾客的需要与所推销的产品联系起来，促使顾客接受。随着市场经济的发展，各种产品彼此间的差异越来越小，众多的产品和服务相互竞争。当人们由于选择太多而感到困惑时，能够帮助顾客解决问题，协助他们得到其想要的产品和服务的推销人员，才能赢得顾客的信赖，才能顺利达成交易。

5. 选择推销洽谈的策略和方法

推销洽谈的方法是一门技术，更是一门艺术。它需要推销人员在推销洽谈中针对不同的推销品、不同的顾客，灵活地采用不同的策略和方法。因此，推销洽谈之前，推销人员必须准备好洽谈的策略与方法。

6. 做好洽谈的心理准备

推销人员做好推销洽谈的心理准备，主要指推销人员要充满自信、要诚恳、要有锲而不舍的意志。

（1）自信。顾客是不会向一个没有主见，态度冷淡，对失败抱有恐惧心理的推销人员购买产品的。推销人员必须具备两方面的自信：首先是对自己的推销品有信心。确信该产品质量优良，能使顾客得到真正的利益，能满足顾客的需求；其次，是对自己的推销能力有信心。

（2）诚恳。作为推销人员，若能与顾客坦诚相见，有帮助其解决问题和困难的一片诚意，顾客会了解和愿意接受的，同时也会对推销人员表示积极的态度。

（3）坚强的意志。推销人员在推销过程中往往会遇到很多困难，但不要灰心，不要放弃，要有坚强的意志和锲而不舍的精神，只有这样才能做好推销工作，最终实现推销目标。

（二）推销洽谈的工具准备

推销人员在推销过程中不能单纯靠说话，还需要利用各种推销工具。

1. 推销品

推销人员应尽可能随身携带一些推销品，在推销过程中可以直接展示给顾客，有助于激发顾客的购买欲望。

2. 推销品模型

在推销品难以携带的情况下，推销人员可以利用推销模型来替代，让顾客亲自看一看，试一试。这也能起到刺激顾客的购买欲望、增强顾客购买信心的作用。

3. 文字资料

推销人员应携带一些文字资料，包括产品种类介绍及说明书、产品价目表、企业简介等。利用文字资料辅助推销，一是成本低廉，简便易行；二是它对推销品的介绍要比语言详尽、全面、系统，有较强的说服力。但是，文字资料难以做到因人而异地介绍产品，故应配合其他推销工具一起进行推销。

4. 图片资料

图片资料主要有图表、图形、照片等。在推销品或推销模型难以携带的情况下，生动、形象的图片资料能对顾客产生较强的说服力和感染力，使顾客通过视觉加深印象，直接引发顾客的购买欲望。

5. 推销证明资料

在推销洽谈之前，推销人员应尽量收集和准备各种有说服力的推销证明资料，可以增加产品的可靠性，有利于顾客在心理上产生安全感。

6. 其他物品

包括推销人员的名片、介绍信、订购单、合同书、笔记用具等。

（三）摸底阶段

双方洽谈人员从见面入座到洽谈的实质内容之前，为摸底阶段，旨在建立推销洽谈气氛、交换意见、开场陈述。

首先要努力建立合作、诚挚、轻松愉快的洽谈气氛。为此，要把洽谈场地布置得赏心悦目，要使推销洽谈者的举止行为给人留下热情、诚挚、轻松、美好的印象。

其次，要及时交换意见和看法，就推销目的、计划、人员情况等方面取得一致意见，即使双方早已联系，也应在正式洽谈中重新明确一下。

再次，为了进一步摸清对方的原则、态度，可以从主要问题、期望目标、主要原则、变通措施等开始陈述或提出倡议。

（四）报价阶段

开盘报价是洽谈过程中十分重要的阶段。洽谈的核心和实质问题是报价，要开门见山，直接报价。

报价，亦称发盘。在推销洽谈中，不论谁先报价，都需要综合考虑价值和风险两种因素。价格条件的洽谈是推销洽谈的中心内容，它涉及买卖双方利益，是买卖双方最为关心的敏感问题。推销人员可按企业所定的上下限价幅度适当报价。报价时力求报价果断、明确、清楚。不解释也不说明，尽量留有充分磋商余地，便于对方还价。

经过一轮或多轮的讨价还价，彼此都能接受某一价格时，即可转入其他问题的洽谈。

（五）总结阶段

对上述摸底和报价两个阶段的推销洽谈情况进行回顾、分析，即为总结阶段，主要有三种情况：

1. 销售条件顾客接受

买卖分歧很小，即可跨越磋商阶段，直接转入签字成交阶段，以减少不必要的讨价还价，缩短洽谈时间，提高推销洽谈的效率。推销人员不应过分表现急于求成的心理状态，以免顾客采取拖延战术。

2. 销售条件顾客可能接受，但是还需要磋商

这时推销人员应对洽谈涉及的问题及其自身的经济效益进行全面分析，做出坚持还是让步的决策。在推销洽谈中，推销人员应对买方分歧最大的部分认真分析，并对此确定三个目标：最理想的目标、可接受的目标、最低限度目标。如果分歧意见在可接受的目标上下，则应努力达成协议。

3. 无法预见销售交易的可能性

即买卖双方分歧意见很大，差距悬殊，在买方表示困难时，推销人员则很难按原定计划成交。此时可有三种选择：一是终止推销洽谈。这是最不愿采取的对策，即使采取这个对策，也必须慎重。只有达到以退为进这个目标时，才终止洽谈。具体地说，市场对推销人员有利，推销人员处于强有力地位，退出反而会刺激买方要求重新洽谈；或者说，推销人员已充分肯定终止或退出推销洽谈会使买方改变原来的想法和条件。二是继续洽谈。在按原计划无法达到销售交易时，推销人员可以继续与顾客就一些次要的问题进行磋商，并与上级主管部门联系，修改既定交易条件，力求局部突破。三是请求顾客相应地改变其原定的洽谈计划。

（六）实质磋商阶段

实质磋商，是指对可能达成的交易，在不断调整意见中，从分歧较大到协调一致，最终成交的过程。实质磋商是交易成败的关键时刻，只有善于运用磋商技巧，才能获得成效。

1. 分析分歧的原因，弄清楚原委

推销洽谈难免会有分歧，这是正常现象。总结起来不外乎以下几个原因：一是信息的分歧，是因为没有很好理解对方意图所致，或者是因缺乏沟通而发生的误解；二是人为的分歧，是洽谈人员故意制造障碍所致（以上两种分歧，通过洽谈、沟通、解释，可以消除）；三是真正的分歧，即由双方经济利益得失而引起的分歧。

2. 正确施加压力，善于抵御压力

在磋商中，推销人员会对顾客施加压力，如保持对交易的竞争优势，制造顾客之间

竞争的事实和气氛，逐步削弱其期望水平，暂时中断推销洽谈等。但是在实施过程中务必注意分寸，适可而止，防止感情冲动和心理外露。同时，在抵御顾客压力时，可以采取先发制人策略，主动提出对方可能提出的问题，减弱其锋芒；采取以逸待劳、耐心等待策略，寻找对方的漏洞，抓住时机进攻；避重就轻，把问题引入自己设想的境地，拖延或请第三者干预。

3．提出要求和适当让步

推销人员提出要求的目的在于让对方愿意听下去，并为自己提出更高的目标铺平道路。做出某些让步的目的在于吸引对方。但是，让步是有原则的，不是无限的，不能轻易地让步，只有认为需要让步时才让步；不能单方面让步，要以自己的让步换取对方的让步；不能大于对方的让步幅度，一次让步幅度要适中；让步速度不能太快，要注意让步的次数和程度；要注意在较小的问题上先让步，在重要的问题上不先让步。

4．打破僵局

当双方分歧较大，互不相让，可能会出现僵持局面时，可以采取对事不对人的办法，把人与问题分开，尊重对方，避开矛盾，另找出路。实在无法打破僵局时可暂停洽谈。

（七）达成交易阶段

这是推销洽谈的最后阶段。经过上述几个阶段的洽谈，情况逐渐明朗，洽谈已经接近尾声。这时推销人员务必善终，正确处理有关问题。

1．要向对方发出正确成交信号

推销人员要阐明立场，就对方所提出条件，表明肯定态度；或以特定的方式表明成交意愿，或告诉对方洽谈时间已到，可以结束了。

2．要及时进行总结

明确交易内容是否谈妥，是否有遗留问题，如有遗留问题要提出处理意见。明确推销洽谈结果是否达到原先期望的交易目标，明确最后让步项目及让步幅度，着手安排交易记录事宜。

3．确定最后报价

在交易达成阶段，双方都要做最后一次报价。推销人员应该选择好时机，既不要过于匆忙，也不要过晚。最后报价应分两步走，不要一步到位，否则使自己处于被动局面。让步幅度应因人而异，并成为最后成交的标志。让步应与向对方提出成交要求同时进行。

4．起草书面协议

在最后阶段，应将整理出的洽谈记录，从头到尾检查一遍，双方确定记录无误后，所记内容便是起草书面协议的主要依据。起草书面协议应谨慎和全面。推销洽谈双方必须对所同意的条款，认识一致，使协议名副其实。对敏感性问题，应特别细致，诸如价格、合同完成、规格要求、索赔处理等方面协议条款要力求明确，不能含糊。

任务二　把握推销洽谈的原则

为了实现推销洽谈的目标，推销人员在推销洽谈过程中可以使用一定的方法和策略，但是无论使用何种方法或策略，去推销洽谈过程中均应遵循一些基本的原则。

一、针对性原则

针对性原则是指推销洽谈过程中要针对不同顾客的特点或不同推销品的特点，采用不同的策略，使洽谈具有明确的针对性。

针对性原则，要求推销人员做到以下几方面的针对。

1. 针对顾客的不同购买动机进行洽谈

顾客的购买目的在于追求推销品的使用价值，其购买动机多种多样，有的求名，有的求利，有的追求潮流，有的追求威望等。在洽谈中推销人员应就推销品的使用价值和针对顾客的具体购买动机进行推销。

2. 针对顾客的不同个性心理进行洽谈

顾客的个性心理差别很大，而个性心理对推销洽谈的影响很大，不容忽视。只有针对不同个性的顾客，采取不同方法，才能达到洽谈的目标。

3. 针对推销品的不同特点进行洽谈

推销人员应根据推销品的特点设计洽谈方案，突出产品特色，增强洽谈说服力。

二、让顾客参与原则

参与性原则是指推销过程中设法鼓励和引导顾客积极参与推销洽谈，促进信息的双向沟通。

坚持参与性原则，对推销员提出以下要求：

（1）要求推销员尽量与顾客同化，以消除其心理防线。在实际推销活动中推销人员要与顾客打成一片，急顾客所急，想顾客所想，表现出与顾客同样的兴趣和爱好、同样的习惯和背景等都是与顾客同化的方法，其作用在于取得顾客的认同感，消除推销阻力，提高洽谈效率。

（2）要求推销员主动引导顾客参与洽谈沟通，提高洽谈的质量和效率。现代信息论和决策论的研究表明，参与活动直接影响参与者接受信息、处理信息、反馈信息和制定决策的水平。在实际推销活动中，引导顾客发表意见，请顾客回答问题或者让顾客试用推销品等都可有效地使顾客参与洽谈。

（3）要求推销员让顾客发表意见，认真倾听顾客讲话。认真聆听，既是尊重顾客的起码要求，也是成功洽谈的基本技能。认真倾听，能使顾客产生心理上的一种满足感，有利于顾客的积极参与，又能让推销员了解推销障碍是什么，也才能谋划消除障碍，促使顾客做出购买决策。

坚持参与性原则对推销员提出的三点要求，既可以理解为对推销员提出的要求，也可以理解为推销员在推销过程中的技巧。

三、辩证性理解原则

辩证性原则是指推销员要用唯物辩证法来认识推销过程中出现的一些问题，来指导推销洽谈。

坚持辩证性原则，要求推销员全面地、发展地、联系地看待顾客和推销品。推销员应该辩证地看待顾客的个体差异，千万不要因为自己某些不愉快的经历而对某些种类的顾客抱有成见。事实上，世界上没有十全十美的顾客，也没有完全不讲理的顾客，问题的关键在于推销员是否找准了洽谈的切入点与洽谈方法。推销员不但应辩证地看待推销品，而且也应该让顾客辩证地看待推销品。任何产品既不可能优越无比，也不可能一无是处，推销员应能突出推销产品的优点，也能客观地承认推销品的缺点。"一分价，一分货"就是突出产品质量优良而回答顾客因推销品价格高而提出异议的最佳解决方法之一。"嫌货才是买货人"也是运用辩证性原则，正确看待顾客异议的具体表现。

四、鼓动性原则

推销洽谈既是说服的艺术，也是鼓动的艺术，洽谈成功与否，关键在于推销人员能否有效说服和鼓动顾客。鼓动性原则是指推销人员要在洽谈中用自己的信心、热心和知识去感染、激励顾客，促使顾客采取购买行动。

坚持鼓动性原则，要求推销人员能以自己的信心、热心和知识去感染顾客，激励顾客。为此，推销员必须对自己及推销品充满信心，必须热爱自己的推销事业，热爱顾客。只有激发起顾客的信心和热情，才有可能使顾客采取购买行动。

五、灵活性原则

灵活性原则是指推销人员应根据不同的具体情况做出具体分析，随机应变，相机行事。事实上，推销洽谈并没有什么固定不变的模式，灵活性既是洽谈的特征，又是推销人员应遵守的推销方法论原则。灵活性原则，要求推销员能根据不同情况，采用不同方式与方法开展推销洽谈，而不是用一种不变的方法应对所有的顾客。

任务三　掌握推销洽谈的技巧

推销洽谈是一项艺术性、科学性很强的工作，没有固定不变的模式。随着推销对象、推销环境的变化，每一次推销洽谈都会有不同的特点和要求，洽谈人员要根据所处的环境、企业的实力、产品的特点等问题做出具体分析，灵活运用洽谈技巧是做好洽谈工作的关键。

一、推销洽谈的基本技能

（一）建立和谐的气氛

任何洽谈都是在一定气氛下进行的。洽谈气氛和谐与否，直接影响着整个洽谈的进程和结局。为了创造一种轻松、诚挚、友好、合作的气氛，洽谈人员应注意以下两点。

1. 抓住洽谈开始的瞬间

良好的气氛往往是在洽谈开始的瞬间形成的，因此双方人员应以友好的态度出现在对方面前，特别是作为东道主的一方应先行到达谈判室，并在门口迎候客人。

（1）双方人员见面，先要互相介绍。介绍与自我介绍要大方得体，遵守礼仪规则。介绍时要落落大方，介绍完毕要互相握手致礼。若有名片，应主动递上并微微点头，以显示彬彬有礼的风度，也为以后的联系合作提供方便。如进行自我介绍，应吐字清楚，适当提高嗓音，目光要注视对方，以示对对方的尊重，切忌边自我介绍边东张西望，使人感到态度冷淡，有失礼貌。

（2）注意谈吐举止。洽谈人员的谈吐要轻松自如，举止要文雅大方，谦虚有礼，分寸得当，不可拘谨慌张。见面后可略事寒暄，进入正题之前，宜谈些轻松的非业务性的中性话题，如旅途经历、季节气候、文体表演、各自爱好或以往合作经历等，但开头的寒暄不宜过长，以免冲淡洽谈气氛。

（3）仪表是洽谈人员的广告，应适当注意服装整洁挺括，端庄高雅，神情饱满，给人以良好的第一印象。

2. 自然进入洽谈正题

进入洽谈正题是双方所期待的。最适宜的方式是以轻松、自然的语气先谈谈双方容易达成一致意见的话题。如"咱们先把今天洽谈的程序确定下来，您看如何？"这种问话既能体现尊重对方、表示愿以平等态度商讨问题的诚意，同时也最容易得到对方的肯定答复，有助于创造一种一致的气氛。在这种心平气和、协商一致的氛围下，然后分别陈述己方对有关问题的看法和基本原则。但这种陈述应简明扼要，重点突出，准确而有弹性，让对方感到你的坦率和真诚。这种陈述措辞要得体，语调、语速要适中，既表明自己的意图和要求，又不引起对方的反感和不安。对方陈述时，要认真倾听，这种倾听，是"耳到、眼到、心到、脑到"综合效应的听，并注意记录和分析，不能漫不经心，左顾右盼。须知，认真倾听不仅是对对方的尊重，而且可以从对方那些似乎无意的话语中发现对方隐藏的动机和心理活动。所以老练的谈判者一坐到谈判桌前，就注意倾听对方的陈述，留心其措辞，琢磨其语言的内涵。同时，这还能给对方造成一种心情愉快、乐于继续讲述的气氛。

（二）洽谈的技能

推销人员通过建立和谐气氛、自我介绍等一系列行为获得对方的初步信任后，要巧妙地把话题转入正题，以开展推销工作。

入题的方式有以下几种：①以关心的方式入题。关心顾客，容易引起顾客的好感，从而使顾客关心你所推销的产品；②以赞誉的方式入题。称赞顾客或顾客的东西，往往也易于获得顾客的好感；③以请教的方式入题。虚心向顾客请教，既尊重了顾客，又很自然地提出产品，这样入题也很巧妙；④引用介绍人的方式入题。借助介绍人以此入题。入题的方式多种多样，但无论采取什么方式入题，都应使顾客有兴趣愿与推销人员继续洽谈。

入题以后就是沟通，在沟通方面应注意以下几方面的技巧：①要心胸开阔，要抛弃那些先入为主的观念。只有这样才能正确理解顾客讲话所传递的信息，准确把握讲话者的中心，才能认真听取、接受顾客的反对意见。②要全神贯注集中注意力。与顾客沟通时必须集中注意力，同时还要开动脑筋进行分析思考。注意是指人对一定习性的指向和集中，由于心理的原因，人的注意力并不总是稳定持久的，它会受到各种因素的干扰。因此，与顾客沟通时必须善于控制自己的注意力克服各种干扰，始终保持自己的思维跟上顾客的思路。③要学会约束自己，控制自己的言行。与顾客沟通时，不要轻易插话，或打断顾客的讲话，也不要自作聪明地妄加评论。通常人们喜欢听赞扬的语言，不喜欢听批评对立的语言。当听到反对意见时，总是忍不住要马上反驳，以为只有这样才说明自己有理，还有的人过于喜欢表现自己。这不仅会影响沟通，也会影响对方对你的印象。

（三）示范说明

在做推销示范时要做好充分的准备，包括示范所需的样品、工具和掌握娴熟的操作方法。

开展示范时应注意：示范要集中突出优点或顾客的主要需求；积极邀请顾客参与现场示范；示范要有趣味性和戏剧性；示范的目的要明确。

二、洽谈的策略技巧

在推销洽谈中，推销人员需要掌握和运用如下的策略技巧。

1. 揣度顾客心理策略

有关顾客的情况可以概况为以下几个方面：顾客需要什么？顾客工作和生活方面有哪些奋斗目标？哪些因素有利于顾客工作和个人奋斗目标获得成功？哪些因素不利于顾客工作和个人奋斗目标获得成功？顾客在组织中起什么作用？顾客对推销员的态度如何？上述基本问题不受外部因素的影响。掌握了这些因素，推销员就基本掌握了需拜访的顾客的情况，做到心中有数，有准备地与顾客进行推销洽谈。

2. 设身处地为顾客着想的策略

在推销中，我们要问自己，我们真能理解顾客吗？特别是当顾客行为反常或出乎我们的意料时，我们能知道顾客内心在想什么吗？

如果能知道顾客在想什么，想顾客所想，推销洽谈才会更有针对性，更有成效。

3. 寻找共同点策略

人们都喜欢听到赞美的或与自己意见相同的话语，对于不同的意见，刚开始总是难以接受。从共同点开始，推销洽谈将变得容易进行下去。因为无论推销员还是顾客，接受不同意见或相反意见的速度较慢，而从相同部分入手则显然较为快速。

4. 察言观色策略

"处处留心皆学问"，察言观色是指在推销洽谈中，要密切观察顾客的言谈举止、态度和意向。根据顾客的反应来调整自己的推销方案，小心谨慎地进行洽谈。

5. 事实运用策略

在推销洽谈中，推销员注意用事实支持自己的观点是取得顾客信任、说服顾客的便捷之道。运用事实时，推销员应尽可能地展示事实、运用事实，不言过其实，不吹牛夸口，这是取信于顾客的重要条件。

6. 参与说服策略

在推销洽谈中，如果推销员把一个意见说成是自己的，容易招来顾客的攻击，因为攻击显示了顾客存在的价值。但是，推销员如果把自己的意见"装扮"成顾客的意见，在提出自己的意见之前，先问顾客如何解决问题，并表达出对顾客的意见的赞同，承认顾客意见具有新意。然后，将自己的意见嫁接上去，就不会招致顾客的反对。

7. 坚持到底策略

当洽谈接近尾声，胜利在望时，推销人员往往得意忘形，不再集中注意力处理顾客提出的问题，造成"煮熟的鸭子飞了"，因为顾客觉得他没有受到尊重。

经典案例

一位房地产经纪人，与某个客户已经谈好了条件，准备签订合同，让客户租用他的某处房产作为公司办公室。最后一次会谈，经纪人拿着准备签字的合同，来到客户办公室。他最近也成功地说服了这位客户的一个竞争对手，租用他的一处房产做办公室，仍陶醉于成功的喜悦之中。无意中，在客户面前赞美了客户竞争对手几句，说如何优秀，如何具有眼力，挑中他的房子是正确的选择。接下来，他就要恭维眼前这个客户，并准备签约。

不料，客户站起身来，说感谢他做了这么多介绍，并说暂时还不想搬家。这位房地产经纪人一下傻眼了。当他走到门口时，客户在后面说："顺便提一下，我们公司的工作最近有一些创意，形势很好，不过这可不是踩着别人的脚印走出来的。"

【总结与回顾】

推销洽谈也称交易谈判，是指推销人员运用各种方式、方法和手段，向顾客传递推销信息，并设法说服顾客购买商品和服务的协商过程。

推销洽谈的目标在于沟通推销信息，诱发顾客的购买动机，刺激顾客的购买欲望，催促顾客采取购买行为，最终目的还在于达成交易，推销产品。

推销洽谈的步骤一般包括：制定洽谈计划、工具准备、摸底、报价、总结、实质磋商、达成交易。

推销洽谈的原则有：针对性原则、参与性原则、辩证性原则、鼓动性原则、灵活性原则。

推销洽谈的基本技能：建立和谐的气氛、洽谈的技能、示范说明。

洽谈的策略技巧：揣度顾客心理策略、设身处地为顾客着想的策略、寻找共同点策略、察言观色策略、事实运用策略、参与说服策略、坚持到底策略。

本项目的教学重点：了解推销洽谈的程序，掌握推销洽谈的技巧。

【复习思考题】

❶ 结合本项目内容，谈谈你对推销洽谈的理解和认识。
❷ 如何做好推销洽谈的准备工作？
❸ 推销洽谈的技巧有哪些，如何运用？

【案例分析题】

❶ 一个推销人员在某市推销一种炊具，他敲了某公司职员李先生家的门，李先生的妻子开门请他进了家。

李太太说："我先生和隔壁的孙先生正在后院，不过我和孙太太都愿意看看你的炊具。"推销人员说："请你们的先生也到屋里来吧！我保证他们也会喜欢我们公司的产品的。"于是，两位太太"硬逼"着她们的先生也进来了。

推销人员做了一次极其认真的烹调表演。他用温水在他所要推销的那套炊具里煮苹果，然后又用李太太家的炊具以传统的方法煮，两种方法煮成的苹果区别非常明显，给两对夫妻留下了深刻印象，但是男人们总是会装出一副毫无兴趣的样子。这时聪明的推销人员沉默了一会儿后将样品放回盒里，对两夫妻说："多谢你们让我做了这次表演，我实在希望能够在今天向你们提供炊具，但我只带了样品，也许你们将来才想买它吧。"

说着，推销人员起身准备离去，这时两位先生立刻对那套炊具表现出极大的兴趣，他们都站了起来，想知道什么时候能买到。

李先生说："请问，现在能向你购买吗？我现在确实有点喜欢那套炊具了。"孙先生说："是啊，你现在能提供货品吗？"

这时，推销人员感到时机已到，就自然而然地促成了交易。

问题　推销人员推销成功的原因有哪些？

❷ 有一位汽车推销人员，经过朋友介绍去拜访一位曾经买过他们公司汽车的客户。一见面，这位推销人员照例先递上名片："我是某某汽车推销人员，我姓…"才说几个字，就被客户以十分严厉的口吻打断，并且开始抱怨当初他买车时的种种不悦的过程，其中包含了报价不实、内装及配备不对、交车等待过久、服务态度不佳…讲了一大堆，结果这位新推销人员被他吓得一句话也不敢说，只是静静地在一旁等待。终于，等到他把之前所有的怨气一股脑儿吐完，稍微喘息一下时，才发觉这个推销人员好像以前没见过，于是便有一点不好意思地回过头来问他说："年轻人，你贵姓啊，现在有没有好一点的汽车，拿份目录来看看吧！"三十分钟后，推销人员拿着两辆车的订单高兴地走了。其成功的原因就在于顾客的一句话："我是看你老实又很尊重我，才向你买车的。"

问题 你认为在推销洽谈中，倾听有什么作用？应该如何做到有效倾听？

❸ 一家意大利在沪独资企业的意籍华人副总经理张先生来到某汽车销售的展厅，碰到汽车销售人员小陈及销售主管曹先生。先是小陈迎上前去。

陈：先生，您需要什么品牌的车？
张：就桑塔纳吧。唉，这儿怎么不见桑塔纳2000啊？
陈：噢，不好意思，那款车刚卖完，不过明天就有货了。
张：唉，真不巧，那我只有去别家看看了。

此时，在一旁的曹主管走过来，小陈把他介绍给客户。简短地寒暄后，曹主管得知顾客是为新开张的外商独资企业买自己的坐骑。

曹：噢，这么说来，张总也在为浦东开发做贡献啊。
张：浦东变化真是快啊！三年前我移民出去，现在大部分地区都认不出来了。
曹：您是上海老乡啊！您真是不简单，您这个层次的职位真让人羡慕啊。唉，侬外国的老板大吗？
张：大，全欧洲都知道这家公司。
曹：噢，是大老板大公司啊，那么办事的派头也大喽？
张：大的。外国人做生意都讲信用，讲派头一要定在高级写字楼，而且要在市区繁华地段。员工出差也要住四星级以上的宾馆……
曹：张总，这么看来，买桑塔纳好像不是很妥当了，买辆进口奥迪是至少的。
张：我不能乱花老板的钱。
曹：张总，您想想2000型的桑塔纳是经济实惠，款式也新，可让您开，好像就不够档次了。老总有老总的派头，外国搞市场经济讲信用，讲派头，这里也一样的。再说了，您为老板省了几个钱，老板来视察，说不定会责怪您呢！
张：这（犹豫地）……话说得有理，名车豪宅本身就是一种信用。那我先跟老板请示一下，看老板是否同意。

果然，张总增加了自己的预算，购买了一辆进口奥迪。

（1）汽车销售主管在推销中采用了哪些方法说服张总的？
（2）如果你遇到了这种情况，怎么处理？
（3）这个案例给你什么启示？

❹ 2000年5月的一天，广东东莞某大型玩具公司的代表来到某市，在该市的大型商场、娱乐中心、公司等场所举办大型玩具展示会。在某公司的展示区，一位西装笔挺的中年男士，走到玩具摊位前停了下来，售货小姐马上走上前去。

"先生，您好！您需要些什么玩具？"售货小姐笑容可掬地问道。

"想要这样的遥控玩具。"男士伸手拿起一只遥控玩具战车。

售货小姐："您的孩子多大了？"

顾客："5岁了！"

售货小姐提高嗓门说："这样的年龄玩这种玩具正是时候。"说着便把玩具的开关打开。男士的视线又被吸引到遥控玩具上来。"您看，我们的这种玩具操作非常简单，遥控器上就两个遥控杆，左、右手各控制一个，就可以前进、后退、转弯；不像有些遥控玩具，是按键控制，操作很复杂，小孩子操作起来难度较大，可以说有时两只手忙得不可开交还控制不好，容易打击孩子的积极性。我们的这款玩具是肯定不会出现这种情况的。"边说着边把玩具放到地上，拿着遥控器，开始熟练地操纵着，前进、后退、转弯，"小孩子从小玩这种遥控玩具，可以培养出强烈的领导意识。"说着把遥控器递到男士手里。于是，那位男士也开始玩起来了。

两三分钟后，售货小姐问道："先生，您看这个遥控玩具怎么样？"

男士开始问："多少钱一套？"

"450（元）。"

"太贵了！便宜点。算400（元）好了。"

"先生，跟令郎将来的领导才能比起来，这实在是微不足道的。"售货小姐停了一下，拿出两节崭新的干电池说："这样好了，这两节电池免费送给你！"说着便把原封的遥控玩具战车，连同两节电池，一起塞进包装用的塑胶袋递给男士。

男士一只手摸进口袋掏钱，另一只手接下玩具问："不用试一下吗？不会有质量问题吧？"

"您放心，品质绝对保证！如有质量问题，明天我们还在这里，我们将无条件退款。"售货小姐送上名片说："我们公司在贵单位办展示，已经交了一笔保证金。"

男士高兴地交了钱，拿着玩具满意而去。

（1）那位男士为什么满意而去？
（2）推销人员在推销中采用了哪些方法来说服那位男士的？

【能力拓展】

设计一次推销洽谈活动，分析推销洽谈的步骤及洽谈过程中推销员所运用的技巧及效果。

项目八

处理异议

【任务分析】

推销员通过寻找顾客,接近顾客,向顾客推销产品,虽然采用了很多推销方法和技巧,但是很多时候顾客仍然会提出各种各样的异议,面对各种各样的异议,推销员该如何解决呢?

本项目学习过程中,学生需完成以下任务:学会分析顾客异议的类型与原因,把握处理顾客异议的原则,掌握处理顾客异议的技巧。

【案例导入】

一位财政金融计算器的推销人员向一家公司的经理推销自己的产品。

顾客:"你们的商品价格太高了。"

推销人员:"太高?"

顾客:"你们产品的价格几乎比你们的竞争对手的价格高出25美元。"

推销人员:"这正是您应该买我们产品的原因啊。我们的产品有许多好的品质,每个人都认为其物有所值。没有一种其他的产品能有我们产品独特的时间特征。您只要按一下这个按钮,就会看到时间和日期。"

顾客:"这很好,但我感兴趣的是我的秘书能用于计算薪水总额、税收以及其他商业申请表的计算器。"

推销人员:"您所说的仅仅是这种计算器最基本的一些功能。"

顾客:"是这样的,你们有没有比这种便宜的计算器?"

推销人员:"我明白您的意思了。但我认为质量也是一个重要的考虑因素,我们的计算器保证可以使用5年而不需要维修,这比竞争对手产品的有效使用期要多出2年,这就相当于每月的花费仅2美元。"

顾客:"也许你是正确的,但我还需要考虑一下。"

推销人员:"经理,您付给您的秘书多少工资?"

顾客:"每小时10美元。"

推销人员:"哦,先前我计算过,用我们的计算器可使你每天节省2小时的工作时间,相当于每天节省20美元,一周就是100美元。这些都代表您腰包中的金钱。如果您还下不了决心,这可是一个损失。"

顾客:"这么说的话,那我就买吧。"

思考题 案例中推销员在推销中遇到了哪些异议,他是如何解决的?常见的顾客异议有哪些?如何解决呢?

任务一　学会分析顾客异议的类型与原因

一、顾客异议的类型

顾客异议是指顾客对推销品、推销人员及推销方式和交易条件发出的怀疑、抱怨，提出否定或反面意见。在推销过程中，除经常购买或重复购买的推销品而且交易条件也不变之外，顾客异议是普遍存在的问题。顾客不提任何问题或异议就购买商品的情况是罕见的。几乎所有的交易都包含着产生顾客异议的可能。当推销人员与潜在顾客直接接触时，双方既是交易伙伴，同时又因为存在着利益冲突而使各自的选择自由受到限制。买卖双方都希望对方向自己提出的交易条件靠拢，顾客异议就是买方为争取有利的交易条件所做的努力。

顾客产生异议是推销过程中出现的正常现象。推销员和顾客各是一个利益主体，当顾客用自己的利益选择标准去衡量推销员的推销意向时，必然会产生赞同或否定的反应。应当说，顾客提出异议，正是推销面谈所要达到的目的和追求的效果。因为，只有推销接近和介绍引起了顾客的注意，推销活动已经产生了效果，顾客才会提出异议。而当顾客开口说话，提出意见或反对购买的理由时，正是推销员进行有针对性的介绍与解释，真正开始推销说服的有利时机。顾客异议还表明了顾客所疑虑的问题，即成交障碍所在，这就为推销员提供了推销努力的机会和方向。一旦推销员排除了障碍，也就成功在望了。

顾客异议又是成交的前奏与信号。俗话说，"嫌货才是买货人"，"褒贬是买主，喝彩是闲人"，只有真正的购买者才会注意交易的具体问题，提出异议，这无疑孕育着成交的机会。如果顾客根本没有购买意向，对推销品毫无兴趣，就无须对产品认真查看、比较，也不会煞费苦心地挑毛病、找缺陷来作为交涉的条件和依据。无异议的顾客足以令推销员招忧，这不仅是他们对推销不感兴趣的标志，而且也会使推销人员难以窥测到其内心活动，从而使推销工作无法顺利开展。推销实践证明，顾客异议通常是推销人员应该注意的推销重点，推销人员应当充分利用顾客提出异议这一契机，及时给予顾客满意的答复，策略地使顾客加深对商品的认识，改变原有的看法，而不能将顾客异议认为是对方不感兴趣，面对障碍望而生畏，自己心里先打起了退堂鼓。

顾客异议往往是出于保护自己的目的，其本质不具有攻击性，但它的后果不但可能影响一次推销的成功，有的还可能形成舆论，造成对推销活动在空间、时间上扩大的不利影响。要消除异议的负面影响，首先要识别和区分顾客异议的类型，然后采取相应的办法予以处理。

（一）从顾客异议产生的主体来看

可以分为三种类型：

第一种：借口，即顾客并非真正是对推销品不满意，而是有别的不便于明说的原因而提出异议。例如，有的顾客为了掩饰自己无权做出购买决定，就推说商品质量有问题，或者托词要比较比较再决定。在这种情况下，推销员即使消除了顾客的借口也不能达成交易。对于这类顾客异议，推销员应当首先了解顾客隐藏在借口后面的真实动机，帮助顾客消除真正的障碍，但要注意给顾客一个从借口立场上下来的台阶。

第二种：真实的意见，即顾客确实有心接受推销品，但从自己的利益出发对推销品或推销条件提出质疑和探讨。例如，对商品功能、价格、售后服务、交货期等方面的考虑。在这种情况下，顾客十分注意推销员所做出的反应。此时，推销员必须做出积极的响应，或有针对性地补充说明商品的有益信息，或对商品存在的问题做出比较分析和负责任的许诺。如用质量性能好来化解价格高的异议，用允许退换、长期包修的承诺来消除顾客对商品某些质量不足的疑虑。推销员如果回避问题、掩饰不足将会导致推销的失败。承认问题，并提出解决问题的办法，才能解决这类顾客异议。

第三种：偏见或成见，即顾客从主观意愿出发，提出缺乏事实根据或不合理的意见。对这类异议，推销员不能因为顾客不正确而一定要搞出一个是非输赢不可，而应当从顾客的角度出发，理解他们所提出的异议，对其偏激之处予以委婉的劝导，使其保留自己的观点，引导其将注意力放到能对推销品做出正确认识的新问题上来。例如，有的顾客认为保健品价格太高，不值得购买。推销员可以说，保健品的价格确实比食品要高一些，但是服用保健品后，增强了体质、能够减少病痛，节省医疗费用，还是合算的。如果顾客接受了你的观点，就有可能在比较利弊之后接受你的推销品。

（二）从顾客异议指向的客体来看

最基本的有以下几种类型。

1. 价格异议

价格异议是顾客对商品价格与价值是否相称的反应。在推销工作中经常会听到这样一些议论："这个商品的价格太高了"，"这个价格我们接受不了"，"别人的比你的便宜"。这是顾客受自身的购买习惯、购买经验、认识水平以及外界因素影响而产生的一种自认为推销品价格过高的异议。

商品的价格是顾客最敏感的问题之一，也是最容易提出异议的问题之一，因为这与顾客的切身利益直接相关。无论是为个人消费，还是为集团使用而购买，顾客总希望尽可能少地支付费用。因而不论产品的价格如何，总有一些人会说价格太高不合理。有的顾客心里已经认为价格比较低廉，也会在口头上提出异议，希望价格降低从而获得更多的利益或心理满足。许多顾客在产生购买欲望之后，首先就对价格提出异议。价格异议通常包括价值异议、折扣异议、回扣异议、支付方式异议以及支付能力异议等。折扣异议和回扣异议是顾客对价格折扣和回扣的数量及方式等提出的异议。支付方式异议是对用现金支付还是用非现金支付，是一次性付款还是分期付款等产生的异议。支付能力异议是顾客以无钱购买为由提出的一种异议。通常顾客出于面子和信用的考虑，是不愿意让别人知道其经济状况不佳的。如果提出这种异议，可能是寻找借口拒绝购买。

2. 需求异议

需求异议是顾客提出自己不需要所推销的商员。常见的需求异议有："我们已经有了"，"我们已经有很多存货"，"这个东西有什么用"等。这种异议是对推销的一种拒绝，根本就不需要洽谈如何购买。顾客提出这类异议，或许是确实不需要推销的商品，或许是借口，或许是对推销品给自己带来的利益缺乏认识，推销人员应该对顾客需求异议作具体分析，搞清顾客提出异议的真实原因，妥善加以处理。从现代推销理论来讲，早在顾客审查阶段，推销人员就已对顾客的需求状况作了严格的资格审查，在接近准备阶段又进行了更具体的需求状况分析，因此推销人员对顾客的需求和爱好应该是心中有数的。推销人员应该利用所掌握的情况巧妙转化顾客的异议。如果是顾客对商品缺乏认识，推销员应当详尽地介绍产品，帮助顾客认识商品能给自己带来的利益，当然，也有可能是推销员判断失误。如果顾客确实不需要推销品，推销员就应当停止推销。因为推销商品必须建立在满足顾客需要的基础之上，明知顾客不需要仍然要强行推销是很难达成交易的，即使勉强成交，顾客事后也可能产生不满。

3. 货源异议

货源异议是顾客对推销品来自哪个地区、哪个厂家、是何种品牌，甚至对推销员的来历提出的异议。顾客可能对货源来路的真实性有疑问，或者是不愿意接受信不过或不知名企业、品牌的推销品。顾客常常会提出："我们一直用某某厂的产品，从来没有买过你们厂的产品"，"没听说过你们这个企业"，"这种产品质量不好，我愿要别的厂家生产的"。这类货源异议可以分为三种：

（1）产品异议。这是顾客对推销品的使用价值、质量、式样、设计、结构、规格、品牌、包装等方面提出的异议。它表明顾客已经了解自己的需要，但却担心推销品能否满足自己的需要。这类异议带有一定的主观色彩，主要是顾客的认识水平、购买习惯以及其他各种社会成见影响所造成的，与企业的广告宣传也有一定的关系。推销员应在充分了解产品的基础上，采用适当的方法进行比较说明消除顾客的异议。

（2）企业异议。顾客的这种异议往往和产品异议有一定联系，有时由于对产品的偏见还会影响到对企业的看法。顾客把企业的社会知名度和美誉度不高，企业厂址过于偏僻和规模太小等因素与产品的性能相联系而产生了顾虑。在企业信誉不佳，同行之间竞争激烈，销售服务跟不上，特别是顾客对推销人员所代表的企业不了解，受传统的购买习惯约束的情况下容易提出这类反对意见。其实顾客是需要商品的，也愿意购买，只是对眼前的销售单位有疑虑。这时推销人员应当有锲而不舍的精神，采用反复接近法增加洽谈次数，增进感情联络。推销人员还应对顾客提出的现有供货单位进行了解，弄清顾客的真实意图。如果顾客只是对推销员所属企业缺乏了解，则应加强对自己的企业及其推销品的宣传和介绍。如果顾客以此为借口而另有所图，要在弄清其真实目的的基础上给予可能的让步或优惠。如果确实存在着竞争者，应在不贬低竞争对手的前提下，说明自己的推销品所具有的比较优势，以及给顾客带来的更大利益。

（3）推销员异议。这是顾客针对某些特定的推销人员提出的反对意见。这可能是由于推销员本身的缺陷造成的。诸如有的推销人员态度过于热情，所给条件过于优厚，说话浮夸以及人际关系不好，信誉不好，缺乏说话的技巧，不讲究礼仪，推销员之间的竞争等，导致顾客拒绝推销品。这种异议对促进推销员改进工作有一定的积极意义。

顾客的货源异议要求推销员一方面提高服务质量，并向企业提出建议以改进营销工作，塑造良好的企业形象；另一方面要不断提高自身修养，善于运用各种推销策略与技巧改变顾客的主观看法，以达到推销的目的。

4. 购买时间异议

购买时间异议是顾客有意拖延购买而提出的反对意见。一般有三种可能性：第一种情况是顾客对推销品已经认可，但由于目前经济状况不好，手头现金不足，提出延期付款和改变支付方式的要求，比如采用分期付款。第二种情况是顾客对商品缺乏认识，还存在各种各样的顾虑，害怕上当受骗，于是告诉推销员："我们考虑一下，过几天再给你准信"，"我们不能马上次定，研究以后再说吧"。第三种情况是顾客尚未做出购买决定，所提异议只是一种推诿的借口。

顾客提出推迟购买时间，说明他不急于购买。你急他不急，反正他有足够的时间，还可能提出其他优惠条件要求。所以推销人员对顾客提出时间异议要有耐心，但是，也必须抓紧时间及时处理。在市场瞬息万变的情况下，顾客拖延购买时间过长，可能导致竞争者的介入，给推销带来更大的困难。推销人员可以用"时间价值法"，说明尽快购买的好处，还可以和顾客约定具体购买时间，或签下预购合同。

5. 权力异议

在业务洽谈中，有时顾客会说："订货的事我无权决定"，"我做不了主"。这类关于决策权力或购买人人格的异议，是顾客自认为无权购买推销品的异议，被称为权力异议。就权力异议的性质来看，真实的权力异议是直接成交的主要障碍，说明推销员在顾客资格审查时出现了差错，应予以及时纠正，重新接近有关销售对象；而对于虚假的权力异议，应看作是顾客拒绝推销人员和推销品的一种借口，要采取合适的转化技术予以化解。

6. 财力异议

财力异议也称为支付能力异议，即顾客自认为无钱购买推销品而产生的异议。这类异议也有真实的和虚假的两种。一般来说，顾客是不愿意让人知道其财力是有限的。出现这种虚假异议的真正原因可能是顾客早已决定购买其他产品，或者是顾客不愿意动用存款，也可能是因为推销说明不够而使顾客没有意识到产品的价值，推销员对此应采取相应措施化解异议。如果顾客确实无力购买推销品，推销员最好的解决办法是暂时停止向他推销。

7. 服务异议

服务异议是顾客对推销品交易附带承诺的售前、售中、售后服务的异议，如对服务方式方法、服务延续时间、服务延伸度、服务实现的保证程度等多方面的意见。从营销学的产品整体概念分析，服务是产品的附加部分，有关服务的异议属于产品异议，但在市场竞争日趋激烈的情况下，加强服务、提高商品的附加值已经成为企业竞争的一种重要手段；顾客购买行为的发生，在很大程度上取决于企业能够提供什么服务及服务的质量和水平，优质的服务能够增强顾客购买商品的决心，树立企业及产品的信誉，防止顾客产生服务异议。对待顾客的服务异议，推销员应诚恳接受并耐心解释，以树立企业良好的形象。

顾客异议是多种多样的，推销人员必须根据推销品的特点，在推销计划实施之前，对各种可能出现的顾客异议做出分析和预测，做好化解各类顾客异议的准备，这样就能大大提高推销洽谈中的应变能力，有利于妥善处理好顾客异议。

二、顾客异议的原因

从经济根源上看，推销活动的最终目的是要达成交易，但是不论推销品能够为顾客带来的利益有多少，顾客都必须为此而付出与推销品市场价值相等的代价。而顾客总是处在自身支付能力有限与消费欲望无限的矛盾之中，他理所当然地要站在自身利益的立场上对这种"等价"的付出做出评价并考虑由此而将承受的风险后果。从这个意义上来讲，顾客是天生的推销异议的持有者。从社会心理上看，顾客为了保护自己会避开被迫接受的交易，避免充当接受别人要求的社会角色。只有在推销人员与之建立起协调的可以依赖的关系，让他感到推销员及其所代表的企业能真正地给予他帮助时，顾客才不会拒绝推销。从这两方面看，顾客异议是不可避免的，是推销活动中的正常现象。因此，现代推销学对此主张的是一种积极的思维方式，即人的社会心理及社会经济关系必然存在冲突，推销活动必定在冲突中进行。推销人员应当树立这样的信念：我并不指望冲突更少，而是要努力去把握和化解冲突。我们越能接近顾客的立场，就越能有效地控制冲突。

顾客异议产生的根源是多种多样的。这些根源既有必然因素又有偶然因素，既有可控制因素又有不可控制因素。为了更科学地预测、控制和处理各种顾客异议，推销人员应该了解产生顾客异议的主要根源。

1. 从顾客方面看

（1）顾客没有真正认识到自己的需要。由于顾客没有发现自己存在的问题，没有意识到需要改变现状而固守原来的消费方式，对于购买对象、购买内容和购买方式墨守成规、不思改变，缺乏对新产品、新服务项目、新供应商的需求与购买动机。推销人员对于这类缺乏认识而产生需求异议的顾客，应通过深入全面地调查了解后确认顾客的需要，并从关心与服务顾客的角度出发，利用各种提示和演示技术，帮助顾客了解自己的需要和问题，刺激顾客的购买欲望，提供更多的推销信息，使之接受新的生活方式和消费方式。

（2）顾客缺乏商品知识。随着现代科技的发展，产品的市场生命周期日趋缩短而新产品层出不穷。有些新产品，尤其是高新技术产品的特点与优势并不能一目了然。加之我国人口总体文化水平偏低，很多人缺乏有关高新科技产品的知识，从而导致了顾客异议的产生。推销人员应当能够以各种有效的展示与演讲方式深入浅出地向顾客推荐产品，进行有关的启蒙与普及工作以消除顾客异议。

（3）顾客的偏见、成见或习惯。偏见与成见往往不符合逻辑，其内容十分复杂并带有强烈的感情色彩，不是靠讲道理就可以轻易消除由此而产生的异议的。在不影响推销的前提下，推销人员应尽可能避免讨论偏见、成见和习惯问题。在处理这类顾客异议时，推销人员首先要推销的是新的消费观念和消费方式，引导顾客改变落后的生活方式，推动社会的进步。

（4）顾客有比较固定的购销关系。大多数工商企业在长期的生产经营活动中，往往与某些推销人员以及其所代表的企业形成了比较固定的购销合作关系，双方相互了解和信任，当新的推销人员及其企业不能使顾客确信可以得到更多的利益和更可靠的合作时，顾客是不敢冒险丢掉以往的供货关系的，因而对陌生的推销员和推销品怀有疑惑、排斥的心理。

（5）顾客的企业性质、经营机制、购买习惯、购买行为。团体顾客由于组织机构上的原因，会产生有关政策与决策权异议，目前我国的工商企业具有多种经营形式和组织结构，不同类型的企业拥有不同的经营自主权，各个企业又有不同的规章制度与决策程序。推销人员必须在实施推销计划之前了解清楚准顾客的有关情况，以避免产生权力异议。

另外，从顾客方面看，还有顾客情绪不佳、顾客喜欢自我表现、顾客以往在接受推销方面的不愉快经历，以及在社会不良风气影响下有的顾客想借采购谋求私利等都可能是产生异议的根源。

2. 从推销本身看

（1）推销品方面的问题，即由于产品的性能、款式、质量、包装、价格等引起顾客异议。

（2）推销服务方面的问题，即由于推销人员没有提供给顾客足够的信息情报、服务态度欠佳等导致顾客异议。

（3）企业方面的问题，即由于企业形象欠佳、知名度不高、服务安排不周到等导致顾客异议。

任务二　把握处理顾客异议的原则

一、处理顾客异议的原则

推销人员在处理顾客异议的时候，为了使顾客异议能够最大程度消除或者转化，应树立以顾客为中心的营销观念，并遵循以下原则。

1. 尊重顾客原则

推销洽谈的过程是一个人际交流的过程，推销人员与顾客保持融洽的关系是一个永恒的原则。在推销洽谈过程中，推销人员应避免与顾客争吵。满足受尊重的需要是顾客愿意接受推销的心理基础，很难想象感情和自尊受到伤害的顾客还有兴致购买你所推销的商品。

2. 尊重顾客异议原则

当顾客异议发生时，一方面应当学会倾听并从顾客的立场出发考虑顾客异议产生的原因，以帮助推销人员发现和分析工作中存在的不足和改进的机会，同时也给推销工作提供了工作开展的线索和努力方向；另一方面，能否尊重顾客异议也是推销人员是否具有良好修养的一个体现。

3. 客观对待原则

顾客既然提出异议，一定有他的理由。所以，对待有异议的顾客，要从客观角度出发，尊重、理解、体谅他，并找出异议产生的真正原因，然后帮助他、说服他。

4. 选择恰当时机处理原则

根据美国一家机构对几千名销售人员的研究，优秀销售员所遇到的顾客严重反对的机会只是其他人的十分之一，原因就在于优秀销售员往往能选择恰当的时机对顾客的异议提供满意的答复。针对不同的异议，可以在以下四种不同时机中回答：在异议尚未提出时回答；在异议提出后马上回答；在异议提出后过些时候回答；不回答。

5. 讲究技巧原则

顾客类型不同，购买目的不同，对企业、产品、服务等认识与要求不同，决定了推销员处理异议的方法应该有所不同。试图用一种方法解决各种异议是不明智的选择，推销员要在业务过程中，不断学习、不断总结、不断提高，针对不同的顾客异议采用相适应的处理方法来解决，所以推销员在处理顾客异议时应把握讲究技巧原则。

二、处理顾客异议的基本步骤

1. 认真听取顾客的异议

推销人员对顾客的异议首先应从内心深处予以欢迎，并在行动中表现出来。其次，应认真听取顾客异议，让顾客把话说完，不要中途插话，也不要漫不经心，要让顾客感受到足够的重视。最后，推销人员要带着浓厚的兴趣去听取顾客异议，在语言和行为表情上给予适时的反应，鼓励顾客把心中的疑问全部讲出来。

2. 回答顾客问题之前，应有短暂的停顿

不要急于回答顾客的问题，要让顾客觉得推销人员的回答是经过思考后才做出的，是负责任的，不是随意敷衍顾客。另外，停顿也会让顾客更加注意地听取推销人员的意见。

3. 要对顾客表示理解

推销人员要表明，从顾客的角度提出的异议是合情合理的，推销人员要向顾客表示理解他们考虑问题的立场和方法，当然这并不意味着推销人员完全赞同顾客的观点。在解决异议阶段，推销人员与顾客之间肯定会有矛盾和分歧，为了减少对立，推销人员要赢得顾客情感上的认同。

4. 复述顾客提出的问题

重复顾客的语言和观点是语言交流的一种技巧，至少有四个方面的好处：其一，表明推销人员认真听取了顾客的意见；其二，检验推销人员是否正确理解了顾客的观点；其三，可以使顾客对推销人员复述的自己的观点进行思考，而对推销人员而言，又避免了对较为棘手的问题马上表示肯定或否定；其四，鼓励顾客以合乎逻辑的方式继续表明观点。

5. 回答顾客提出的问题

一般来说，对顾客提出的问题推销人员都应予以回答。从推销心理学上讲，顾客希望推销人员认真听取自己的异议，尊重自己的意见，并且希望推销人员能及时做出令人满意的答复。因此在大多数情况下，一旦顾客提出异议，推销人员就应该按以上步骤及时处理。但是在某些特殊情况下，推销人员可以回避或推迟处理顾客异议，比如在面谈开始阶段顾客提出的价格异议，推销人员可以暂时不加处理。对于顾客提出的虚假异议或明显的借口，推销人员也可以不予理会。当然，这些不理会或不解决不能影响面谈和成交，造成不良后果。因此，在实际处理顾客异议时推销人员只有选择最有利于处理异议的时机，采取有效的方法和技巧才能取得处理异议的最佳效果。

任务三　掌握处理顾客异议的技巧

顾客异议产生的原因和表现形式是多种多样的，而且每一个具体的异议发生的时间、地点、环境条件又各不相同。因此，处理顾客异议的方法应该而且必须是多种多样的。最常用的处理顾客异议的技巧有以下几种。

一、直接否定法

直接否定法又称反驳处理法。这种方法是推销人员根据比较明显的事实与充分的理由直接否定顾客异议的方法。

例如，顾客提出："你们的产品比别人的贵。"推销员回答："不会吧，我这里有同类商品不同企业的报价单。我们产品的价格是最低的。"

推销人员采用这种方法给顾客直接、明确、不容置疑的否定回答，迅速、有效地输出与顾客异议相悖的信息，以加大说服的力度和反馈速度，从而达到缩短推销时间，提高推销效率的目的。直接否定法适用于处理由于顾客的误解、成见、信息不足等而导致的有明显错误、漏洞、自相矛盾的异议，不适合于处理因个性、情感因素引起的顾客异议。

正确地运用直接否定法，以合理而科学的根据反驳顾客，可以增强推销论证的说服力，增强顾客的购买信心。推销人员可以针对顾客异议中的谬误，直接说明有关情况，不必兜圈子，可以避免浪费推销时间，直接促成交易。这种方法的缺点是：容易使顾客产生心理压力和抵触情绪，甚至可能伤害顾客的自尊，引起顾客的反感或激怒顾客，造成推销洽谈的紧张气氛，不仅没有化解顾客异议，反而使异议成为成交障碍。

使用这种方法，要注意：反驳顾客的异议要站在顾客的立场上，有理有据地摆事实、讲道理，要让对方心服口服，而不是靠强词夺理压服顾客。在说理的过程中，要特别注意给顾客提供更多的信息，推销员的言辞要坚定。态度要诚恳真挚、平易近人、尊重顾客。推销员反驳异议，是对事不对人，不要高嗓门、情绪激动。推销员应考虑到顾客的个性和与顾客的熟悉程度，对不熟悉和个性敏感的顾客应尽量避免使用这种方法。

二、间接否定法

间接否定法又称但是处理法。这种方法是推销人员根据有关事实和理由间接否定顾客异议的方法。

例如，顾客提出："这个东西太贵了"。推销员回答："这个东西的价格是不低，不过，它比同类型的产品功能多了三项，从价格性能比的角度来看，它还是便宜的。"

采用这种方法时，推销人员首先承认顾客异议的合理成分，然后用"但是""不过""然而"等转折词将话锋一转，对顾客异议予以婉转否定。这种方法适用于顾客因为有效信息不足而产生的片面经验、成见、主观意见，而且顾客能自圆其说的情况。

在推销实践中，间接否定法较之直接否定法使用得更为广泛。因为采用这种方法处理顾客异议时，推销人员首先表示了对顾客的理解、同情，或者简单重复了顾客的异议，使顾客心理得到某种平衡，避免引起双方对立，也给了推销员一个回旋余地，使其有时间分析、判断顾客异议的性质以及根源，想出处理顾客异议的办法。这种方法不是直截了当地硬碰硬，而是先退后进，一般不会冒犯顾客，有利于保持良好的推销气氛和人际关系。这种方法虽然对顾客异议给予否定，但它以缩短买卖双方的情感距离与保持和谐的洽谈气氛为基础，态度委婉，使顾客更乐意接受。当然，这种方法也不是完美无缺的：推销员首先做出的"退让"，可能会削弱顾客购买的信心，降低推销人员及其推销说服、推销演示的力量，也会促使顾客因为受到鼓励而提出更多的异议。特别是这种方法要求推销人员不要直接反驳顾客异议，而是回避顾客异议内容，转换谈话角度，可能会使顾客觉得推销员圆滑、玩弄技巧而产生反感情绪。

推销人员运用间接否定法的关键是如何不露声色地转移话题，虽然这种方法又叫"但是处理法"，可是由于"但是"的否定含义太明确，可能令消费者感到不舒服，推销员可选用其他转换句，尽量做到转换自然，语气委婉。另外，运用这种方法要注意推销的重点。承认顾客异议有一定道理，是为了维护顾客的面子，缩短双方的心理距离，目的是要否定顾客的异议。因而要淡化对顾客的"退让"，突出"但是"之后的推销劝说，要在转换话题之后有针对性地提供大量信息，使顾客在新的思考范围内获得新的信息，从而改变看法接受推销。

三、转化法

转化法也叫利用处理法、反戈处理法，是推销人员直接利用顾客异议中有利于推销成功的因素，并对此加工处理，转化为自己观点的一部分去消除顾客异议，说服其接受推销品。

例如，顾客提出："你们的产品又涨价了，我们买不起。"推销员问答："您说得对。这些东西的价格又涨了。不过现在它所用的原材料的价格还在继续上涨，所以商品的价格还会涨得更高。现在不买，过一段时间更买不起了。"

转化法是一种有效的处理顾客异议的方法。这种方法是"以子之矛，攻子之盾"，推销员可以改变顾客异议的性质和作用，把顾客拒绝购买的理由转化为说服顾客购买的理由，把顾客异议转化为推销提示，把成交的障碍转化为成交的动力，不仅有针对性地转变了顾客在最关键问题上的看法，而且使之不再提出新的异议。推销员直接承认、肯定顾客意见，在此基础上转化顾客异议，这样可以保持良好的人际关系和洽谈气氛。这种方法如果运用不当，可能会让顾客觉得被人钻了空子或受了愚弄，从而引起顾客的恼怒和抵触，也可能会使顾客失望而提出更难解决的异议。

推销人员在使用这种方法时应注意：

（1）要尽力真诚地赞美顾客异议。由于在利用转化法中，顾客的异议是利用的基础，顾客异议中所包含的积极因素是利用的原因，因此，推销人员只有先肯定这个基础与原因后才可以利用；推销员不仅应赞美和肯定顾客异议的实际性、合理性与积极性，而且应做到态度诚恳，语气热情，方式得当，并保持良好的推销气氛。

（2）必须认真分析与区别对待顾客异议。推销人员肯定与赞美顾客的异议，不是不加分析地肯定与赞美顾客的全部异议，而是要抓住顾客异议中正确与错误同在的矛盾，利用异议中正确与积极的那部分内容，去转化顾客拒绝购买的意向。

（3）应当正确分析顾客购买动机与影响商品推销的各项因素，向顾客输出正确的信息。如只有当推销员根据自己的分析，确信商品价格极可能会继续上扬时，才可以肯定地告诉顾客："商品的价格还要上涨"，绝不可传递错误的信息欺骗顾客。

四、补偿法

补偿法又称抵消处理法、平衡处理法，是推销员在坦率地承认顾客异议所指出的问题的确存在的同时，指出顾客可以从推销品及其购买条件中得到另外的实惠，使异议所提问题造成的损失得到充分补偿，从而使顾客得到心理平衡，增强购买的信心。

例如，顾客提出："这批羽绒服要到10月以后才销得出去，提前两个月进货，占用资金时间太长。"推销员回答："现在进货可以享受七折优惠，您算算还是很划算的。"

顾客提出的异议中，可能有不少是无可辩驳的正确观点，而产品不可能尽善尽美，推销宣传也会有疏忽和不妥当之处，与竞争对手的产品和推销人员相比也有长短优劣。对于这些情况，推销人不必躲闪回避，而应尊重事实，客观地对待顾客的异议，相信顾客也不会苛求到非要推销品没有任何缺陷时才决定购买。如果推销员能通过充分说理和实例证明产品虽然有缺点，但优点更多，使顾客相信产品的优点大于缺点，顾客还是会乐意购买的。一个优秀的推销员能坦然地面对自己推销品的缺陷，相信推销品的优点足以让顾客忽略推销品的不足而决定购买。这种方法是一种可以普遍运用的方法，特别是顾客理智地提出有效真实的购买异议时。

这种方法的优点是：推销员并不反驳和否定顾客异议，相反是予以肯定和补偿，有利于建立和维护购销双方的友好关系；实事求是地承认缺点，提出优点，可以让顾客认为推销人员态度客观、可以信赖，便于推销员全面介绍推销品，突出推销品的优点，从而直接促成交易。其缺点是：推销人员肯定了顾客异议，顾客往往会认为推销人员无法处理有关问题，从而削弱了购买信心；推销人员对顾客异议的肯定，可能引起顾客更多的异议，增加推销劝说的难度；还可能会拖延推销时间，降低推销效率。

推销人员在运用这种方法时应当注意：使用此法的前提是顾客得到补偿的利益要大于异议涉及问题所造成的损失，否则得不偿失的结果反而会动摇顾客的购买决心；推销人员承认与肯定的顾客异议必须是真实而有效的，最好是单一的有效异议，并对已经承认的顾客异议，及时提出推销品及其成交条件的有关优点和利益给予补偿；在劝说中，应淡化顾客异议，强化符合顾客主要购买动机的推销品优点，使顾客认为异议得到了补偿。

五、询问法

询问法也叫反问处理法、追问处理法，是指推销人员利用顾客异议来反问顾客以化解异议的方法。在实际推销过程中，有的顾客异议仅仅是顾客拒绝购买而信手拈来的一个借口，有的顾客异议与顾客的真实想法并不完全一致，有时，顾客本人也无法说清楚有关购买异议的真实原因。总之，顾客异议的类别、性质与真实根源很难分析判断，这就是顾客异议的不确定性。顾客购买异议的不确定性为推销人员分析顾客异议，排除购买障碍增加了困难，也为询问法提供了理论依据。

例如，"你们的东西价格是不贵。但是，我们现在还不想买。"推销人员无法确定产生顾客异议的真实原因，因而对顾客异议不能反驳和否定，也不能利用和转化，更不能肯定和补偿，应当争取获得更多的信息以弄清顾客异议的性质和根源，以便采取有效的策略解决顾客异议。于是推销员追问："您认为东西便宜，为什么现在不买呢？"

这种方法可以通过询问，使推销员掌握更多的顾客信息，为进一步推销创造条件；带有请教意思的询问还能让顾客感到受尊重，愿意配合推销员的工作；还可以使推销员从被动地听顾客申诉异议变为主动地提出问题与顾客共同探讨。这种方法如果运用不当，也可能引发顾客的反感，或在推销员的追问下产生新的异议，破坏推销气氛阻碍成交，还可能延误时间，失去成交所需要的推销高潮。

推销人员在运用这种方法时，要注意：对顾客的询问应当及时。因为只有及时询问顾客，才能了解顾客的真实想法以把握出现购买障碍的真实根源；询问应紧紧围绕顾客的有关异议，避开次要的、无效的顾客异议，以提高推销效率；追问应适可而止，并注意尊重顾客。对于不形成购买障碍的，顾客不愿意讲的，或者根本说不清根源的异议就不要再追问。

六、不理睬法

不理睬法又称装聋作哑处理法、沉默处理法、糊涂处理法，是推销员判明顾客所提出的异议与推销活动以及实现推销目的无关或无关紧要时避而不答的处理异议方法。

例如，顾客说："你们厂可真不好找。"推销员随声附和一语带过，接着转入正题说："是的，我们厂的位置是有点偏。您看看我们的新产品在功能上又有一些改进。"在推销活动中，有些顾客异议是无效的、无关的，甚至是虚假的，推销人员完全可以不予理会。

这种方法可以使推销人员避免在一些无关、无效的异议上浪费时间和精力，也避免发生节外生枝的争论，可以使推销员按照预定的推销计划、推销策略展开工作，把精力集中在推销的重点问题上，从而提高推销效率。但是，这样做可能会使顾客觉得自己的异议没有得到应有的重视而产生不满。

推销员运用这种方法时，要注意即使顾客述说的是无效或虚假的异议，也要耐心聆听，态度要温和谦恭，让顾客感到受尊重；在不理睬顾客的某一异议时，注意马上找到应该理睬的问题，避免顾客感到受冷落；有时为了沟通感情，也可以花费一点时间回答顾客一些无关紧要的问题。

处理顾客异议的方法还有很多种，如使用证据法、举证劝诱法、有效类比法、旁敲侧击法等。推销人员应注意在实践中根据不同的具体情况灵活运用各种方法，并创造出行之有效的新方法，以争取创造良好的推销业绩。

【总结与回顾】

顾客异议是指顾客对推销品、推销人员及推销方式和交易条件发出的怀疑、抱怨，提出否定或反面意见。顾客产生异议是推销过程中出现的正常现象。

顾客异议的类型，从顾客异议产生的主体来看，可以分为三种类型：借口、真实的意见、偏见或成见。从顾客异议指向的客体来看，可以分为七种类型：价格异议、需求异议、货源异议、购买时间异议、权力异议、财力异议、服务异议。

顾客异议产生的根源，从顾客方面看包括：顾客没有真正认识到自己的需要；顾客缺乏商品知识；顾客的偏见、成见或习惯；顾客有比较固定的购销关系；顾客的企业性质、经营机制、购买习惯、购买行为；还有顾客情绪不佳、顾客喜欢自我表现、顾客以往在接受推销方面的不愉快经历，以及在社会不良风气影响下有的顾客想借采购谋求私利等都可能是产生异议的根源。从推销本身看包括：推销品方面的问题，推销服务方面的问题，企业方面的问题等。

处理顾客异议的原则：尊重顾客原则、尊重顾客异议原则、客观对待原则、选择恰当时机处理原则、讲究技巧原则。

处理顾客异议的技巧：直接否定法、间接否定法、转化法、补偿法、询问法、不理睬法等。

本项目的教学重点：学会分析顾客异议的类型和原因，掌握处理顾客异议的技巧。

【复习思考题】

❶ 常见的顾客异议有哪些?
❷ 顾客提出异议的原因有哪些?
❸ 如何处理顾客的异议?

【案例分析题】

❶ 齐德勒先生是一位烹调器的推销员。一次他在向一位家庭主妇做了产品介绍后,约好第二天再去拜访她。到了第二天,这位家庭主妇虽然在家等着他的拜访,但听了他对产品进一步的说明后便说:"还要再想一下,这件事还要同丈夫商量后再决定。"

这时,齐德勒先生虽然知道这次成交的机会不大,但他走前想要确定这位妇女,是有意拖延,还是确有理由不买,是真的要同丈夫商量一下,还是打发他走。于是他说:"这很好,我到晚上再来,可以吗?"主妇拖延着不置可否。于是,齐德勒先生提出:"让我问你一个问题,什么时候你丈夫带食品回家?"她反问:"你这是什么意思?他根本不带食品回来。"齐德勒问道:"那谁买呢?"她说:"我买。"齐德勒问:"你经常买吗?"她说:"当然。"齐德勒说:"食品很贵吧?一星期的食品将花费你20元或25元,是吗?"她说:"什么20元或25元!应当是120元或125元,你大概从来没买过食品吧?"齐德勒说:"是的,让我作保守一点的估计,你每星期花费在食品上至少50元,可以吗?"她说:"可以。"接着,齐德勒拿出一个笔记本,对顾客说:"夫人,你每星期花费50元买食品,一年如以50个星期算,那将花费2500元(齐德勒边说边在本上写下50×50)。你刚才告诉我,你已结婚20年了,这20年来,每年2500元,共花费了50000元(写下),这是你丈夫信任你让你买的。你总不会每次把食品都给他看吧!"她听后笑了。齐德勒说:"夫人,你丈夫既然信任让你用50000元钱买食品,他肯定会让你再花400元买烹调器,以便更好、更省地烹调下一个50000元食品吧?"就这样,齐德勒卖出了一套烹调器。

> **问题** 顾客都提出了哪些异议?齐德勒是如何处理的?

❷ 办公用品中有些东西,如各类纸张、颜料等都是无法重复使用的商品,它们需要量大、价格低、消费者在购买时不会左思右想,只要质量过得去一般就满足了,所以拍板作决定往往出自一些不确定的因素,或是购买手续方便,或者一时情绪冲动。

小黄为一家公司推销新型打印纸时,一般客户还没听说过这种产品,虽然该公司产品的质量人人信得过,但消费者用惯了其他品牌的打印纸,谁都没兴趣为买这点小东西而多跑几家厂,多比几家货。

小黄最初上门推销时,除了一个客户正巧旧打印纸用完,为了偷点懒不去商店才买

144　现代推销实务

下一批以外,其余的客户都摇摇头说:"我们不需要。"

"我可以用你的打印机吗?"第二天,小黄来到客户办公室寒暄之后,第一句就这么问。客户怔了怔,便点点头:"当然可以。"

得到了允许,小黄就把自己带来的打印纸夹到打印机里,然后在电脑前坐了下来,在屏幕上输入这么一行字:"您用普通打印纸,能打出这么清晰的字吗?"接着便发出打印命令。

小黄从打印机上取下打印纸拿给客户看:"您不妨把它跟您用的普通打印纸比较一下。不用多说,您就会相信我们的新型打印纸一定适合您。"

客户仔细地比较了一番,非常信服地看着小黄:"你们的质量的确一流。"说完后,爽快地向小黄订购了一批为数不少的新型打印纸。

以后几天,小黄满怀信心地来到前些天说不需要的客户那里,也用同样的办法推销,结果客户都纷纷愿意购买新型打印纸。

> **问题** 小黄最初上门推销时,碰到的是哪一种顾客异议?小黄又是如何处理异议的?

❸ 某推销员去一家商场推销一种包装比较简陋,但是售价仅为35元的清洁器。他向经理说明了来意,对方明显表现出不感兴趣的态度,当推销员把样品呈现给经理看时,他不屑地说:"这个小东西就要35元啊,包装还这么差,一看包装就知道不上档次,像劣质产品。"

可是这位推销员并不在意。他一声不响地从提包里拿出事前准备好的一包碎头发、一包白棉花和一小块地毯。经理及其办公室里的人们都好奇地看着他。推销员看了大家一眼,然后将碎头发洒在地毯上,又把白棉花团在地毯上搓了搓。接着,推销员对大家说:"我们的衣服上,家里的布艺沙发上、地毯上,常常会粘上灰尘、头发和宠物的毛发等,这很难消除。即使用清水清洗,有时都很难办。别发愁,大家看……。"说着,推销员拿起清洁器在地毯上来回推了几下,刚才还粘着碎头发和白毛毛的地毯一下子就干净了。再看清洁器的表面粘满了地毯上的杂物。

办公室里的人都感叹清洁器的良好效果。他们有的人还拿过清洁器在地毯上试试,有的把清洁器拿在手上端详。有的人说:"包装这么差,还要35元啊,贵了。"

推销员没有正面回答,而是说:"这个清洁器是我们公司的专利产品。"说着,他把专利证书的复印件递了过去,说:"这是我们的专利证书。乍一看我们的这种清洁器产品,35元好像贵了点,但是他能反复清洗使用5000多次,平均每次花费不到6分钱。每次花6分钱,就能给我们的生活带来这么大的方便,您说贵吗?我们还替顾客着想,不让顾客花费太多,所以使用最简易的包装,降低了价格。要不它就不会只卖30多元,而是40多元或50多元了。这种生活用品是以实用为主,商品的包装能起到保护商品的作用就够了。顾客花35元购买我们的清洁器,是不用付包装费的。"

办公室里的人终于被推销员说服了,现场订购了500个清洁器。

 推销员都碰到了哪些异议？他又是如何处理的？

❹ 某服装推销员长期从事流行服装的推销工作，在推销过程中，经常碰到一些顾客提出各种不同的意见。例如，有一次在向一位女青年推销一种新款时装时，顾客却提出该款时装的颜色过时了。推销员回答说："小姐，您的记忆力的确很好，这种颜色几年前已经流行过了。我想您是知道的，服装的潮流是轮回的，如今又有了这种颜色回潮的迹象。"从而轻松地化解了顾客的反对意见，取得了推销的成功。有时，一些推销员面对顾客的反对意见，往往不能冷静处理，甚至出现了争吵的局面，他们认为如果能在与顾客争吵中获胜便能获得推销的成功。有时，有些推销员面对顾客的反对意见，往往措手不及，不知如何处理，经常是直接反驳顾客的意见。他们认为只有这样才是最有效最有力的处理方法。

请根据以上情况，回答下列问题：

（1）推销员化解女青年反对意见用的是什么异议处理法？这种处理法的优缺点及关键是什么？

（2）你认为，在与顾客的争吵中获胜是否能取得推销的成功？

（3）处理顾客异议的方法还有哪些？

【能力拓展】

安排一场模拟推销，由推销员提前做好推销的准备工作。由有意向的顾客去购买，面对顾客的异议，让推销员当场处理。然后，让同学们分析，本次推销中出现的顾客异议属于哪种类型，原因如何，并分析该推销员处理异议的方法是否得当，进一步探讨处理该异议的恰当方法和技巧。

| 项目九 |

促成交易

【任务分析】

在推销过程中，成交是一个特殊的阶段，它是整个推销工作的最终目标，其他阶段只是达到推销目标的手段。如何实现成交目标，取决于推销人员是否真正掌握并灵活运用了成交的基本策略和成交技巧。一个积累了丰富的经验、掌握了有效策略和方法的推销人员，懂得应该在什么时候、以什么方式结束推销过程，把握成交的机会。

本项目学习过程中，学生需完成以下任务：把握推销洽谈过程中成交的各种信号，掌握成交的技巧，做好成交后的跟踪服务。

【案例导入】

克里斯·亨利（Chris Henry）是一个工业用阀门、法兰、密封圈及密封剂的推销员，他正在访问壳牌石油公司（Shell Oil）的购买者格雷·马斯洛，希望他能使用Furmanite牌子的密封制品来防渗透。克里斯刚和购买者讨论完产品的特色、优点、利益，也说明了公司的营销计划和业务开展计划，他感觉到快大功告成了。

以下是他们二人的推销对话：

克里斯：让我来总结我们曾经谈到的。您说过您喜欢由于快速修理所节省下来的钱，您也喜欢我们快速的反应而节省的时间，最后一点我们的服务实行3年担保。是这样的吧？

格　雷：是的，大概是这样吧。

克里斯：格雷，我提议带一伙人来这里修理这些阀门渗透，您看是让我的人星期一来呢还是别的什么时候？

格　雷：不用这么快吧！你们的密封产品到底可不可靠？

克里斯：格雷，非常可靠。去年，我们为美孚做了同样的服务，至今为止我们都未因担保而返回修理，您听起来觉得可靠吗？

格　雷：我想还行吧。

克里斯：我知道您做出决策时经验丰富、富有专业性，而且您也认同这是一个对你们厂正确的、有益的服务，让我安排一些人来，您看是下星期还是两周内？

格　雷：克里斯，我还是拿不定主意。

克里斯：一定有什么原因让您至今犹豫不决，您不介意我问吧？

格　雷：我不能肯定这是否是一个正确的决策。

克里斯：就是这件事让你烦恼吗？

格　雷：是的。

克里斯：只有您自己对自身的决策充满自信，您才可能接受我们的服务，对吧？

格　雷：可能是吧。

克里斯：格雷，让我告诉您我们已经达成共识的地方。由于能够节省成本，您喜欢我们的在线修理服务；由于能得到及时的渗透维修，您喜欢我们快捷的服务回应；而且您也喜欢我们训练有素的服务人员及对服务所做的担保。是这些吧？

格　雷：没错。

克里斯：那什么时候着手这项工作呢？

格　雷：克里斯，计划看起来很不错，但我这个月没有钱，或许下个月我们才能做这项工作。

克里斯：一点也没问题，格雷。我尊重您在时间上选择，下个月5号我再来您这里，确定维修工人动身的时间。

> **思考题**　推销员克里斯采用了何种技巧促成了本次交易的成功？推销员如何把握成交时机呢？促成交易的技巧还有哪些呢？

任务一　把握促成交易时机

一、成交的含义

所谓成交，是指顾客接受推销人员的建议及推销演示，并且立即购买推销品的行动过程。成交也可以理解为顾客对推销人员及其推销建议和推销品的一种积极的或肯定的反应。

1. 成交是顾客对于推销人员及其推销建议的一种反应

在推销过程中，推销人员及其推销提示或演示必须能引起顾客一定的反应，这是推销洽谈的基本目的。如果顾客对于推销人员及其推销建议和推销的商品毫无反应，就根本谈不上成交了。

2. 成交是顾客对于推销人员及其推销建议的一种肯定的反应

推销是一种双向信息交流，顾客必然会对推销行为产生反应。顾客有了反应并不意味着一定成交。顾客的反应可能是积极的，也可能是消极的。一般情况下，在顾客做出积极反应时更有利于成交。因此，推销人员应该积极诱导顾客，使顾客产生购买动机，实施购买行为。

3. 成交是顾客接受推销建议并立即购买推销品的行动过程

成交是顾客正式接受推销人员及推销建议和推销品，只有正式接受才算正式成交。因此，在推销过程中，推销人员不仅要赢得顾客的信任和好感，而且要说服顾客接受推销建议并立即购买推销品。

总之，成交是顾客接受推销人员及其推销建议并立即购买推销品的行动过程。成交是洽谈的继续，非每次推销洽谈都能成交。成交是推销过程的终点，但并非每一次推销工作都以成交来终止整个推销过程。为了能达成交易，推销人员不仅应接近顾客和说服顾客，而且应鼓动顾客，促使顾客立即采取购买行动，达成交易。

二、成交的基本策略

如何实现成交目标，取决于推销人员是否真正掌握并灵活运用成交的基本策略和技术。

（一）正确识别顾客的成交信号，当机促成交易

成交信号是指顾客在接受推销过程中有意无意地通过表情、体态、语言及行为等流露出来的各种成交意向。我们可以把它理解为一种成交暗示。在实际推销工作中，顾客为了保证自己所提出的交易条件，取得心理上的优势，一般不会首先提出成交，更不愿主动、明确地提出成交，但是顾客的成交意向总会通过各种方式表现出来。对于推销人员而言，必须善于观察顾客的言行，捕捉各种成交信号，及时促成交易。

顾客表现出来的成交信号主要有语言信号、行为信号、表情信号和事态信号等。

（1）语言信号是在顾客与推销人员交谈的过程中，通过顾客语言表现出来的成交信号。语言信号种类很多，推销人员必须具体情况具体分析，准确捕捉语言信号，顺利促成交易。

以下几种情况都属于成交的语言信号：

- 顾客对商品给予一定的肯定或称赞；
- 询问交易方式、交货时间和付款条件；
- 详细了解商品的具体情况，包括商品的特点、使用方法、价格等；
- 对产品质量及加工过程提出置疑；
- 了解售后服务事项，如安装、维修、退换等。

（2）行为信号是指在推销人员向顾客的推销过程中，顾客的某些行为表现出来的成交信号，如顾客认真阅读推销资料；比较各项交易条件；顾客要求推销人员展示产品，并亲手触摸、试用产品等。正因为通过顾客的行为我们可以发现许多顾客发出的购买信号，因此作为一位推销人员应尽力使你的顾客成为一位参与者，而不是一位旁观者。在这种情况下，通过你的细心观察，你就会很容易地发现购买信号。

（3）表情信号是在推销人员向顾客推销过程中，从顾客的面部表情和体态中所表现出来的一种成交信号。例如，微笑、下意识地点头表示同意你的意见，对推销的商品表示关注，等等。

（4）事态信号是在推销人员向顾客推销的过程中，就形势的发展和变化表现出来的成交信号。例如，顾客要求看销售合同书；顾客接受你的重复约见；顾客的接待态度逐渐转好；在面谈中，接见人主动向推销人员介绍企业的有关负责人或高层决策者。这些事态的发展都明显地表现出顾客的成交意向。

顾客的语言、行为、表情以及事态变化等表明了顾客的想法。推销人员可以据此识别顾客的成交意向。因此，推销人员应能及时地发现、理解、利用顾客所表现出来的成交信号，提出成交要求，促成交易。

成交信号的类型

信号1：当推销员将商品的有关细节以及各种交易条件说明之后，客户显示出认真的神情，并把推销员所提出的交易条件与竞争对手的条件相比较时，推销员就可以询问客户的购买意向了。

信号2：以种种理由要求降低价格。这是非常有利的信号，此时客户已将产品的支付进行比较，要求价格上的优惠是每一位有购买欲的客户所要求的，你不能轻易让步。要判明客户是否确实想买而又存在支付上的困难，如果不是这样，你的让步或许会让客户兴味索然。此时你不妨先回避要与不要的焦点，而反问对方要多少，根据数量来考虑折扣与价格。这样会给客户一个你比较认真地对待这一问题的看法，同时又很灵活，觉得自己有希望得到价格上的优惠。

信号3：主动热情地将推销员介绍给负责人或其他主管人员。虽然这时你会觉得有一点挫折感，因为你的一系列努力没有马上变成实际的销售，但这也是很有成绩的。一旦客户将你和你的产品介绍给其他主管，你的成功率可能大大增加。因为这位客户一定想让别人赞同他的看法，那么他就会努力帮助你推销。这时推销员不妨沉默一下。

信号4：要求详细说明使用时的要求，注意事项以及产品的维修等售后服务。此时推销员除了耐心详细地说明外，还要诱导对方提问，以打消客户的顾虑，使其迅速做出决定。有时客户会就你已经解释过的某些问题反复询问，千万不能急躁，而要耐心地回答。

信号5：主动出示自己有关这种产品的情报和资料。这说明客户潜意识中已经接受了这种产品。此时可以让对方试用，他一定不会拒绝。

信号6：对目前正在使用的其他厂家的产品不满。这是你成交的好机会，但你不能过附和客户，批评其他厂家及其产品，其实只要适时地强调自己产品的优点即可。

信号7：对推销员的接待态度明显好转，接待档次明显提高。这说明客户已经信任推销员并愿意听取建议，这时就可以提出交易条件，询问客户的购买意向了。

（二）预防第三者"搅局"

正当你与准顾客接近成交的节骨眼上，如果第三者突然冒出来，往往会给推销工作增加难度。要是这位不速之客不熟悉或者不欣赏你所推销的商品，准顾客又向其征求意见时，十有八九会使生意告吹。这是否意味着顾客并不需要推销员所推销的商品呢，也许有人认为这正是推销员采取强硬推销的必然结果，不管是否存在第三者的"鼓动"，只要顾客真正能够从推销品中受益，有助于顾客解决所面临的问题，顾客是不会轻易改变主意的。但事实上在顾客购买某些产品时，准顾客购买的"天平"本来就非常敏感，稍微有点"风吹草动"就可能使准顾客改变主意。因为人们天然就有拒绝接受新生事物的思想，排他性是种惯性思维定式。有鉴于此，推销人员应尽量在没有别人干扰的情况下与准顾客成交，防止可能的第三者的"横加干涉"。为了防止顾客受到其他人的影响，你可以对准顾客说："咱们找个清静的地方谈吧！"以防患于未然。

（三）培养正确的成交心理

成交是推销过程中的一个重要"门槛"，推销人员心理上的一些障碍，将直接影响到最终的成交。很多推销人员或多或少对成交有恐惧感，总是担心提出成交请求后遭到顾客的拒绝，或者认为顾客会主动地提出成交。从心理学角度来讲，这是一种心理恐惧症，总是觉得难为情，自己始终是有求于顾客，甚至认为用商品来交换顾客口袋里的钱是不道德的，持有这种心理的推销员在与准顾客洽谈中，始终处于下风，自然是不敢提出成交的要求。事实上，人生本来就面临着种种拒绝，顾客对推销员说"不"是很正常的，只要你所推销的商品能为顾客解决所面临的问题，就不怕顾客不识货，更何况遭到顾客的拒绝你并没有丝毫的损失。因此，推销人员必须克服恐惧心理，加强心理训练与培养，敢于不断提出成交请求。即使在试探性成交提出后遭到否决，还可以重新推荐商品，争取再次成交，相信付出的推销努力一定会得到回报。

（四）做出最后的推销努力

在推销洽谈似乎是要以失败而告终时，推销员仍不要放弃推销努力，最后的成交机会始终是向你敞开着的，很多时候都能"峰回路转""柳暗花明"。因为此时顾客紧张的压力已经得到充分的释放，心理上如释重负，心情变得愉悦，甚至对"可怜"的推销员产生一点同情心。因而，推销员在收拾样品准备离开时，应该抓住最后的成交机会，放慢整理样品的动作，有意无意间露出一些未曾向顾客介绍过的样品，以引起准顾客的注意和兴趣。以此开始一次新的努力，也许会装着订单而去。

（五）关键时刻亮出"王牌"

当你有一定把握看到准顾客下定决心准备与你签订合同时，但由于对推销品仍有疑虑，正在犹豫不决之际，你应该亮出"王牌"，"重拳"出击，掌握主动权，彻底摧毁准顾客的心理防线。但"王牌"的使用是要讲究策略的，应该在推销的关键时刻亮出来，这要求推销员要有保留地介绍成交条件，不要一口气把全部有价值的宣传要点都用完，"弹尽粮绝"之时也就是"坐以待毙"之时。譬如推销员可以说："我忘记告诉你了，为了表明我们与贵公司合作的诚意，第一笔生意的运费由我们来承担。"

任务二　掌握促成交易的技巧

一、请求成交法

请求成交法也叫直接成交法，即推销人员直截了当地提议让顾客购买推销品的方法。

例如当买卖已经"瓜熟蒂落"时，推销员自然就应说："既然一切都谈妥了，那就请在合同上签字吧！"

很多推销人员在进行了成功的推销洽谈、商品演示后，一直等着顾客提出成交的建议，或者根本就不曾考虑应该主动提出成交的问题，丧失了一次又一次的成交良机。这好比一对恋爱已久的青年，在彼此相互熟悉了解后，都认可对方是自己的意中人，但通

现代推销实务

常是由男方主动向女方表达爱慕之情，如果迟迟不传递这种爱之意，很可能引起女方的猜疑，最后由于男方缺乏勇气和信心使得双方不欢而散，抱恨终身。在推销员与顾客的洽谈中何尝不是如此，如果推销员不及时地提出成交要求，顾客"羞"于启齿和恐惧成交的风险，订单往往擦肩而去。因而，要求推销人员应善于识别顾客的购买信号，把胆怯抛在九霄云外，放下你的腼腆，勇敢地向准顾客去追求你的订单。

请求成交法适合于以下两种情形：

（1）推销员对达成利于双方的交易结果充满自信。

（2）其他成交法都未获得成功，直接成交法也许是促成购买的最后机会。

运用请求成交法应注意以下几个问题：

（1）要求推销人员具备较强的观察能力。因为请求成交法要求推销人员主动提出成交要求，所以推销人员必须尽量引导顾客，使洽谈局面朝着成交的结果发展。推销人员应时刻观察顾客，适时开口提出成交要求。

（2）把握好成交的时机。在成交的过程中，成交时机是推销人员最不易把握的因素。选择适当的时机要求成交，会令顾客自然、顺利地接受。反之，在时机不成熟时要求成交，则会导致顾客的回避甚至反感而错过了机会。如何把握成交时机，是推销人员应该认真琢磨和思考的问题。

二、假定成交法

假定成交法即推销人员假定准顾客已经接受推销建议而直接要求顾客购买推销品的成交方法。

例如推销员可做如下陈述："我稍后就打电话为您落实一下是否有存货。"或"我明天就为您装运货物。"

如果准顾客对此不表示任何异议，则可认为顾客已经默许成交。

采用假定成交法，要求推销员始终有这样的信念：准顾客将要购买，而且也一定购买；通过接近准备了解到顾客确实有这种购买需要，也有购买能力；你对自己也充满了必胜的信心，认为自己的推销洽谈十分出色；既然是对双方都受益的事情，准顾客没有理由放弃这样的机会。推销员不仅要有这样的信念，而且应通过言谈举止、神态表情显示出来，注意购买信号，主动提出成交的假定，如果准顾客不表示反对，买卖便可做成。

假定成交法，特别适用于对准顾客的推销。许多时候推销员对准顾客拜访若干次后，在对准顾客的情况也比较熟悉了解的情形下，可以直接填写好订单，递给准顾客说："这是将发给你们的货物。"或"这是本月你们所需要的货物。"在获得顾客一定程度的信任后，很多推销人员都采用假定成交法直接为客户订货。

三、选择成交法

选择成交法即推销人员向准顾客提供两种或两种以上购买选择方案，并要求迅速做出抉择的成交方法。选择成交法是推销人员在假定成交的前提下，提供可供挑选的购买方案，先假定成交后再选择成交，因而是假定成交法的应用和发展，仍然以假定成交法的理论作为成交依据。

例如：

"您为您的西装是选配一条还是两条领带呢？"

"您是要HPCol LaserJet 1000还是HPCol LaserJet 1600激光打印机呢？"

从上面的例子可以看出，选择成交法并不让准顾客在买与不买之间选择，而是请求购买哪一种型号或购买多少的问题，即顾客必须做出购买选择，在此情形下再来讨论成交的细节问题，从而避开了是否购买的问题。拿第二个例子来说，表明了如下几层意思：①假定顾客有购买打印机的愿望；②假定顾客将要购买；③允许顾客做出挑选。如果顾客选择了 HPCol LaserJet 1000，你自然知道准顾客是准备购买的，可以考虑成交。即使准顾客说还说不准，那仍表明顾客处于购买过程的欲望阶段，推销员应该继续讨论各种产品的利益。当然，你也可能遇到两种机器都喜欢的准顾客，要是准顾客表现为犹豫不决，你可以提问："您还有什么问题不清楚吗，"以此来探测准顾客没有做出选择的原因。

四、小点成交法

小点成交法又称为次要问题成交法或避重就轻成交法，是指推销人员通过次要问题的解决来促成交易的一种成交方法。小点是指次要的、较小的成交问题。小点成交法是利用了顾客的成交心理活动规律。一般来说，重大的购买决策问题往往产生较大的成交心理压力，而较小的成交问题则产生较小的成交心理压力。顾客在较大的成交问题前，常常比较慎重、敏感，一般不轻易做出明确的决策，甚至故意拖延成交时间，迟迟不表态。而在处理较小的、具体的成交问题时，则心理压力较小，比较果断，容易做出明确的决策。小点成交法正是利用了顾客这一心理活动规律，避免直接提出重大的、顾客比较敏感的成交问题。先小点成交，后大点成交；先就成交活动的具体条件和具体内容达成协议，再就成交本身达成协议，从而促成交易实现。

小点成交法主要利用的是"减压"原理，以若干细小问题的决定来避开是否购买的决定，培养良好的洽谈氛围，导向最后的成交。

例如：立体声音响系统的推销员可以说："您是要单碟还是多碟的汽车音响呢？"

复印机销售人员向准顾客提出："您是愿意购买还是愿意租赁？"

汽车推销人员向顾客问道："要不要装蜂窝式电话？"

小点成交法与选择成交法有类似之处，二者都要求购买者在两个备选项中做选择。选择成交法要求准顾客在两种产品之间选择，以避开某些准顾客不做出决策给成交带来困难；通常由于产品细节部分（如交货期、产品外观、大小、付款条件和订货量等）的成本低，因而小点成交法要求准顾客所做成交决策的风险自然也较低。

小点成交法广泛用于准顾客难以做出购买决策或准顾客购买情绪不好时，也是首次试探性提出成交遭到顾客拒绝后第二次提议成交的有效方法。

五、总结利益成交法

总结利益成交法即推销员在推销洽谈中记住顾客关注的主要特色、优点和利益，在成交中以一种积极的方式成功地加以概括总结，以得到准顾客的认同并最终取得订单的成交方法。

例如吸尘器推销员运用总结利益成交法，他可能说："我们前面已经讨论过，这种配备高速电机的吸尘器（特色）比一般吸尘器转速快两倍（优点），可以使清扫时间减少 15~30 分钟（利益），工作起来轻轻松松，使您免去推动笨重吸尘器而带来的身心上的痛苦（更多的利益），是这样吧（试探成交，如果得到积极回应）？您是想要'卫士'牌还是'天使'牌？"

总结利益成交法也许是争取订单最流行的方法。施乐公司培训中心的销售教员说，他们传授的大多数成交方法都是由总结利益成交法的三个基本步骤组成：

（1）推销洽谈中确定准顾客关注的核心利益；
（2）总结这些利益；
（3）做出购买提议。

因而，总结利益成交法特别适用于直来直去的客户。

六、连续点头成交法

连续点头成交法与总结利益成交法本质相同，但技巧不同。二者都是抓住了"利益"这一核心，但是总结利益成交法是直接总结产品的利益，连续点头成交法是提出有关利益的一系列问题让准顾客回答的成交技术。

例如：

推销员：Stevens 女士，您说您喜欢我们优质的产品是吗？

准顾客：没错。

推销员：而且也喜欢我们快捷的交货方式，是吧？

准顾客：是的。

推销员：您对我们较高的毛利率和付款条件也很喜欢？

准顾客：没错。

推销员：Stevens 女士，我们的产品优质、交货快捷，优厚的付款条件及较高的毛利率将给您提供额外的附加价值，必将吸引大量顾客光顾您的商店（推销员顺利地完成了总结利益成交法所要做的一切）。

在本例中，推销员通过洽谈了解到准顾客喜爱的四种利益：产品质量好、交货快捷、毛利率高、付款条件有利。洽谈后推销员提出三个问题让准顾客有机会表达对这四种利益的深刻印象，通过这些富有进取性的问题的"堆积"，推销员就促成准顾客连续地说："是的，我喜欢这些利益。"准顾客积极进取的心态、对产品积极的态度，使她在得到购买提议时连续不断地附和。

当然，也要认识到某些准顾客也可能先假装同意你所陈述的所有产品利益，但当你提出购买请求时却出人意料地说"不要",有意想看到你惊奇的表情。此外,多疑的准顾客可能把连续点头成交法视为陷阱,或看成是对他们智商的伤害。无论是对恶作剧的准顾客还是多疑的准顾客,心平气和地看待处理是推销员必须具备的职业素养。

七、最后机会成交法

要是有人说:你永远不可能得到你喜欢的某种东西,你的第一反应是什么?你希望迅速地拥有它。当你面对一个优柔寡断的准顾客;或者你希望准顾客大量购买,但种种迹象表明,如果他们现在都不购买的话,则将来更不可能购买。此时,就可用最后机会成交法,即推销人员向准顾客暗示最后成交机会,促成立即购买推销品的成交方法。

例如以下是最后机会成交法常用的表述方式:

"由于原材料需要进口,这批货卖完后,可能要很长时间才有货。"

"很多客户一直在购买我们的产品,我不能确信是否有多余的卖给您。"

"好了,我知道您正盘算订购多少数量。我们确实期望您多订购一些,我们现在有现货供应,但到了夏天我们就不能保证满足所有客户的订购要求了。"

"这种设备下周就要提价10%,您看是今天就装运还是愿意多付10%的价款呢?"

"这种型号的汽车非常好卖,这一辆卖出去以后,我们也很难进到同样的车了。"

最后机会成交法要求推销人员利用购买机会原理,向顾客提示"机不可失,时不再来",施加一定的成交机会压力,促使顾客珍惜时机,最终达成购买。购买者错过一定的购买机会实际上也是一种损失,可能会导致诸如支付较高的价格、停工待料等直接损失,也可能会导致诸如寻找新的供应商、投入更多的时间和精力等间接损失。因而,对成交机会的认识,不仅表现在推销人员失去销售机会上,也表现在顾客需要机会的损失。

在运用最后机会成交法时应注意:

(1)通过广告宣传造成一定的成交氛围,强调成交机会千载难逢,失去机会就等于损失金钱。

(2)推销人员应该直接向准顾客提示成交机会,诱发顾客的购买动机,促成顾客对推销品的占有欲望,刺激顾客当即购买。

(3)使用最后机会成交法时,所选择和利用的机会一定要属实,应该让顾客认识到你所提示的最后机会是在向他们提供重要的信息,做出理智的决定,不能欺骗顾客。

(4)推销人员应把各种可以利用的机会牢记在心,不失时机地加以运用。

(5)不能频繁地使用此法,一年四季都在"跳楼大削价"只会让顾客识破商家的诡计,永远卖不完的"最后一天"只能是自欺欺人。

八、从众成交法

从众成交法,即推销人员利用从众心理来促成准顾客购买推销品的成交方法。

例如计算机的推销员说："这是今年最流行的机型，我们一天就卖100多台，请问先生什么时候要货？"

在日常生活中，人们或多或少都有一定的从众心理，从众心理必然导致社会趋同的从众行为。作为人们的购买行为，当然受到自身性格、价值观念、兴趣爱好等因素的影响，同时又受到家庭、参考群体、社会等环境因素的影响。因而顾客在购买商品时，不仅要依据自身的需求、爱好、价值观选购商品，而且也要考虑全社会的行为规范和审美观念，甚至在某些时候不得不屈从于社会的压力而放弃自身的爱好，以符合大多数人的消费行为。

例如一名在校大学生，尽管对足球一点都不感兴趣，但为了表明自己不是"另类"，有时也不得不违心地跟着同一宿舍或同班的同学顶着烈日去"享受"足球的"乐趣"。

从众成交法正是抓住了人的这一心理特点，力争创造一种时尚或流行来鼓动人们随流，促成交易的成功。从众成交法主要适合于推销具有一定时尚程度的商品，且要求推销对象具有从众心理。如果商品流行性差，号召力不强，又遇到自我意识强的顾客，采用此法必然要失败。

从众成交法在具体运用时应注意把握以下要点：

（1）从众成交法推销商品前，先期发动广告攻势，加强从众的声势。

（2）寻找具有影响力的核心顾客，把推销重点放在说服核心顾客上，在取得核心顾客合作的基础上，利用他们的影响和声望带动和号召大量具有从众心理的顾客购买。

九、优惠成交法

优惠成交法，即推销人员利用优惠的交易条件来促成顾客立即购买推销品的成交方法。人们普遍都有"求利"的购买动机，优惠成交法正是利用了这一心理特点，抓住准顾客可能存在的对价格、运费、折扣、让价、赠品等交易条件方面种种好处的渴求，诱使顾客做出购买决策。

例如某太阳能热水器公司的推销员对房地产开发商说："每安装10套热水器，我们就免费为客户安装1套，别的公司可没有这么优厚的条件哦。"

优惠成交法通常与最后机会成交法结合起来运用，更能增强对准顾客的刺激强度，诱导性更强烈。优惠的机会"千载难逢"，特别是当未来预期对准顾客不利时，谁都希望搭上最后的"末班车"，这对达成交易将更为有利。

例如商场里的厂家电视机营业员对顾客说："您看我们公司从今年6月份起对大屏幕彩电价格下调了30%，而且国家又出台了利息征收所得税的政策，物价可能会上涨，千万不要犹豫了，趁此大好时机赶紧选购。"

十、保证成交法

保证成交法是推销人员通过向顾客提供售后保证，从而促成交易的成交方法。保证成交法即是推销人员针对顾客的主要购买动机，向顾客提供一定的成交保证，消除顾客的成交心理障碍，降低顾客的购物风险，从而增强顾客的成交信心，促使尽快成交。保证成交法是一种大点成交法，直接提供成交保证，直至促成交易。

例如："您不用担心我们生产的太阳能热水器的质量问题，我们提供10年的使用保修期，随时上门为您提供各种技术服务。"

又如："请您现在多进一些货，我们保证这种产品很快就会售完。如果存货变质，我们保证调换新货。如果卖不掉，我们全部收回，保证贵公司不受任何损失。"

保证成交法的保证内容一般包括商品质量、价格、交货时间、售后服务等。这种保证直击顾客的成交心理障碍，极大地改善成交气氛，有利于成交。但是，保证成交法也不可滥用，以免失去推销信用，引起顾客的反感，从而不利于成交。

小知识

一位推销大师曾说，我不会在成交要求遭到顾客拒绝后就与顾客"拜拜"。我认为，顾客拒绝成交，是出于对自身利益的保护，顾客在没有完全明白从购买行为中得到多少好处之前，他会用最简单的方法——拒绝购买来保护自己。面对顾客的拒绝，我假装没听见，继续向顾客介绍"创意"的新要点，在顾客明白这一要点后，便再一次提出成交要求。在实践中，我总结出一套"三步成交法"。第一步，向顾客介绍商品的一个优点；第二步，征求顾客对这一优点的认同；第三步，当顾客同意商品具有这一优点时就向顾客提出成交要求。这时会有两个结果：成交成功或失败。如果成交失败，我还会继续向顾客介绍商品新的一个优点，再次征得顾客的认同和提出成交要求。有时，甚至在提出四五次成交要求后，顾客才最终签约。经验表明，韧性在推销的成交阶段是很重要的。

无论如何，推销员都应对可能遇到的困难多做几种成交准备，即相继使用多种成交方法，并与解决顾客异议的方法相结合，从而使自己处于较为有利的地位，以此来增大成交的机会。例如，你可以从总结成交法开始，要是购买者拒绝了你的成交要求，可能需要你改变措辞，紧接着运用选择成交法，如果购买者没有做出任何解释而再次拒绝，则要按前面章节所讲的方法先处理顾客异议，也许这样的循环过程需要重复两三次。

电器批发商推销员的成交组合

推销员：约翰，我们已经知道了我们的电灯泡将会由于较长的寿命而减少你们的存货，能为你们的设计人员提供高亮度的无影灯，能使眼睛减少疲劳。你看我是这个星期给您发货还是下星期呢？

购买者：这些确实不错，但就是太贵了，因而我不打算购买。

推销员：您是说"我的产品没什么特别之处，却要那么高的价格"是吗？

购买者：我想是吧。

推销员：早些时候我们谈到了通用电气公司节能型灯泡寿命较长，如果您替换现有的灯泡的话，每年就可节省375美元的开支。

购买者：我想您说的是对的。

推销员：很好，您是想在本周末装还是在下周装呢？

购买者：不，我还要考虑考虑。

推销员：您犹犹豫豫一定有什么特别的原因，您不介意我问吧？

购买者：我主要是考虑一时我们没有这么多资金来购买照明设备。

推销员：除此之外，还有没有其他原因呢？

购买者：没有。

推销员：您肯定知道一次性替换比分批替换开支要小吧？

购买者：我想是如此吧。

推销员：当然，不是必须全换不可，但是您要知道全部更换后可马上节省固定费用开支，而且也比分期安装节省劳动力成本，因为安装是按照生产线来进行的。您明白我的意思吗？

购买者：我明白。

推销员：那您看是在晚上安装还是在周末安装呢？

购买者：我还得想一想。

推销员：您如此犹豫不决一定有别的什么原因，您不反对直接告诉我吧？

购买者：很不凑巧我们现在没有这么多资金来做这方面的投资。

推销员：除此之外，是否还有其他原因呢？

购买者：没有。我的主管不让我买任何东西。

推销员：您同意这宗购买能为公司省钱，对吧？

购买者：是的。

推销员：好的，约翰，现在就打电话给您的"头"，告诉她能节省多少钱，除此之外还能减少不必要的存货，保护雇员的视力，或许我们两人可以一道去拜访你们的"头"。

任务三 做好成交后的跟踪服务

成交签约,是否已经意味着交易的成功、推销的结束?回答是否定的。从现代推销学的角度看,推销过程的成交阶段,还应包括一个内容,即成交后的跟踪服务。

一、成交后跟踪服务的含义

成交后跟踪服务是指推销人员在成交签约后继续与顾客交往,并完成与成交相关的一系列工作,以更好地实现推销目标的行为过程。

推销的目标是在满足顾客需求的基础上实现自身的利益。顾客利益与推销人员利益是相辅相成的两个方面,在成交签约后并没有得到真正地实现。顾客需要有完善的售后服务,推销人员需要回收货款以及发展与顾客的关系。于是成交后跟踪就成为一项重要的工作。成交后跟踪的意义主要有下列几个方面:

(1)体现了现代推销观念。成交后跟踪使顾客在购买商品后还能继续得到推销人员在使用、保养、维修等方面的服务,使顾客需求得到真正意义上的实现,使顾客在交易中获得真实的利益。所以说,成交后跟踪体现了现代推销理念。

(2)提高了企业的竞争力。随着科学技术的进步,同类产品在其品质和性能上的差异越来越小。企业间竞争的重点开始转移到为消费者提供各种形式的售后服务。售后服务是否完善,已成为消费者选择商品时要考虑的一个重要方面。

(3)实现了企业的经营目标。获取利润,是企业经营的最终目标,但它只有在收回货款后才能得以实现。在现代推销活动中,回收货款往往是在成交后跟踪阶段完成的。

(4)获取重要的市场信息。通过成交后的跟踪,推销人员可以获取顾客对产品数量、质量、花色品种、价格等方面要求的信息。因此,成交后的跟踪过程,实际上就是获取顾客信息反馈的过程,便于企业开发新的产品。

成交后跟踪已成为现代推销活动不可分割的一个环节。它既是对上一次推销活动的完善,又是对下一次推销活动的引导、启发和争取。

二、成交后跟踪的内容

成交后跟踪所包含的内容是非常丰富的,这里主要介绍回收货款,售后服务,与顾客建立和保持良好的关系三个方面。

(一)回收货款

售出货物与回收货款,是商品交易的两个方面,缺一不可。实际上,销售的本质就是将商品转化为货币，在这种转化中补偿销售成本，实现经营利润。收不回货款的推销是失败的推销，会使经营者蒙受损失。所以，在售出货物后及时收回货款，就成为推销人员的一项重要工作任务。

在现代推销活动中，赊销、预付作为一种商业信用，它的存在是正常现象，关键在于如何才能及时、全额地收回货款，应该从下列几个方面加以注意。

1. 在商品销售前进行顾客的资信调查

顾客的资信主要包括顾客的支付能力和信用两个方面。在推销前，从多方面了解顾客的资信状况，是推销人员选择顾客的重要内容，同时也是能够及时全额地回收货款的安全保障。所以，作为推销人员，必须精通资信调查技术，掌握客户的信用情况，以保证能确实收回货款。

2. 在收款过程中保持合适的收款态度

如果因为采取不恰当的态度而影响收回货款，那是得不偿失的。因此，推销人员应针对不同的客户、不同的情况，采取相应的收款态度。一般情况下，收款态度过于软弱，就无法收回货款；收款态度过于强硬，容易引起冲突，不利于企业形象，而且会影响双方今后的合作。所以，推销人员在收款时，要态度认真，有理有节。这样，既有利于货款的回收，又有利于维持双方已经建立起来的良好关系。

3. 正确掌握和运用收款技术

推销人员掌握一定的收款技术，有利于货款的回收。

例如：

· 成交签约时要有明确的付款日期，不要给对方留有余地；

· 按约定的时间上门收款，推销人员自己拖延上门收款的时间，会给对方再次拖欠以借口；

· 争取顾客的理解和同情，让顾客知道马上收回这笔货款对推销人员的重要性；

· 收款时要携带事先开好的发票，以免错失收款机会，因为客户通常都凭发票付款；

· 如果确实无法按约收款，则必须将下次收款的日期和金额，在客户面前清楚地做记录，让顾客明确认识到这件事情的严肃性和重要性。

这里介绍的只是一些常用的收款技术。在实际工作中，还需要推销人员针对不同的顾客，灵活机动，临场发挥。无论采用何种技术，目的是明确的，即及时、全额地收回货款。

（二）售后服务

售后服务是企业和推销人员在商品到达消费者手里后继续提供的各项服务工作。

售后服务的目的是为顾客提供方便，提高企业的信誉，促进企业的推销工作。随着人们收入水平的提高，顾客不仅要求买到中意的商品，而且要求买到商品后能够方便地使用。顾客需要服务，企业服务的好与坏，不仅影响到现实的推销，而且将会影响到今后的市场和顾客。

对于推销人员而言，热诚的售后服务，不仅可以巩固已争取到的顾客，促使他们继续、重复地进行购买，还可以通过这些顾客的宣传，争取到更多的新顾客，开拓新市场。所以说，每个推销员必须认真研究售后服务的技巧。

售后服务包含的内容非常丰富。随着竞争的加剧，新的售后服务形式更是层出不穷，提供给顾客更多的利益和需求的满足。从目前来看，售后服务主要包括下列内容。

1. 送货服务

对购买大件商品，或一次性购买数量较多，自行携带不便以及有特殊困难的顾客，企业均有必要提供送货上门服务。原来这种服务主要是提供给生产者用户和中间商的，如今已被广泛地应用在对零售客户的服务中。例如，在激烈的市场竞争中，一些家具经销商，十分重视及时送货上门。这种服务大大地方便了顾客，刺激了顾客的购买。

2. 安装服务

有些商品在使用前需要在使用地点进行安装。由企业的专门安装人员上门提供免费安装，既可当场测试，又可保证商品质量。

例如：著名的海尔公司销售空调器后，会为顾客提供免费安装，安装人员为了不给顾客带来麻烦，他们自带鞋套，自带饮水，并在空调器安装完毕后帮助顾客将室内收拾整齐，同时给顾客仔细讲解使用、保养方法，耐心解答顾客的疑问，深受顾客欢迎。

3. 包装服务

商品包装是在商品售出后，根据顾客的要求，提供普通包装、礼品包装、组合包装、整件包装等的服务。这种服务既为顾客提供了方便，又是一种重要的广告宣传方法。如在包装物上印上企业名称、地址及产品介绍，能起到很好的信息传播作用。

4. "三包"服务

"三包"服务是指对售出商品的包修、包换、包退的服务。企业应根据不同商品的特点和不同的条件，制定具体的"三包"方法，真正为顾客提供方便。包修指对顾客购买本企业的商品，在保修期内提供免费维修，有些大件商品还提供上门维修服务，用户只需一个电话，维修人员就马上上门提供维修服务。有无保修，对顾客来讲是非常重要的，顾客在购买有保修制度的商品时，能减少许多顾虑，放心购买。包换是指顾客购买了不合适的商品可以调换。包退是指顾客对所购买的商品不满意时，可提供退货的服务。销售与退货是对立的，从表面上看，退货是对已实现的销售的一种否定，对企业而言，是不利的。但从长远来看，这样做可以得到顾客的信任，有利于企业今后的产品推销。

实质上，包换也好，包退也好，目的只有一个，那就是降低消费者的购物风险，使其顺利做出购买决策，实现真正意义上的互惠互利交易。当顾客认识到企业为顾客服务的诚意时，包退、包换反过来会大大刺激销售。不仅提高了企业信誉，还赢得了更多的顾客。

5. 帮助顾客解决他所遇到的问题

推销员必须向对待自己的问题那样对待顾客的问题。因为从长远看，只有顾客获得成功，你才能再次与顾客进行交易，来扩大自己的成交额。同时，推销员处理顾客所遇到的问题的速度，也体现了你对顾客的重视程度。

（三）与顾客建立和保持良好的关系

推销人员将商品推出去后，还要继续保持与顾客的联系，以利于做好成交善后工作，提高企业的信誉，结识更多的新顾客。推销成交后，能否保持与顾客的联系，是关系推销活动能否持续发展的关键。

1. 与顾客保持联系的作用

推销人员是企业与顾客之间联系的纽带。达成交易后，经常保持与顾客的联系，主要有下列几方面的作用：

(1) 便于获取顾客对产品的评价信息。一方面，通过与顾客保持联系，可以获取顾客各方面的反馈信息，作为企业正确决策的依据；另一方面，通过做好成交的善后处理工作，能使顾客感觉到推销人员及其所代表的企业为他们提供服务的诚意，便于提高推销人员及其企业的信誉。

(2) 有利于发展和壮大自己的顾客队伍。成交之后，经常访问顾客，了解产品的使用情况，提供售后服务，与之建立并保持良好的关系，可以使顾客连续地、更多地购买推销品，并且可以防止竞争者介入，抢走顾客。同时，老顾客还会把他的朋友介绍给推销人员，使其成为推销人员的新客户，使顾客队伍不断发展和壮大。

例如：

小张是一位推销办公用品的推销员，刚开始推销时，非常吃力地达成了一笔交易。但在后来的日子里，小张总是在工作之余去回访这家公司。该公司办公室的人员都和小张非常熟悉，认为她为人热情，办事可靠，和她成为很好的朋友，对她公司的产品也很满意，于是就把和自己有业务关系的其他企业介绍给小张。很快，那些公司也购买小张的产品，小张通过和这些新的客户真诚地交往，又有了更多的朋友。不久，小张在这个城市就有了一大批客户。不仅小张的推销业绩节节上升，而且小张本人也受到了领导的重视和提拔。

2. 与顾客保持联系的方法

推销人员应积极主动地、经常地深入顾客之中，加强彼此之间的联系。联系的方法多种多样，主要有以下几种：

(1) 通过信函、电话、走访、面谈、电子邮件等形式。通过这些方式既可以加深感情，又可以询问顾客对企业产品的使用情况，用后的感受，是否满意，是否符合自己预期的要求，有什么意见和建议，并及时将收集到的信息反馈给企业的设计和生产部门，以便改进产品和服务。

(2) 通过售后服务、上门维修的方式。

(3) 在本企业的一些重大喜庆日子或企业举行各种优惠活动时，邀请顾客参加、寄送资料或优惠券等。如新产品开发成功，新厂房落成典礼，新的生产流水线投产，产品获奖，企业成立周年庆典，举办价格优惠或赠送纪念品活动等，都是很好的机会。

小知识

维系顾客关系的技巧

也许你远在数百千米以外，但当你想起某件事或看到某件东西对帮助顾客解决某一问题可能有用时，应该立即打电话告诉他们。

向顾客邮寄可能感兴趣的剪报，即使这些资料与正在推销的商品没有任何关

系，剪报内容可来自于有关商业的月报、杂志、报纸或业务通信等。

当顾客被吸纳为正式职员或晋升、获奖时，推销员应该亲手写一封信或发一份 E-mail，向他们表示祝贺。

当客户家庭有结婚、生子等喜事时，表示祝贺。

邮寄节日卡，如新年卡、春节卡、中秋节卡或感恩节卡等，这必将给顾客留下深刻印象。

发送生日卡，为此你必须敏捷地捕捉准顾客的出生日。准备和邮寄销售情况通信给顾客，让他们了解有关信息。上述这些实用的方法有利于推销员与顾客相互记住对方，更重要的一点是无论做什么事都要富有人情味。发送一张贺卡、一份剪报或一篇文章的复印件并不需要周密思考，也不需要花很多的时间和精力，关键是给顾客留下深刻印象，其秘密就是亲自动笔写的几句话。

【总结与回顾】

成交是整个推销进程中最重要的步骤之一，直接关系到推销成果的好坏。成交是指顾客接受推销人员的建议及推销演示，并且立即购买推销品的行动过程。它是推销洽谈后顺其自然的结果，这就要求推销员必须善于识别准顾客有意和无意所发出的购买信号，并据此提出试探性成交的请求。

要获得推销的成功，除了掌握成交的基本策略和技巧外，还应熟悉一些常用的成交方法，如：请求成交法、选择成交法、小点成交法、从众成交法、优惠成交法、最后机会成交法、保证成交法等。

达成交易并不意味着推销过程的终结，推销员还应进行成交后的跟踪，为顾客提供完善的售后服务，与顾客保持良好的关系。

本项目的教学重点：正确认识推销成交，了解推销成交的策略，掌握成交的主要方法。

【复习思考题】

❶ 成交的含义是什么？
❷ 推销活动中要注意哪些成交策略？
❸ 成交后和顾客保持良好的关系有什么作用？
❹ 请分析下列对话中哪些地方是成交信号，是哪一种类型的成交信号？

推销员："这个怎么样，如果您改用自动门，我想一定会比较方便……"
顾　　客："嗯！是这样的，我想再听您说一遍，以前您跟我说的……"
推销员："好吧！第一，顾客买东西进出方便。第二，减轻顾客心理障碍……"
顾　　客："哦！我知道了。不过像我这样的小店，也需要装个自动门吗？"
推销员："您真会开玩笑，这店地点这么好，产品质优价廉，这么一会儿不是有许多顾客买东西吗？"

顾　　客："可是卖自动门的，也不是你们一家，别处也有卖的啊！"

推销员："是的，不过我们公司可是全国六大生产厂家之一！"

顾　　客："嗯！竞争很激烈，你们的信誉如何？"

推销员："一般顾客对我们的评价很高！"

顾　　客："谁都夸自己的东西好，可是有长处，也总有缺点吧！你们的产品到底比别家公司的产品好在哪里？"

推销员："第一……第二……"

顾　　客："好啦，我已经明白了，我这个门上的玻璃，能装在自动门上吗？如果不行就给你们算了，你们的价钱还能便宜点吗？"

❺ 指出下面的例子使用的是什么成交方法。

（1）推销员推销某种化妆品，在成交时发现顾客露出犹豫不决、难以决断的神情，就对顾客说："小姐，这种牌子化妆品是某某明星常用的，她的评价不错，使用效果很好，价钱也合理，我建议您试试看。"

（2）一位推销员对顾客说："对于买我们的产品您可以放心，我们的产品，在售后三年内免费保养和维修，您只要拨打这个电话，我们就会上门维修的。如果没有其他问题，就请您在这里签字吧。"

（3）"这种裤子每条卖60元，如果您买3条的话，我再送您1条。"

（4）"王处长，这种东西质量很好，也很适合您，您想买哪种样式的？"

（5）"刘厂长，既然您对这批货很满意，那我们马上准备送货。"

（6）一个推销员，到顾客的单位推销化工产品，他认为所推销的产品，价格合理，质量很好，断定顾客非买不可。所以，在见到顾客寒暄了几句之后，就把话题转到化工产品上来，立即就问："老王，我是先给你送50吨来，还是100吨全部都送来？"

【案例分析题】

❶ 盖茨五年前开设了一家风景服务公司，公司的主要业务是修理草坪，修剪花草树木，除草和收拾花园，以及草坪以旧换新等。该公司以优质、快捷的服务著称。而客户的反映是，尽管质量不错，但收费太高了。

罗斯一家刚刚购入一幢价值22.5万美元的房子，占地约160平方米，但地面潮湿，还有沙土，仅有的几棵树也太高、太老，快要枯死了。罗斯先生已经给盖茨打电话询问这一服务，他们星期五下午见了面。

盖茨：下午好，罗斯先生，我是吉尔伯特·盖茨。

罗斯：我们久闻您在此行业的大名。

盖茨：我以我们的优质服务为荣。在城里，我们的杰作随处可见。

罗斯：我们已见过几处，很满意。

盖茨：现在让我们谈谈您的住宅吧。您希望我做些什么？

（盖茨和罗斯在住宅周围转了几圈，罗斯就这所宅子谈了自己的几个想法。）

盖茨（参观结束后）：我有一个好主意，我现在想好了一个大体框架，最好另找时间咱们谈谈。您看下周三的晚上怎么样？

罗斯：下周三很好。

第二个星期的星期三，盖茨与罗斯会面后寒暄几句，便步入正题。

盖茨：我现在有几张草图。

罗斯：您能多解释一下吗？

盖茨：您的房子太漂亮了，您和夫人一定为之骄傲。

罗斯：是的。

盖茨：为了更完善一些，您必须有一个漂亮的环境：草坪、灌木丛、花卉和树荫。我建议您不用4英寸（1英寸=2.54cm）的填土，而是直接从麦伦庄园引入一层2英寸厚的沃土，并种植那里的兰草。这样虽然贵了一些，但您今年夏天就有漂亮、迷人的草坪了。如果让我们撒种，那要花很长时间（盖茨又做了其他解释）。就这些，您的意见如何？

罗斯：听起来不错，要多少钱？

盖茨：我们的服务将一直延续两年。全部费用为10000美元。

罗斯：10000美元！太贵了。我们两年前为这块空地只花了3500美元。

盖茨：听起来贵了点，但是，我们还要向您提供两年内的各项配套服务，如种植灌木、养护等。

罗斯：我们也与其他几家风景公司谈过，价格比您的便宜。

盖茨：如果那样的话，我们也可以做到，帮您植草、翻土、种树，直到草坪变绿。那要用约1个月时间，只需3000美元，但是以后的事情我们就不负责了。据经验，有一些草坪挺好，但有的会出问题。

罗斯：我也明白，3000美元和10000美元的服务会大不一样。我只是在想，为了那些服务差异而多花7000美元是否值得。

盖茨：让我们回顾一下那些差异。首先，地皮是全套的优质地皮，来自麦伦庄园；每一棵灌木都精心挑选，放在合适的位置，有一些是常青的，有一些是四季变化的。这样，您的花园便四季如春，景色各异。另外，每一棵树都是不同类型的，有两棵20英尺（1英尺：0.3047m）高，一年后便可有树荫。而且，我们在两年内为任何死去的草木免费替换。如果按照便宜的价格，您得到的只不过是一个绿草坪、一点灌木、几棵小树。但多花一点钱，便可迅速拥有一所豪华宅院。

罗斯：听起来真是不错，但我还是不知那多花的7000美元是否合理，我要等我夫人下周回来，同她商量。

问题 盖茨在推销过程中，都使用了哪些技巧来促成交易的？

❷ 推销员老黄带着小张前去拜访省委的一位处长，推销中英文电脑记事本。小张开始向处长详细地介绍商品，并拿出样品向处长做了一番演示，处长接过电脑记事本摆弄一番，说："这东西很不错。这样，我现在还有一点事情，过几天我给你打电话。"

十分显然，这是顾客在委婉地拒绝。小张只好抱着万分之一的希望对处长说："那我等您的电话吧。"

老黄在旁边仔细地观察着这一幕，这时他站起来，走到处长的办公桌前，向处长问道："郑处长，使用电脑记事本很方便，带在身上也很气派，您说对吗？"

郑处长点点头说："是很方便，也很气派。但是我今天有一点事情，改天再谈吧。"

老黄接着说："省计委的几位处长都买了这种记事本，他们都感到使用起来很方便。"

郑处长马上问道："是吗？"

老黄接着说："是的。而且这种产品目前是在试销期，价格是优惠的。试销期以后，价格就会上涨10%，这么好的产品，您为什么不马上就买呢？"

郑处长默默地看着老黄，终于点点头说："好吧，我买一台。"

告别顾客回到公司，在当天的公司推销研讨会上，老黄对小张说："推销工作是一个以业绩定输赢、以成败论英雄的工作，交易不成万事空。不论你推销中的其他工作做得多好，如果不能与顾客达成交易，也毫无意义。也就是说，没有成交就是失败。推销员应该熟练地运用推销技巧，促使顾客下定购买的决心。"

问题
（1）小张的行为说明了什么？
（2）老黄在推销活动中使用了什么推销技巧？

❸ 王强是一名大型体育用品商店的销售员，这家商店最近在报纸上做了大量的广告，并在公司内举办了一个产品展览会。

星期三下午，一个客户进了展厅，开始仔细查看展出的帐篷，王强认为他是一名该产品的潜在客户。

王强：正如您所见，我们有许多种帐篷，能满足任何购买者的需求。

客户：是的，可选的不少，我都看见了。

王强：这几乎是一个万国展了，请问您喜欢哪种产品？

客户：我家有5口人，3个孩子，都10岁以下，我们想去南方度假，因此打算买个帐篷。但不能太贵，度假花销已经够多了。

王强：这儿的许多产品都能满足您的需求。例如这种，里面很大，可容纳下像您家那么大规模的家庭；质地很轻，而且不用担心，它是防水的；右边的窗子可以很容易地打开，接受阳光；地面是用强力帆布特制的，耐拉、防水；能很容易地安装和拆卸，您在使用中不会有任何问题。

客户：看上去不错，多少钱？

王强：价格合理，975元。

客户：旁边那个多少钱？

王 强：这个圆顶帐篷是名牌，比前一个小一点，但够用，特性与前面一个相差无几，价钱是915元。

客 户：好的，现在我已经了解了许多，星期六我带妻子来，那时再决定。

王 强：这是我的名片，如果有问题可以随时找我，我从早上开业到下午6点都在这儿，星期六很高兴能与您妻子谈谈。

 王强都使用了哪些推销技巧？

【能力拓展】

情景模拟：设计推销场景，分小组模拟成交环节，要求运用多种成交方法。模拟后讨论每一个研究小组所用到的成交方法。

要点：

❶ 成交信号的把握。

❷ 成交方法的运用。

项目十
落实回款

【任务分析】

目前，很多企业对业务员的业绩考核已经不再只看合同，而是把回款纳入对业务员的业绩考核的一部分。而现实销售工作中，许多销售人员往往能够充满激情同客户谈判，签订购销合同，但是在回款问题上倍感棘手。可见，销售人员面对的压力不仅仅是把产品销售出去，而且回款要及时，否则会面临更为棘手的讨债工作。

本项目学习过程中，学生需完成以下任务：正确认识回款，分析不回款的原因，掌握回款的技巧。

【案例导入】

小马是某品牌家电的销售人员。最近小马恨死经销商老刘了，恨不得马上更换了他。这个老奸巨猾的家伙，总是喜欢拖延货款或者少回款，造成自己每月任务都是差那么一点点就能完成。总是借口说产品价格太高、售后服务跟不上、产品在终端销售不好，可终端是小马亲自把关，销售情况近乎断货，产品价格就竞品来比，不算太高，产品质量也相当过硬。可老刘为何总是不愿意回款呢？

调查分析得出：原来老刘代理的另一个品牌的产品，今年给他定的任务偏高，月返和年返也相当诱人，为了获得这些诱人利润，老刘基本上把小马产品的销售处于搁置状态。了解老刘不回款的主要原因之后，小马对老刘下达最后书面通牒，严禁老刘以后发生类似情况，否则取消其经销资格。

思考题 老刘不及时回款的原因是什么？推销员在业务中遇到客户不及时回款时该怎么办？

任务一　正确认识回款

一、回款是销售流程的重要部分

对于销售人员来说，销售成交并非代表任务完成，回款拿到手中才是根本。对于企业而言，资金是企业运行的血液，而销售回款则是血液的源泉。回款甚至能决定着企业的生死命脉。目前，很多企业对业务员的业绩考核已经不再只看合同，而是把回款纳入对业务员的业绩考核的一部分。现代销售工作完整的流程应该是：寻找准客户—拜访（接近）客户—推销洽谈—处理异议—签订合同—发货—回款—售后服务。所以说，回款是销售流程的重要部分。

二、回款与销售类型分析

在实际的销售工作中，根据销售人员对销售与回款的态度，可以把销售与回款分四类。

1. 销售与回款双赢型

这类销售人员能够灵活把握销售与回款的轻重环节，销售的目的为回款，能够严格执行现款现货的思路，认为款子拿到手才是销售的结束。

目前许多企业都在加强贯彻现款现货或者先款后货的经营战略，避免客户因这样或那样的问题，造成公司的损失。这个情况下要求销售人员一切基础工作都势必为了回款而努力，如市场推广、渠道开发、终端维护、账务处理等基础工作，都是为了产品销售，只有销售了更多的产品才能获取更多回款。

例如：小王是L品牌食品的S区域的销售人员，在整个公司大家都很羡慕他，不仅应收账款少，而且销售任务每月都能如期完成，甚至超额，真不知道他是如何进行操作和搞定客户的。通过长期观察，大家发觉小王做的工作非常简单，就是把区域经销商货合理分配给下游批发商和终端零售商，制定每个客户的销售计划目标，自己和经销商业务的主要工作就是在市场上进行产品促销、渠道开发、终端维护、账务处理等，来保证区域经销商货款稳中有升。

由于产品销售做得好，所以小王的回款频率高，回款总额大。

2. 重铺货轻回款

这类销售人员一般为了更快速地产品推入市场或者完成公司的销售指标，拼命压货，把产品转移到客户的仓库中，而帮助客户的协销工作做得不足；或者客户自身销售能力不足，造成货物积压于仓库；或者客户诚信度不高，喜欢故意欠款；或者专款不是专用，而挪于他用，造成销售人员的回款困难。

3. 销售与回款均不理想型

这类销售人员可能是自身能力不足，产品销售力不强，或者客户难缠，交流沟通不到位等，造成产品的铺货与回款都不怎么理想。

4. 因回款影响销售型

这类销售人员因为没有及时掌控客户的信息或者对客户的销售管理不到位，虽然产品销售良好，但客户款子被竞争品牌套去，因为没有回款而厂家不能发货销售；或者因为厂家资源、政策、支持的不到位而客户不愿意打款进货，造成产品销售受到影响。

三、不回款的原因分析

不回款无论对业务员还是对企业都会带来一系列的负面影响，那么不回款的原因有哪些呢？通常可以从客户、企业、销售人员三个方面来分析。

1. 客户方面的原因

（1）客户财务能力恶化。在回款问题上，客户财务能力恶化是导致回款迟延的重要原因。这虽然不是一个经常发生的现象，但是一个很值得推销员认真对待的问题。因为，如果是短期财务能力恶化，还可以拖拖，如果是长期财务能力恶化，则很可能让这笔交易变成死账。因此，如果遇到客户财务能力恶化，业务人员一定要关注，迅速回款，并决定是否再和客户进行交易。

（2）客户的经营方向发生变化。在推销过程中，拖延回款往往发生在客户经营方向发生重大变化的时候，它往往需要大量资金做新经营方向的投资，导致还款资金的匮乏。另外，如果客户经营方向发生大的变化，很有可能停止和你的交易，并对销售原有产品表现得不积极，回款也不及时。遇到这种情况，业务员要密切关注，不仅要保证现有订货的还款，还要确定未来和客户交易的走向。

（3）客户人事变动或与客户相关人员关系恶化。客户方人事发生变化，由于前后衔接不好，导致后任者不承认前任的生意，这种原因引起的拖延在推销技巧中常见，推销员平时就要做好各种记录，留好各种证据，以防不测。还有一种情况，业务员得罪了对方管事的，这种情况很棘手，业务员应该努力修复关系，如果不行就要考虑换一个业务员来处理。

（4）对方产品销售不好。在推销技巧上，这种情况经常发生在零售的下家，原来预期的销售情况发生变化，对方销售不好，不能及时回款，也就无法按时付款。遇到这种情况，业务员要及时了解对方的困难，并帮助对方解决困难。由于这是一种合作的关系，对业务员市场行销能力有一定要求，业务员应该能把握客户市场的行情，并帮助客户制定切实可行的销售计划。

（5）客户压根就不想付款。遇到这种情况，也没有什么好办法，推销技巧不行，别的行，先礼后兵，先劝说不行就只能起诉他了。

2. 企业方面的原因

（1）产品质量问题。产品质量问题是客户拖延付款的一个重要原因，是推销技巧中常要处理的。如果遇到产品质量问题，业务员一定要迅速解决，避免给客户以拖延的口实。

（2）服务跟不上。如果推销过程中给顾客的承诺，在顾客实际购买后服务跟不上，也会直接导致对方不能按时回款。

3. 销售人员方面的原因

（1）销售人员急于提高销售量。销售人员迫于销售任务的压力，业务员在推销的时候，把产品吹嘘的天花乱坠，夸大产品的性能，等客户用的时候，与期望的不符合，导致客户反感而拒付。

（2）怕失去客户，付款条款不明确。这是推销技巧中经常遇到的问题，在推销员洽谈的时候，有些业务员为了怕失去客户，一味迁就对方，不敢认真谈付款条件，认为等交易成功后再去要钱。结果产品交付后，对方迟迟不付款。这种情况，业务员是最被动的，弄不好会和客户发生争执。业务员一定要谨记，付款是推销的一部分，是交易的一部分，一定要在推销过程中谈定。

（3）业务员惯出来的。有一些大咧咧的业务员，由于和客户方混得很熟，为了表示大方和大度，就放松了回款的要求。一来二去，对方也乐得拖延。但拖延的时间长了，欠账由少而多，就成了一个大窟窿。有的甚至由于欠账数额巨大，引起了客户的贪念，导致对方拒付。在推销技巧中，业务员一定要清楚"情谊归情谊、生意是生意"的古训。

（4）业务员一方违约。如果发生这种情况，不仅客户可能拖延付款，甚至还会结束和你的交易。所以，业务员必须立刻查明原因，履行约定，并对客户进行赔偿，以弥补自己一方的过失，挽救双方的关系。

任务二　创设回款条件

一、创设回款的良好条件

搞好回款工作，既要加强回款工作的企业销售管理，还要善于创设回款实现的良好条件，即通过自我的努力而达到回款环境的改善，从而促进回款工作的开展。创设回款实现的良好条件，主要体现在以下几个方面。

1. 提高销货与服务质量

实践证明，企业所面临的许多回款难题，与其销货与服务水平密切相关。产品性能不稳定，质量不过关，或售后服务落后，均会导致客户的不满，从而使回款的任务难以实现。企业必须努力改变这种局面，关键是把现代营销的基本理念贯穿到销售工作的各个环节，彻底摒弃传统销售观念的影响。在具体的销售工作中，要努力向客户提供一流的产品，一流的服务，公平交易，诚实无欺，只有这样，才能赢得客户的尊重，为回款工作打下良好的基础。

2. 重视客户资信调查

市场交易并非不存在风险，为了尽量降低交易的风险，要求销售人员有必要先对客户的资信状况做出评估。对客户实施资信评估，一方面能自觉回避一些信用不佳的客户，另一方面，也便于为一些客户设定一个"信用限度"，从而确保货款的安全回收。

3. 加强回款技能培训

回款是一项技术性很强的工作，即便是一些经验丰富的销售人员，也难免会在回款工作中表现出某种程度的怯弱。为了推动回款工作的开展，企业要加强对销售人员的回款技能培训。首先是回款信心的培养。要让每一个销售人员明白，回款是正当的商业行为，没有必要在回款时心存歉意。其次，要培养各种催款技巧。在选择各种催款方式时，要善于结合时间、地点和环境条件，并做出灵活的安排。

4. 回款工作制度化

为了确保回款工作的正常开展，企业销售管理应努力实现回款工作制度化。所谓回款工作制度化，就是企业要对回款工作的各个环节，诸如目标设定、激励制度、评估和指导、回款技能培训、回款工作配合等方面做出明确的规定，以便使回款工作有章可依、有规可循。显然，回款工作制度化，是创设良好回款的可靠保证。

二、业务员提高回款的基本策略

销售中，最关键最重要的一环就是回款，倘若一个销售员无论其销售业绩多么辉煌，但是回款率十分差，那么他也不算是一个优秀的销售员，每一笔单子也不能称之为成功的销售。唯有将货款完全回笼了才是销售完成。下面是业务员提高回款的基本策略。

（1）销售员必须要有敏锐的洞察力和观察力，必须能够及时准确地把握住客户的心理状态。比如，要通过客户的言语举动和言下之意迅速地知道他是否在有意拖欠？有的业务员就是这点无法把握。

（2）要款时，底气要足，信心要足。欠款的人总是心虚的，或许他会找好多理由来拖款，但是你要跟他很坚决表明这所有的理由都不成为你欠款的理由！

（3）交易发生前要说明，回款的时间和付款方式，一定要申明在先，如果是业务往来，那么合同的填写和规范尤其重要。

（4）要有良好的心理素质，掌握一定的心理学知识。任何交易的最终都是伴随着要款的发生，如有人恶意拖欠，很多时候欠款的人和要款的人都是比的耐力和心理承受能力。

（5）要钱就一个字：狠，当然这个狠不是叫你去打人家，但是适当的恐吓还是可以的，不过这恐吓的语言表达和方式很重要。比如通过口头警告或是邮件、短信等方式向其陈述利害关系，让他清楚地知道不付款的后果。

（6）钱要回来了，还要保持良好的合作和人际关系，要钱要的好的人不但可以继续合作，而且人家下次再也不敢欠你的钱。我们的目的不是说把钱要回来了就不合作了，我们要钱的目的是为了形成一个更加良性的合作秩序。

任务三　掌握回款技巧

既然回款作为销售工作的一个重要环节，那么销售人员就要在平时加强对回款技巧的分析和运用，让回款工作变成日常的工作。常见的回款技巧有以下几种。

一、理直气壮

"欠账还钱"是天经地义的事情，这一点必须要有坚定的信念。要款时，底气要足，信心要足。一个人在催收货款时，若能信心满怀，遇事有主见，往往能出奇制胜。反之，则会被对方牵着鼻子走，本来能够收回的货款也有可能收不回来。在回款工作中，也有认为催收太紧会使对方不愉快，影响以后的交易。实际上，客户所欠货款越多，支付越困难，越容易转向他方（第三方）购买，你就越不能稳住这一客户，所以还是加紧催收才是上策。

二、额小为妙

若非要铺货，不论是新客户还是老客户，交易的金额都不宜过大。宁可自己多跑几趟路，多结几次账，多磨几次嘴皮，也不能图方便省事。须知欠款越多越难收回。

有些客户，一开口就要大量进货，并且不问质量，不问价格，不提任何附加条件，对卖方提出的所有要求都满口应承，这样的客户风险最大。

三、条件明确

要清楚规定交易条件，尤其是对收款日期要作没有任何弹性的规定。例如："售完后付款""10月以后付款"，这样的规定非常容易扯皮。

交易条件不能由双方口头约定，必须使用书面形式（合同、契约、收据等），并加盖客户单位的合同专用章。若仅盖上经手人的私章，几个月或半年之后再去结账时，对方有可能说，这个人早就走了，他签的合同不能代表我们单位；有的甚至说我们单位根本没有这个人。如果加盖的是单位的合同专用章，无论经手人在与不在，对方都无法推脱或抵赖。

四、事前催收

对于支付货款不干脆的客户，如果只是在合同规定的收款日期前往，一般情况下收不到货款，必须在事前就催收。事前上门催收时要确认对方所欠金额并告诉他下次收款日一定准时前来，请他事先准备好这些款项。这样做，一定比收款日当天来催讨要有效得多。

五、提早上门

到了合同规定的收款日，上门的时间一定要提早，否则客户有时还会反咬一口，说我等了你好久，你没来，我要去做其他更要紧的事，你就无话好说。

六、直切主题

对于付款情况不佳的客户，一碰面不必跟他寒暄太久，应直截了当地告诉他你来的目的就是专程收款。如果收款人员拐弯抹角吞吞吐吐羞羞答答的，反而会使对方在精神上处于主动地位，在时间上做好如何对付你的思想准备。

七、耐心守候

看到客户处有另外的客人不要就走开，一定要说明来意，专门在旁边等候。

因为客户不希望他的客人看到债主登门，这样做会搞砸他别的生意，或者在亲朋好友面前没有面子。在这种情况下，只要所欠不多，一般会赶快还款，打发你了事。

在等候的时候，还可听听客户与其客人交谈的内容，并观察对方内部的情况，也可找机会从对方员工口中了解对方现状到底如何，说不定你会有所收获。

八、以牙还牙

若对方摆出千般解释万般苦衷，你就以同样的方式回敬，摆出比他更多的苦衷。

九、不为所动

如果客户一见面就开始讨好你，或请你稍等一下，他马上去某处取钱还你（对方说去某处取钱，这个钱十有八九是取不回来的，并且对方还会有"最充分"的理由来的，满嘴的"对不住"），这时，一定要揭穿对方的"把戏"，根据当时的具体情况，采取实质性的措施，迫其还款。

十、辞旧迎新

在收款完毕后再谈新的生意，这样，新生意谈起来也会比较顺利。

十一、无款无货

不回款就回货,这也许是最好的处理回款的方式。但是,我们通常情况下,为了更好地铺货,打开市场、应对竞争,一味地无款无货恐怕也行不通。

十二、诉诸法律

撕破脸后还不行,即诉诸法律,强制执行。

【总结与回顾】

回款是销售流程的重要部分。

销售与回款分四类:销售与回款双赢型、重铺货轻回款、销售与回款均不理想型、因回款影响销售型。

不回款的原因通常可以从客户、企业、销售人员三个方面来分析:客户方面、企业方面、销售人员方面。

从四个方面创设回款实现的良好条件:提高销货与服务质量、重视客户资信调查、加强回款技能培训、回款工作制度化。

常见的回款技巧有以下:理直气壮、额小为妙、条件明确、事前催收、提早上门、直切主题、耐心守候、以牙还牙、不为所动、辞旧迎新、无款无货、诉诸法律等。

本项目的教学重点是:正确认识回款,了解不回款的原因,掌握常见的回款技巧。

【复习思考题】

❶ 结合本项目所讲知识,谈谈你对回款的理解和认识。
❷ 通常不回款的原因有哪些?
❸ 常用的回款技巧有哪些?

【案例分析题】

有一客户拖欠了我一笔货款15万元多,事先我们合作一直是款到发货的,这次他说时间紧迫来不及打款,货到付款,我相信了他。可是当货到后,他开始借故拖延,我直接反应是这个客户有问题。于是立即赶到他公司,由于他是我的代理商,果不其然他说客户的钱尚未拿到,此时已经过了付款期限一个星期,我没有戳穿他的阴谋。我很客气地跟他说,那我们一起去客户那里要款,我去帮你要。他说怕伤了面子,他明天自己去要。如此这般,一直要了两三天,他既不肯带我去见客户,又不肯付款。

最后,我明确告诉他,如果再不付款,我将走法律程序,他这下不再借客户的理由了,开始找其他理由扯皮,比如:质量问题等。我明确告诉他,所有的问题我们都可以解决,但你的这些问题都不成为你欠款的理由，而且我很严肃地告诉你，如果你不回款，我不但要立即取消你的代理资格，还要起诉你；他很气愤，打电话向我老板投诉，说我威胁他。

其实，我早就跟老板商量好，一个唱红脸一个唱黑脸，最后我老板又安抚了他气愤的心理，我也连夜就他提出的一些问题形成了书面文件，第二天拿着解决方案放到他面前，并且心平气和地跟他讲一些事情，最后他也无话可说，如数地将钱付了。

后来，这个客户我们一直合作到现在，基本不欠我的货款，有时欠的时间长一点，我会告诉他我要过来了，他就有数了，而且我会在到达他那里前几天一天打一个电话给他，每天打电话的时候都是离他越来越近的城市，而且打电话的时候我都是用固定电话打，直到到了他的这个城市。

通过电话，我就是在给他心理暗示：在我到来前把款子付了！

问题
（1）"我"每天打电话能起到什么作用？
（2）案例中的"我"在落实回款过程中用了哪种技巧，效果如何？

提示
这个案例说明，坚持原则很重要，在面对狡诈的客户时我们要坚持原则不动摇。同时，面对一些特发情况的发生，我们要有敏感的意识和反应，要迅速赶到现场摸清情况，了解客户的真实意图。然后，我们要根据实际情况，制定出相应的策略和步骤，同时也要明确地就客户提出的一些实际问题，拿出解决方案，绝对不能回避和打马虎眼，帮助客户解决问题，处理问题也是我们要钱的一个很重要的环节。

【能力拓展】

联系三个以上成功的业务员，带着三个问题开展调研：
❶ 你所在公司的销售政策中，在回款问题上对业务员的要求是怎样的？
❷ 最让你感到头疼的不回款客户有哪些表现？
❸ 用案例说明你认为最有效的回款策略。

要求
首先给出一定时间让同学们各自调研；然后小组内部讨论，小组之间交流；最后老师点评。

模块三

推销管理

项目十一
管理推销人员

【任务分析】

在激烈的市场竞争中，是否拥有一支优秀、高效、稳定的推销员队伍，是企业能否占领市场、能否不断拓展市场的关键性问题。为此，企业需要建立一套针对推销员的招聘、培训、考评机制，既能提高推销员的销售业绩，又能提高企业的市场销售额、市场占有率。

本项目学习过程中，学生需完成以下任务：了解推销人员招聘、培训、考评的过程，掌握提高推销人员业绩的途径。

【案例导入】

某公司鉴于业务发展需要，需招聘五名推销人员，以下是该公司招聘计划中对推销人员工作的要求：

招聘职位	工作描述	任职要求	招聘人数
业务人员	1. 负责区域内产品的销售及推广 2. 根据公司市场营销计划，完成公司制定的区域销售和回款指标 3. 维护原有销售网点，开拓新市场，发展新客户，增加产品销售范围 4. 负责销售区域内销售与市场推广活动的策划和执行，完成销售任务	1. 性别不限，大专以上学历 2. 积极主动，热爱销售工作，学习能力强、沟通能力强、有责任心，能承受较大工作压力 3. 具备一定的市场分析及判断能力，良好的客户服务意识	5名

思考题 企业在招聘推销员时对推销员的职业要求有哪些？通常按照怎样的招聘程序进行呢？

任务一 招聘与培训推销人员

一、招聘与选拔推销人员

（一）制定推销人员的招聘与选拔计划

详细的招聘与选拔计划在推销人员的招聘与选拔过程中有重要的作用，合理的计划为寻找合适的候选人提供了充分的时间，有助于避免因仓促决策而造成企业损失。招聘与选拔计划的任务包括以下几个方面。

1. 职位分析

职位分析是对组织中某个特定工作岗位的目的、任务、责任、权利、隶属关系、工作条件、任职资格等相关信息进行分析，明确工作岗位，并确定完成该工作的行为、条件和人员的过程。

2. 职位能力要求

职位能力要求是完成工作所必需的职业条件，如经验、教育水平、愿意外出推销、人际关系能力、自我激励及独立工作的能力等。

3. 职位描述

职位描述是详细说明工作要求的正式文件，主要内容有职位名称、职责任务、隶属关系、产品及顾客类型、与工作相关的重要要求等。它可以减少推销人员的角色模糊，明确职责以及让潜在的推销人员熟悉销售工作，还可以为推销人员设立目标。

（二）确定推销人员的招聘与选拔途径

1. 通过广告招聘

这是一种常用的招聘方法，其形式有刊登招聘广告。招聘广告要引人注目，广告的内容一般包括：招聘职位、招聘方式、招聘条件及其他说明。

广告招聘的优点是：受众面大、影响广、可吸引较多的应聘者。由于在广告中已经介绍了公司与产品的情况，可使应聘者事先了解，减少盲目性。缺点是广告费昂贵。由于应聘者较多，招聘费用也随之增加。

2. 人员推荐

人员推荐是在企业内部号召本公司员工推荐或关系单位相关人员推荐。这种招聘方式的优点是，由于是熟人推荐，所以招聘应聘双方有一定了解，可简化招聘程序和费用。缺点是由于是熟人推荐有时会碍于情面，而影响招聘水平。如果此类人员录用多了，易在公司内形成裙带关系，给管理工作带来困难。

3. 从应届毕业生中招聘

每年都有大批应届毕业生为公司招聘推销人员的工作提供了大量人选，推销人员招聘对象中有两类人员：一类是经验型，另一类是潜力型，应届毕业生属于后者。青年人进入公司的销售队伍，会给销售组织注入活力，带来生机。但是他们缺少实际工作经验，所以企业必须经过必要的培训。国外的大公司还对新进公司的应届大学毕业生，采用评价技术对他们进行评估，选出潜力大的优秀者重点培养，若干年后不少人成了公司高级经营管理人员。

4. 职业介绍所与人才交流市场

职业介绍所又称猎头公司，为公司选拔中高级销售管理人员提供服务，专职猎头公司的收费非常高，但企业一旦寻求他们帮助，则最终受益能够弥补这部分费用。

人才交流市场则为公司招聘一般的人员提供了方便。

（三）监控推销人员的选拔过程

选拔过程的详细程度因企业而异。大型企业的选拔过程通常会较为复杂，一般可分为申请、面试、测试、录用等步骤；小型企业的选拔过程通常较为简单，应聘者只由销售经理核准便可。

1. 筛选申请表和简历

申请表的作用主要是防止明显不合格的人员继续参加以后各阶段的选拔，节省选拔时间及费用，提高效率。填写申请表需出示有关证件资料，初步断定申请人是否具备工作所需的一般条件，如年龄、学历、工作经验等。具体执行时可建立一种计分制度，分数高者优先。

分析简历是考察申请人是否满足职位能力要求，申请人职业生涯的发展程度、变更工作的频率及放弃上一份工作的原因等。

2. 面试

面试是对应聘者深入了解的过程，是整个选拔过程的核心部分。企业可就申请表、简历上的疑点和不明白之处，通过面试加以讨论与验证；并可借此了解申请表和简历上没有的情况，如兴趣、爱好、以往的工作经验等；面试时听取应聘人员对工作的设想并可设计模拟推销企业的商品，面试人可借此判断应聘人员的潜在推销能力。面试的类型主要有以下两种：

（1）结构性面试。结构性面试是依据预先确定的内容、程序、分值结构进行的面试形式。面试过程中面试人根据事先拟定好的问题逐项进行测试，应聘者必须针对问题回答。结构式面试减少了主观性，但搜集信息的范围受到限制。使用这种方法的关键在于事先充分的准备。

（2）非结构性面试。非结构性面试没有固定的内容和程序，应聘者可围绕主题自由发挥。这种方法灵活，活动的信息丰富深入，但主观性强、效率低。企业可在面试中同时使用结构性面试和非结构性面试，从而结合两种方法的优点，避免单一方法的不足。

3. 测试

（1）智力测试。用来衡量应聘者的综合智力水平，如记忆力、逻辑、推理等能力。

（2）能力测试。用来衡量应聘者是否具有某些重要的能力，如动手能力、组织能力、语言与文字表达能力等。

（3）个性测试。用来了解应聘者属于何种性格的人，如是内向型还是开放型，是主导型还是他导型，是情绪型还是稳定型等。

（4）诚实测试。用来检验应聘者的诚实性，了解其道德规范和行为体系。

（5）情境测试。将应聘者置于销售工作的特定情境之中，观察其行为反应，从而判断其个性特点。

4. 人员的选定和录用

根据面试和测试的信息，按招聘计划数量对考察合格者决定录用。一次招聘能满足计划数量当然很好，但要坚持宁缺毋滥，达不到要求，宁可少招聘，等条件成熟时再行招聘。录用的关键在于用人的轻重缓急，把人才用活，有进有出，不搞一次录用定终身。对未录用者也应致函表示感谢，并可将其存入企业后备人才库中。正式录用时，一般要经过体检，采取聘用制、劳动合同制。企业与应聘者正式签订合同方才有效，从而保证企业销售工作的连续性与稳定性。

二、培训推销人员

推销人员的培训对于一个企业的发展是至关重要的，其作用表现在：可以增强销售技能，提高业务员的业绩水平；提高推销人员素质，维护企业形象；提高推销人员的自信心和独立工作的能力；降低人员流失率，稳定销售队伍；培养创造力，改善与顾客的关系。那么具体该怎样培训推销人员呢？我们重点介绍推销人员培训的程序。

（一）建立培训目标

企业对推销人员培训的最终目的是提高推销人员的综合素质与能力，以增加销售，提高利润水平。

具体的培训目标包括：发掘推销人员的潜能；增加推销人员对企业的信任；训练推销人员工作的方法；改善推销人员工作的态度；提高推销人员工作的情绪；奠定推销人员合作的基础等。

为了提高培训的效率，企业在每次培训之前至少要确定一个目标。通过建立目标决定培训的具体程序、培训的对象，提供培训评价标准，甚至涉及培训预算等。

（二）制定培训计划

有了明确的培训目标，接下来的工作是制定具体的培训计划。通常培训计划包括：培训目的、内容、方法、时间、地点、领导组织、培训对象、培训师、培训经费、预期效果等。

（三）进行实际培训

进行实际培训也就是实施培训计划，要保证培训的实施必须做到三落实：人员落实（培训师、受训者、管理者）、经费落实和时间落实。当然科学、有效、可行的培训方法也是保证培训效果的重要环节。

（四）培训效果评价

1. 培训过程评价

培训过程评价常用的方法有：培训师自我评价、受训者调查和聘请专家进行评估等。

2. 受训者考评

受训者考评常用的方法有：自我考评、相互考评和上级考评。

3. 培训效果评估

培训效果是培训过程中学员所获得的知识、技能等应用于工作的程度。常见的评估方法有以下五种：

（1）前后测试比较法。培训开始和结束时分别用难度相同的测试题对受训者进行测试，两者的差距即可视为培训效果。

（2）对比评价法。选择培训组和对比组分别进行测试，对培训组进行培训，对比组照常工作，最后在同一时间内对两组人进行对比，结果的差距就是培训的效果。

（3）工作绩效评价法。培训结束后，每隔一段时间以书面调查或面谈的形式，了解受训者的工作业绩，从中确定培训结果。

（4）工作态度考察法。考察受训者在培训后工作态度的变化，如主动性、纪律性和工作热情等。

（5）主管或下属意见评价法。培训结束一段时间后，培训管理部门以书面调查或面谈的形式，向受训者的主管或下属了解其在培训前后工作业绩与表现的变化来判断培训效果。

三、推销人员培训的内容和方法

（一）培训内容

对推销人员的培训，通常包括以下内容。

1. 企业知识培训

企业知识培训主要是针对新招聘的推销人员而言，让他们了解公司的历史和成就，公司现有的地位和发展目标、组织结构、财务状况、企业理念、主要商品的推销情况和推销策略、本企业的公共关系策略以及其他一些有关政策，从而尽快消除新招聘推销人员的陌生感并认同企业文化。

2. 产品和行业知识培训

推销人员必须通过培训了解本行业及本企业的产品，如行业及企业所有产品线、产品品牌、产品属性、设计制造过程、产品用途、产品结构、产品的质量、使用材料、产品的包装、产品价格、产品损坏的普遍原因及其简易维护、修理方法以及竞争产品的价格、构造、功能以及兼容性等知识。

3. 顾客知识培训

以顾客为导向才能成功，推销人员必须了解顾客，研究顾客类型、购买心理过程，学习如何鉴别和适应不同类型顾客的需求，以及如何对不同类型的顾客要求做出反应；另外，要了解本企业顾客的基本情况，包括顾客的地区分布、采购政策、购买动机和模式、经济收入以及习惯偏好等。

4. 销售技巧培训

销售技巧培训也叫推销要领培训，是对推销人员进行培训的一项关键内容，通过销售技巧培训，推销人员要掌握推销时的仪表、态度、销售程序、销售技巧、收款技巧、客情关系处理等方面的知识与技巧。

（二）培训方法

现在的培训方法真可谓日新月异，主要有角色扮演，敏感性训练、听录音、看录像，循序渐进的学习和看有关推销术与公司产品的录像资料。虽然现在还没有一种评估培训效果的好方法，但是销售经理需要组织有关人员收集尽可能多的证据来证明销售业绩的增长。销售经理应对推销人员的流动率、销售量、缺勤率、平均销售规模、访问次数和成交数的比率、顾客的投诉与表扬等变数有一种客观的评价。

1. 讲授法

讲授法，是应用最为广泛的一种培训方法。这种方法的最大的特点是经济，费用不高。讲授法是单向沟通，受训人获得讨论的机会甚少，因此不易对讲授内容进行反馈，而讲授人也因无法顾及受训人的个别差异。运用这种方法时，必须注意以下几点：

（1）授课人员在上课前应做充分准备，如纲要及各种图表之类。

（2）语言要简练，要多用"如何""何时""何地""何故"等词来说明问题。尽量设法与受训人交换意见，鼓励他们及时提问或发表自己的看法。

（3）讲授要多做示范，利用各种视觉器材提高受训人员对所学内容的理解。

（4）每次讲授宜精不宜长，销售理论要与具体实践相结合，以调动受训人员的学习兴趣。

2. 会议法

会议法，是一种讲授者与受训人员之间进行双向沟通的方法。它可以是受训人员表示意见及教会你思想、学识、经验的机会，讲授教师也易鉴别受训人对所学知识的了解程度。有时可针对销售过程中遇到的实际问题展开讨论。会议主持人要把握会议主题，当讨论跑题时要及时引导，同时还要注意：解释召开会议的背景及目的；宣布讨论的目标、任务及方法；表明讨论的计划、准备及程序；选定讨论问题的种类、说明及处理方法；引用特殊实例并进行讨论、各种说明图表的计划及准备；利用各种器材模型及试听资料；领导最后归纳结论，并对会议进行整体评判。

3. 小组会议法

此法是将受训人员分成几个小组，每个小组有一名组长，具体负责该小组的讨论，讨论资料或实例由讲授人员提供。每一组以 4 到 6 人为宜，也可允许一部分人旁听。小组长应具备的条件如下：有一定的知识和经验，令人信服和尊敬；有足够的忍耐力和机警应变能力；有一定的自制力与虚心请教的精神；乐于倾听他人的意见；具有发表自己意见的能力；有一定的幽默感。可以活跃小组气氛；语言简短，并有一定的概括性；当话题超出讨论范围时，能够及时引导。

4. 实例研究法

此法是指选择有关实例，并书面说明各种情况或问题，使受训人员就其工作经验及所学原理，以研究解决之道。目的在于鼓励受训人思考，并不着重于如何获得适当的解决方案。

5. 角色扮演法

角色扮演法，是让受训人扮演推销员，其余受训人和讲授人作为顾客，让受训人演示销售产品过程中的所有步骤。演示结束后,各参加者、观察者对演示者的行为进行评价,其目的在于增强受训人的现场感,使受训人在实际销售过程中获得一种体察能力。

6. 业务模仿法

业务模仿法是模仿一种销售业务的具体情况,让受训人在一定的时间内做一系列决定。不同的销售环境,具有不同的销售结果,推销人员应据此运用不同的销售策略。这种方法可以用来观察受训人适应新情况的能力,常用来培训销售经理。

7. 示范法

示范法,是运用幻灯片、影片或录像带等来展示销售活动的具体细节。这种方法只限于中小型场地的小规模训练。示范主题通常事先选定,示范内容一般由权威的机构来制作、审定,能给受训者留下较深的印象。

8. 自我进修法

自我进修法是一种不受时间、空间约束的培训方式,由受训者自己学习提高,适用于高级的专门培训,如演讲、开会、写报告等专业知识或技能的培训。中、高级管理人员多运用这种方法。有时可购买一些专业书刊或录音带或去参加专业培训班等。企业一般不作统一安排,但可为受训者提供一定的条件,受训结束后查收成绩单,以便考核。

【附】消费品业务员培训计划

一、业务员的行动准则

业务员的行动基准包括:①健康是业务员最重要的资本;②不得沾染恶习;③完成公司规定的业绩是业务员的使命;④具备充分的产品知识,尤其是新产品;⑤树立产品风险意识;⑥加强开拓新经销店;⑦调查竞争品牌动态;⑧预防呆账;⑨妥善处理抱怨;⑩培养热爱公司的精神。

二、开拓新客户的推销要领(分解动作)

1. 准备。

(1)服装礼仪。包括:①头发要勤清洗、梳整齐;②胡子每天刮修;③指甲应常修剪,不可留得太长;④制服要常洗涤,并且要熨平;⑤皮鞋常注意有无泥尘,每天擦拭一次。

(2)自我培训笑容。

(3)准备推销用具。包括:名录、价格表、海报、名片、经销店记事簿、笔、计算机、订货单。

(4)拟定拜访计划。包括:①预计拜访日期、时间;②利用拜访老经销店时顺路或抽出一整天专程拜访新经销店。

(5)若拜访后尚未成交,则下次拜访前必须有充分准备,不可盲目拜访。准备内容:①对方反对的主要理由是——;②我当时的回答是——;③我应当做的回答——。

2. 接近。

(1)递名片的开场白。应用"称赞"的方式,例如:

·你生意真好,门庭若市。

·你的生意做得真大呀!

(2)注目的方法。你在与新经销店老板谈话时,你是其两眼之间的一点。

（3）重视第三者。

（4）自己找座位坐下。

（5）从聊天转入正题。

（6）多用"请""谢谢""抱歉"。

（7）名片策略。你拜访经销店时老板不在，每次都要留下名片。

3. 商谈。

（1）依下列次序向经销店发问，以了解其情况：①电机品的生意比较好，还是汽车音响的生意较好？②请问老板目前所经销的汽车音响以哪些品牌为主？哪一种品牌最畅销？哪一种价位最畅销？③（如果销售韩国品牌）韩国主机好卖吗？利润好吗？④车主对韩国主机反应如何？⑤您的客户大多偏好什么主机？⑥你店内常装的车是什么？⑦老板，请问您这里有几家批发商常来？⑧老板，您以前在哪一家汽车电机行服务？有没有同门师兄弟做同行？⑨老板，这店的地点很好，一个月月租很贵吧？

（2）老板回答时，要一面听，一面记录下来。

（3）向老板发问完上面9个题目，了解其状况后，若觉得合适，则开始说明本公司产品。

4. 展示。

（1）业务员必须事先反复演练展示方法，直到熟练为止。

（2）产品说明结束后，立即从货车上取下产品，展示给老板看。尽量鼓励老板自己安装，自己试听。

（3）鼓励老板发问。

（4）展示时，应用ABCD推销术，多与别的品牌进行比较。例如：

A: AUTHORITY 权威

B: BETTER 质优

C: CONVENIENCE 方便

D: DIFFERENCE 新奇

5. 缔结。

（1）不买的信号。包括①抬肩；②手紧握；③双手交叉抱胸；④摇头。

（2）会买的信号。包括：①再一次拿起产品目录详细看；②肩下垂；③放开手心，伸出手指；④刚才已问过价格，现在再一次问价格；⑤就产品的某一优点，同意业务员的看法；⑥问以后的事。例：订货多久能送来？

（3）发现老板有购买的信号时，立即大胆提出缔结要求。

（4）缔结的交谈方法。包括：①拜托、拜托；②假设已成交。如问：进多少？什么时候送货？③二者择一。如问：进这种机型或那种机型？④建议式。例：以这几年来经营的经验，我建议您……

（5）缔结时应留意的问题。包括：①有信心、勇于尝试缔结；②不要着急；③成交时不得露出得意忘形的神情；④成交后约定的事一定要记下；⑤若未成交，业务员不要意气用事，要给自己和同事留下以后还可以登门拜访的机会；⑥如果缔结失败，应虚心检讨失败的原因，力求奋进。缔结成功，也应记取成功的经验，供以后参考。

6. 善后。包括：明示付款条件；不要久留。

三、关联推销术

另外，与上述方法关联的推销术有"关联推销术"，即"蚕食攻击法"，就是增加经销店销售本公司产品种类。其具体做法是：①业务员不得养成只卖自己"习惯卖""喜欢卖"的产品。②业务员不可只卖便宜的品牌，其他品牌也应加强推销。③业务员对于本公司每一种产品，必须有绝对的信心。④本公司的每一种产品都要介绍给经销店彻底了解。⑤新产品应取代本公司的其他产品。⑥不理会经销商说："向你们公司买这些已经够多了！留些生意给别的公司做吧！"加强关联推销。⑦加强推销滞销库存品。⑧分公司应按下列3步骤推销：各分公司列出便宜的品牌卖得不错的经销店名单；分公司主任与全体业务员研讨，列出每家经销店拟达成的其他品牌业绩目标；定期召开例会总结成果。

四、收款要领

1. 收款要领主要是：如何防止"货款回收率太低"。其办法有：

（1）开拓新经销店时，必须明告付款条件。

（2）找出经销店最适当的收款时间，进而养成"定期收款"的习惯，每月月初，只要本公司业务员一来，就必然要结清货款。

（3）收款时不可摆出"低姿态"；例如：不可说："老板，对不起！我来收款。不知道你今天方便吗？如果你方便的话，请跟我结清货款"，这样容易被经销店找到借口，拖延付款。

（4）收款时，不要讲太多话，可运用"压力式面谈"，每问一句话后，盯着看老板，等他回答，再问下一句。

（5）收款时，必须要严肃，不可笑嘻嘻。

（6）业务员必须与经销店建立交情，这样收款会较顺利。

（7）该给经销店的赠品、奖金等，在收款前必须处理完毕，否则经销店会拒绝付款。

（8）经销店对品质的抱怨，在收款前必须处理妥当，否则经销店会拒绝付款。

（9）业务员对收款不顺的经销店，千万不可逃避，反之，应增加拜访次数。

（10）起初，应尽可能避免在大庭广众之下催付。若拖欠太久，则可故意在大庭广众之下催讨，但应避免与之争吵（声音不要太大，但要旁边的人听见）。

（11）对于收款不顺的经销店，可采取下列方法：连续几天晚上去拜访，与之"耗"（例：一起看电视、抽烟、泡茶），直到货款结清为止。

（12）业务员必须引导新经销店如何卖本公司产品。

（13）业务员必须引导老经销店如何卖本公司新产品。

（14）业务员必须在新经销店第一次进货后第14至20天再度拜访，若发现尚未卖出，则应再度引导如何卖出本公司产品，并请老板向客户推荐本公司产品。如此，则能避免1个月后收款时，因销路太差，导致收款不顺。

2. 如何防止"票期被拖长"。票期被拖长的原因及对策如下：

（1）某些经销店老板具有贪便宜的习性。

【对策】：总公司财务部坚持原则，凡业务员收款票期不符合本公司规定者，退回经销店更改，使业务员知道警惕。

（2）业务员没有准时前往收款，拖延一段时日才去收款。

【对策】：业务员必须具有"收款重于一切"的观念。

3. 如何防止"尾数被折让"。坚持不给经销店折让，必须向经销店说："如有被折让的金额，公司将扣我薪水。"

五、预防呆账要领

1. 倒闭前的征兆

（1）**不正常进货。**一位优秀的业务员，平时应彻底了解经销店的销售能力、库存数量，以及当前的市场情况，以便对经销店的每月进货量、进货种类、进货时间心中有个概算，对于经销店的不正常订货，应深入了解。例如，一向精明的经销店老板，却选择不利的时点进货（在结账前几天订货），且订货量超出其以往销售量甚多。遇到这种情况，业务员必有所警惕，查知其订货动机是否纯正，暂时拖延供货，一方面再深入调查，另一方面观察其反应与变化。

（2）**货品流向有问题。**某经销店门市生意并没有比以前好很多，但最近向本公司进的货一下子就不见了，而且订货次数增加。此时，业务员要注意经销店是否"转售同行"。

（3）**削价求售。**经销店的削价求售，依正常情形，必然是赤字经营。这种经销店虽未必于近期内倒闭，但长期以债养债的结果，当宣布倒闭时，其亏损的金额可能高得出乎意料。因此若经销店有长期削价求售的经营方式，则其症状已明，那么，长痛不如短痛，这时必须选择一最有利时机结束此交易关系。例如，利用其他品牌大量供货而尚未收款的空当，诱使其提前付款再终止往来，或以最保守的方式往来。

（4）**不正常的经营方式。**经销点不是以正常经营赚得利益，而是以迂回方式获利。例如，削价转售而换取现金，然后转放高利贷。用这种方式图谋高额利润，属不正常经营方式，风险太大，应趁早终止交易关系。

（5）**不务正业。**规模小的经销店，如果转投资或兼营其他行业，在财力和人力显得较勉强。万一它失败了，则本公司必然成为它亏账的对象。在这种情形下，必须缩减给这家经销店的出货量。

（6）**私生活不正常。**经销店除了应具备财力、经营管理能力外，更重要的是投入心力，如果该经销店老板过度沉迷于吃喝嫖赌，则终日恍惚，不是精神萎靡就是心有旁骛不专心店务，甚至造成家庭纠纷搞得鸡犬不宁，或者债台高筑不得不铤而走险。因此，若经销店已经出现这种不合乎经营常规的情况时，就应该缩减出货量，进而终止交易关系。

（7）**延期付款。**如果某经销店的进货消化速度很快，没有什么库存，但付款却一再拖延，则显示财务结构不良，应小心防患于未然。

（8）**会计小姐突然离职，不敢再继续做下去。**若某经销店财务出问题，则最先警觉到大事不妙的必然是会计小姐。因此，当会计小姐突然离职时，业务员需赶紧追查该会计小姐离职原因，同时从各方面角度衡量该经销店财务是否出了问题。

（9）**仪容不整，精神萎靡。**某经销店老板一向仪容整洁，精神饱满。最近一反常态，突然变得仪容不整，精神萎靡。经查证，并无生病等事。此时，业务员就要特别当心是否财务出了问题。

（10）评价不良。被同行业批评的一无是处的经销店迟早会出问题。因此，当业务员一听到某经销店有经营不稳定的风声时，必须抢先在别的产品之前退货。同时，赶紧回收货款。

（11）突然转变态度，对业务员巴结讨好。某经销店老板一向趾高气扬，态度恶劣。最近却一反常态，对业务员巴结讨好。此时业务员需详查背后是否隐藏着信用危机。

（12）进货品牌突然大增。此时业务员需注意该经销店是否有恶意倒闭的企图。

（13）老板常不在。某经销店老板突然变成经常不在，早出晚归，找不到人。此时业务员更要增加拜访次数，查出老板不在是否和信用红灯有关。

（14）向本公司过分捧场。某经销店老板一向与本公司交易量不多，最近却一反常态，对本公司非常捧场：进货量多；对本公司不畅销的产品也大量进货；对产品质量不再计较。此时业务员应提高警惕深入求证是否有恶性倒闭的可能。

（15）第六感观。一位优秀的业务员应适时观察分析周围环境变化，久而久之似乎对环境就有洞察先机的第六感观。例如，经销店的产品陈列变得毫无动感，布满灰尘，或者是老板、会计小姐死气沉沉或阴阳怪气。也可能看到完全相反的一面，一向不吭气的老板却忽然热情豪爽，店内陈列忽然变得夸张显眼。当业务员走入经销店，如果有不祥的第六感观，必须相信自己的第六感观，立即暂停出货，赶紧收款，并立着手求证。

2. 信用调查的技巧

（1）新经销店交易前的调查。其途径包括：①向同区域的经销店调查其信用；②到近邻的杂货店、平价中心、香烟摊买东西，调查其信用（例如：开业多久，人品如何）；③向该经销店的老板本人或会计小姐侧面调查该店是否有经济实力："店面这么大，店租一定很贵吧！"

（2）新经销商交易后调查。

（3）向老经销店的会计小姐、师傅探询：有无转投资或兼职其他行业？若有，有无亏损？

（4）分公司主任必须每月查看"经销店ABCD分析"，注意有无原C级经销店无缘无故一下子升为A级经销店，注意是否有恶意倒闭的可能。

（5）业务员应尽量与别的公司业务员"连线"，针对各经销店的信用，互通消息。

（6）各经销店老板中，有一些老板的消息特别灵通，通常与当地别的经销店往来。分公司主任应努力使老板愿意做本公司的"线民"。当他了解某些经销店信用有问题时，立即通知分公司。

（7）针对有倒闭征兆的经销店，业务员应增加拜访次数，或故意选在3点半前后去拜访，而且"长屁股式"的一坐就是大半天。从经销店的种种反应，就可确认其有无倒闭的可能。

六、培养客户要领

培养客户要领必须包括：

（1）巡回路线安排最后一家，办完公事后，陪他聊聊。

（2）以和气的态度，热心指点老板、师傅产品知识，并以敬烟等方式培养与师傅的感情。

（3）针对经营很成功的经销店，向老板请教成功的要诀。

（4）与经销店约好的事情一定要遵守。

（5）彻底了解该经销店一切有关方面（例：老板嗜好、特殊专长、家庭成员等）的概况。

（6）当本公司有滞销品时，可去找经销店积极进行促销。

（7）查出重要的经销店老板生日，分公司赠送生日蛋糕。

（8）每隔一段时间，总公司业务部经理亲自拜访该经销店。

任务二　考评推销人员的业绩

推销人员的工作业绩是决定企业产品销售工作效果的关键。推销人员业绩考评就是对企业推销人员完成工作职责、所取得的工作的效率和效果的考核与考评。业绩考评是销售管理人事决策的重要依据；是激发推销员工作激情的动力；是企业制定营销政策的参考；是甄选、培训推销员的依据。科学合理、客观公正的业绩考评对于提高推销管理水平是非常重要的。

一、考评推销人员业绩的程序

推销人员业绩考评作为推销管理工作的重要环节，要组织有秩序地进行。为此，应遵循以下程序。

1. 确定分析计划

为了提高考核的准确性，对推销人员的业绩考核应该有计划地进行，确定分析计划要包括分析的目的和要求，分析的内容和范围，分析工作的组织和分工，分析的资料来源，分析的方法等。在分析计划的执行过程中，如果出现新问题、新情况，应及时加以补充和修改，以确保分析工作的正常运转，提高分析效果。

2. 收集分析资料

分析资料是进行业绩考核的重要依据，分析人员应全面、系统、完整地收集有关资料。一般来说，分析资料主要包括：各项销售计划、预算、定额、责任指标等计划资料，各项业务核算资料，各种内外部报表资料，同行业有关资料，有关合同、协议、决议等文件报告资料，以及各种环境状况、市场状况、顾客意见等销售调查资料。

3. 研究分析资料

对所收集的资料要进行整理、分析和研究。对不正确的资料应剔除，对不可比的资料要予以调查，对符合实际的、有用的资料进行归纳、分类、整理，运用不同的分析方法进行比较分析，找出实际与计划、与上期、与先进水平的差异，确定应当研究的重点问题，然后，分析形成差异的原因，分清主次，测定各项因素的影响程度，以找到问题的关键，最终为解决问题提供思路。

4. 做出分析结论

进行业绩考核主要是为了肯定成绩、总结经验、发现问题、吸取教训，以挖掘潜力，制作最佳销售组合，实现更多的利润。在分析结论中，对各项销售业绩的评价应当切合实际，并对其中的问题提出切实可行的改进措施、建议和实施方案。同时，还应对以往分析中所提出的改进措施、建议和实施方案的效果做出分析和评价。

5. 撰写分析报告

业绩考核报告是向销售主管部门、销售人员和有关领导汇报分析情况的书面资料。分析报告的撰写因分析内容不同而有所区别，如有的是全面分析，有的是专题分析，有的是定期分析，有的是日常分析，侧重面都是不一样的，但其基本要求是一致的，即要求实事求是，客观全面；重点突出，防止面面俱到；对情况的说明要真实、可行；文字力求简明扼要，图表力求清晰易懂。另外，业绩考核报告应及时送达有关部门和人员，提高其及时有效性，真正为提高销售管理水平，扩大销售业绩做出贡献。

二、考核推销人员业绩的指标分析

推销人员的业绩考评，是一种以价值量（如金额）、实物量（如数量）和劳动量（如工作时间）为计算单位，结合定性分析（如工作态度），进行记录、计算，反映企业销售人员推销业务动态和效果的活动。要搞好推销人员业绩考评，必须建立科学的考评指标体系。在实际工作中，一般采取下列指标作为推销业绩的考核指标。

（一）顾客访问完成率

顾客访问完成率是指一定时期（如1年、1个月）内，推销员实际访问顾客的次数或顾客数与计划规定的访问标准的比例。其计算公式为：

顾客访问完成率 = 实际访问顾客人数 / 计划访问的顾客人数 ×100%

访问顾客是推销员的职责之一，也是推销工作的基本内容。顾客访问完成率的高低，可以反映推销员工作态度的好坏，即顾客访问完成率高，说明推销员工作积极性高，工作态度好；反之，亦然。

（二）订单平均订货量

订单平均订货量是指推销人员在一定时期内获得的订单或合同的订货总量（额）与订单或合同总数的比值。其计算公式为：

订单平均订货量 = 订单或合同订货总量（额）/ 订单或合同总份数 ×100%

订单平均订货量，既反映了推销员争取的订单数目，又体现了订单的容量。它适用于考评那些销售价格低、品种规格多、用户分散、订单订货量少的产品的推销员的工作业绩。

（三）销售量

销售量是反映企业推销效果的重要指标之一。在其他因素不变的情况下，多销才能多得。正确进行销售量核算，是准确考评推销业绩的重要方法。

所谓销售量考评，是指通过统计一定时期内企业售出商品的数量来反映推销业务活动的成果。一般来说，销售量是指企业在一定时期内实际推销出去的产品数量。它包括按合同供货的预交数量，但不包括外购产品（指由外单位购入、不需要本企业任何加工、包装，又不与本企业产品一起作价配套出售的商品）的销售量。

销售量的统计方法主要有：

（1）采用送货制（包括到港交货与出港交货）的产品，在与运输部门办好托运手续后即算销售量，统计时以承运单位的日戳为准。

（2）采用提货制的产品，在与需方办妥货款结算手续并开出提货单后即算销售量，统计时以提货单上的日期为准。

（3）采用买主分类法的产品，按其不同的分类统计已售出的产品数量。如按顾客年龄统计儿童、青年、中年、老年购买某一产品的数量，或者按顾客所在区域统计销售量等。

无论采取上述哪种统计销售量的方法，若出现下面几种情况，必须冲减销售量：

一是交货后退回的本年度合格产品并再次入库的，应冲减销售量，如顾客发现对产品的品种、规格或性能购买有误时要求退货的产品。

二是交货后退回修理的产品，如果修复后不交原用户而另待销售的，应冲减销售量。

通过销售核算，可以分析企业产品推销计划完成、超额完成或未完成的原因；销售量的升降趋势；市场占有率变化趋势以及从销售量的构成上分析销售品种的变化、新用户的变化、销售地区的变化、销售对象所属部门或主管系统的变化等，从而为制定推销策略提供依据。

（四）销售收入

对推销人员来说，就是要求他们在推销活动中善于聚财理财，搞好销售收入的核算工作。销售收入是销售量的货币表现，是以价值形式反映推销成果的一个指标。当推销员推销的不是单一品种的产品，而是不同规格、型号、品种的产品时，为了比较各个推销员的推销成果，就必须进行销售收入的核算。

进行销售收入核算，首先要了解有关产品的销售价格，然后再结合销售量统计数据，换算成销售收入。对推销员来说，应该根据自己推销产品的实际情况，先分别计算所推销的各种产品的销售额，然后再进行汇总，得出自己完成的全部销售收入。

核算销售收入，可具体分为计划销售收入、实际销售收入和单位产品销售收入3种。各种销售收入的核算方法如下：

（1）计划销售收入。其计算公式如下：

计划销售收入 = 计划期产品销售量 × 单位产品销售价格

（2）实际销售收入。其计算公式如下：

实际销售收入 = 实际售出产品数量 × 单位产品销售价格

（3）单位产品销售收入。其计算公式如下：

单位产品销售收入 = 单位产品销售成本 + 单位产品销售税金 + 单位产品销售利润

（五）销售费用

销售费用核算是通过记录、计算销售费用的使用情况，反映推销和经营活动中活劳动和物化劳动消耗的情况，达到节约开支的目的。销售费用的内容因企业性质不同而异。工业企业销售费用包括开展沟通扩大销售渠道、向用户宣传介绍产品、激发市场需求、开拓新市场、保持本企业产品在市场上的竞争能力等一系列推销活动所耗费的人力、物力、财力的货币表现形式。具体如下：

（1）销售经费。它包括推销人员的工资、差旅费、邮电费、接待费、仓库管理费、推销调研费，参加有关部门召开的订货会、展销会以及企业举办的各种类型的推销会议的费用等。

（2）广告宣传费。它是指组织和参加产销会、博览会、示范表演、印制产品样本、产品目录和通过各种媒体进行产品推销宣传所支出的费用。

（3）销售服务费。它包括技术培训费，编印产品使用说明书，建立用户档案的费用，为用户检修、安装产品费用、设置服务网点、购置服务用车和各种低值易耗品（如工具、器材）等费用。

（4）包装费。它主要是指发运产品的二次包装装潢和宣传用包装的费用。对保护产品质量和外形的包装物，由于它与产品实体有不可分割的联系，所以这类包装的费用一般直接计入产品成品内，而不列入销售费用。

（5）运输费。它是指按照买卖合同规定的在买方所在地供货而由供方送货上门的运输费和产品在供方企业保存期间的移动费用。如果产品是在供方所在地交货，则产品由供方所在地运至需要所在地的运输费，属于垫付性质，不应算作销售费用。

（6）其他销售费。它包括商标注册设计费、购买销售用器材和工具的费用、补充产品在保管期内的自然损耗和仓库租赁费用，等等。

销售费用核算要贯穿在销售费用的预算、发生和结果全过程中。为了做好销售费用的核算工作，要做好以下几项基础工作：

（1）加强对原始记录的管理。对于发生的每一笔销售费用，都要确保原始记录的完整、准确。

（2）建立和健全必要的监督考察制度。要用文字、条例和流程图等方式，将销售费用核算的内容和程序固化、规范化，并纳入岗位责任制中，使考核工作有健全的制度和明确的标准。

（3）做好报表的审查工作。销售费用最终反映在财务报表上。财务报表中销售费用科目是检查核算销售费用的重要资料，要认真审查财务报表，从中发现和解决问题。

通过销售费用的核算，可以对每一项开支的用途、时间和作用等内容进行审查和控制，检查其是否符合预算项目开支、是否出现了乱用或违反财经纪律的情况。

（六）销售利润

满足社会需要和获得较好的经济效益是企业开展生产经营活动的目的，可通过销售利润的核算来加以衡量。

销售利润核算就是在销售收入核算与销售费用核算的基础上，通过对二者的对比分析，来反映企业推销业务和经营活动的经济效益。

在我国，工业企业的销售利润由两部分构成：一部分是产品销售利润，即企业出售自制产品、半成品及对外承做工业性作业所取得的利润。其计算公式为：

$$产品销售利润 = 产品销售收入 - 产品销售成本 - 产品销售税金$$

销售利润的另一组成销售部分叫其他销售利润，是指企业销售多余材料、外购件和非工业性劳务所取得的利润。其计算公式为：

$$其他销售利润 = 其他销售收入 - 其他销售成本 - 其他销售税金$$

销售利润是企业生产经营成果，特别是推销成果的集中体现，加强销售利润的核算，可以促使企业根据市场需要，生产适销对路的产品，提高销售量，增加销售利润。

（七）货款回笼率（回款率）

在现代会计制度中，产品销售行为是以回收货款之后才告结束，推销员也只有在完成货款的回笼之后，其业绩才受到评价。因此，应将"销售产品→回笼货款"视为销售行为的一个循环过程。

对企业而言，只有完全回笼货款之后，企业才能真正实现利润，而货款回笼率是反映企业效益状况的一个指标。货款回笼率是指在一定时期内（如1个月、1年），企业所销售产品的已收货款与应收货款之比。其计算公式为：

$$货款回笼率 = 已收货款 / 应收货款 \times 100\%$$

货款回笼率越高，说明资金周转越快，企业经济效益越好；反之，则说明资金周转慢，企业的经济效益不理想。

任务三　提高推销人员的业绩

推销人员的业绩直接影响着企业的业绩，影响着企业的市场占有率，甚至影响着企业的长远发展，如何提高推销人员的业绩既是每一个推销人员关心的问题，也是企业管理部门关心的问题，本节我们重点研究提高推销员业绩的途径。

一、判断谁是"最理想的顾客"

企业推销部门要求推销员每天多次访问顾客而其中一个不足之处，是只注重访问次数而忽略了访问的质量。如果将一名推销员的工作重点放在对少数的、重点的顾客的访问上，将会取得更好的效果。我们设想推销员已经知道他们的顾客或者潜在顾客可以分为以下四种类型：A 理想的顾客；B 良好的顾客；C 一般的顾客；D 较差的顾客。

此时，他们就能以更有效的方法来安排自己一天的推销活动，即在 A 或 B 顾客身上多花工夫和花费较多的时间，在 C 顾客身上花平均标准的时间，在 D 身上花很少的或不花什么时间。这意味着，可以将访问集中于理想的潜在的顾客身上。而对达成交易概率较小的潜在顾客则少花时间和精力。

我们可以准备一张"目录表"，用来区别有哪些推销因素对潜在的顾客具有吸引力，它对于提高推销效率起到很大的作用。对于工业品来说，可以利用标准工业分类（standard industrial classification，SIC）作为划分顾客的依据。

但在实践中，并不是每一种推销产品都可以利用 SIC 提供的便利。为了更加适应企业的需求，需要采用其他的划分潜在顾客的方法。在分类中，必须注意以下几点：

第一，很少有企业有能力准确地提出针对每一位顾客的产品推销目标额，无论是大的顾客，还是小的顾客。

第二，某些情况对于 A 公司的推销人员是机会，但对于 B 公司的推销员来说就未必如此。明确了这一点以后，推销员就能发现应该回避的目标。通过这样的做法，可以避免在非常有利于竞争对手的顾客身上花费大量宝贵的时间和精力。

第三，推销人员可以根据自己的需要，将顾客划分成不同的类型。具体准则如下：

（1）顾客的生产经营规模和（或）他的消费水平。

（2）潜在顾客所在的区域市场的特征。

（3）公司产品、技术和生产工艺水平。

（4）决策者的个性和动机（如果想从大公司或小公司购买）。

（5）顾客的地理分布状况。

推销人员还可以提出和选择其他的准则，这需要进行大量繁琐的数据分析。然而，一旦完成了这些工作，发现了"理想的"或者"良好的"顾客或者顾客群，就会为一个具有更高生产率和更有效的推销组织提供非常重要的推销手段。

二、了解顾客的决策层

推销人员通常不是向某一个顾客推销产品，而是与一定相关群体中的消费者打交道，例如，"决策者""购买者""影响者""使用者"和"倡议者"等。这些人在产品购买决策中都发挥着不同的作用，有时候起着支持的作用，有时候起着反作用。一名优秀的推销人员必须清楚"目标顾客"是如何进行购买决策的，以及其中每一位成员在购买决策中发挥的作用。

如果客户是大型公司，那么问题就会变得很复杂。在公司决策层中存在着很多的成员，推销员必须用多种方式与每一位决策成员交流。要做到这一点是很不现实的、低效率的，而且与所有成员都接触也是很不慎重的。推销人员可以利用市场营销组合中其他方法与决策层中不太重要的成员进行接触。例如，通过资料传递、电子邮件、展览和会议等形式。对于决策层中的核心成员，推销人员必须与之交流，在交流中可以实现以下目标：①推销人员必须以最有效的成本效益法实现整个交流计划；②决策层中的每一位成员必须得到正确的信息，信息量不要太多，也不要太少；③需要交流的所有信息必须集合成为一个促进产品销售的紧密的"整体"；④推销人员必须将精力集中于顾客购买决策层中的关键人物。

为了搞好与客户公司决策层有关成员的交流，推销人员应该做好以下工作：

一是将每一位最有希望的潜在顾客的个人档案集合起来。这种档案一般包括以下项目：①年报和公开的账目；②剪切该公司的公开资料；③公司文献和产品价格；④组织结构图；⑤组织中的领导人物；⑥最理想的是公司经营业绩与竞争者情况的比较。

如果档案是完整的，内容是最新的，那么，推销员将精力集中于自己能力所及的顾客身上，努力与顾客建立长期的良好的伙伴关系。

二是准备出一份详尽的、有关决策成员（decision making unit, DMU）的名单以及市场营销机构人员名单，设计出一份全面的交流计划。用最有效的生产率和成本效益方法瞄准每一位 DMU 成员。推销员是一种稀缺资源，他们精力必须集中于那些在 DMU 中发挥最大作用的成员身上。

三、充分利用内部信息

很多管理者没有意识到公司内部存在着大量的有价值的信息。这一点对于跨国经营的多样化公司来说，显得尤为突出。

英国一家经营领域涉及工程、电气设备的公司，5 位高级推销员代表公司不同的部门前往中东的某一地区开展推销活动，他们之间互不了解。有两个人在飞机上相遇，有两个人在旅馆里结识。每个人都对这个市场有一定程度的了解，如果将他们各自掌握的有关目标市场的信息集中起来，就可以勾勒出目标市场的基本轮廓，那么由这 5 名推销人员组成的一支推销队伍就变得非常强大。由此可见，对于所有的推销队伍来说，建立一个简单的、有益收集和交流的内部信息以及"谁知道什么"的制度是非常必要的。

在许多企业里，推销队伍由很多人组成。他们花费了大量的工作时间与顾客打交道。他们通常作为企业的"千里眼""顺风耳"。不可避免的是，在这些人员中，总有一些人了解的情况比其他人多一点，全面一点。这时，特别需要一位很有能力的管理者制定一种制度，将所有市场信息收集起来，建立信息共享机制。在大部分推销员必须完成的传统的报告制度中，应该划分出一块地方，要求他们填上可能对其他人有价值的市场信息。

四、向"明星"推销员学习

推销队伍是一个以销售业绩为标准的金字塔形组织。经过完全一样的培训后，管理者不要指望所有的推销员都会具有相同的价值观念、行为准则以及工作业绩。企业的推销队伍中既包括贸然行事的人，也包括顽强工作的人。前者充满热情、创新精神和具有较高的工作成效，后者工作刻苦，但见效很慢。

如果给推销的工作业绩打分，管理者就可以将最好的 10% 命名为"明星推销员"；接下来的 20% 为"良好推销员"；再接下来的 30% 为"一般推销员"；最后的 40% 为"有问题的推销员"。具体情况如图 11-1 所示。

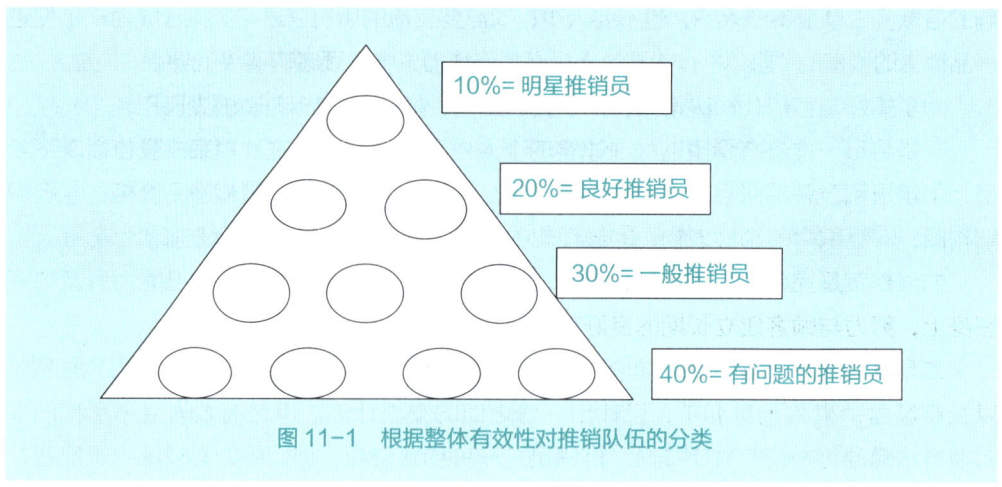

图 11-1　根据整体有效性对推销队伍的分类

根据工作业绩的高低将推销人员划分为不同的类型后，就会发现这样一个问题：为什么"明星"推销员与一般推销员的销售业绩之间存在着如此大的差距？

如果能够更具体地确定"明星"推销员在顾客面前是怎样做的，怎样与顾客交流信息，进行计划、管理时间、利用销售工具等，就会为培训其他人员制定新的方法。只有详尽地了解推销和购买环境，才能深入地认识上面的问题，这有助于发现进一步提高生产率的途径。

【总结与回顾】

推销人员的招聘与选拔计划任务包括：职位分析、职位能力要求、职位描述。

推销人员的招聘与选拔途径：通过广告招聘、人员推荐、从应届毕业生中招聘、职业介绍所与人才交流市场。

推销人员选拔的过程：筛选申请表和简历，面试，测试，人员的选定和录用。

推销人员培训的程序：建立培训目标，制定培训计划，进行实际培训，培训效果评价。

推销人员培训的内容通常包括：企业知识培训、产品和行业知识培训、顾客知识培训、销售技巧培训。

推销人员培训的培训方法：讲授法、会议法、小组会议法、实例研究法、角色扮演法、业务模仿法、示范法、自我进修法。

推销人员业绩考评的程序：确定分析计划，收集分析资料，研究分析资料，做出分析结论，撰写分析报告。

推销人员业绩考核的指标：顾客访问完成率、订单平均订货量、销售量、销售收入、销售费用、销售利润、货款回笼率（回款率）。

提高推销员业绩的途径：判断谁是"最理想的顾客"，了解顾客的决策层，充分利用内部信息，向"明星"推销员学习。

本项目的教学重点：掌握推销人员招聘与选拔的过程，了解培训的内容和方法，掌握推销人员考评的指标，掌握提高推销人员业绩的途径。

【复习思考题】

1. 推销人员的招聘与选拔通常按什么程序进行？
2. 对推销人员的培训内容有哪些？
3. 如何提高推销人员的业绩？
4. 考评推销人员的意义何在？

【案例分析题】

1. 金鑫公司是位于上海内环线区域以外的一家中等规模的商贸公司，该公司经理郑雄最近下部门蹲点，直接负责管理10名推销员，这10名推销员的主要职责是向个人或公司推销保险箱。每位推销员每月的保证月薪1250元，这个待遇相当于日后金鑫公司采用依佣金计酬式的底薪收入。

直接向郑雄负责的10名推销员中，有一名叫作严南方的推销员，在公司已经服务满15年了；前10年中，严南方满怀雄心与活力，取得了相当可观的推销业绩。去年他把大部分时间都花费在他所喜爱的打保龄球上，结果他的推销业绩非常差。姑且不论他最近的情况与休闲生活，去年他个人的税后净所得为8000元。严南方已婚，尚未有小孩，他和妻子都很渴望小孩的来临。

上个星期，当郑雄在分析上年度的业绩时，发现严南方的推销数量竟排在10名推销员中的最后一名。但因为他的顾客所购保险箱品种的金额庞大，所以他的总收入仍排名第三。

（1）如果你是郑雄的话，你将如何激励严南方？
（2）如果严南方对你说："我为什么要忙着争取新的推销业绩？这项工作我已经做了15年，坦白地说，我对这个工作已经不感兴趣了。"你将如何处理？

2. S公司所代理的品牌厂商对市场策略进行了调整，决定将战略发展方向放在发展商用电脑上（商用电脑，即专为政府机关、大公司、社会组织等设计制造的电脑，商用电脑的用户不是普通的家庭用户，像清华大学、中国石化、北京电信、北京市政府、平安保险等单位，才是商用电脑的采购方）。

S公司的市场策略也进行了相应的调整，他们瞄准了北京的四个大行业：教育、金融、电信运营商和政府采购，准备大力发展公司的销售二部，也就是商用电脑销售部。因为陈经理在家用电脑销售部销售管理出色，公司撤换了原来负责商用电脑销售工作的经理，改由陈经理出任。很自然，陈经理又把他原来的那套销售管理模式移植到了新部门。上任以后，他采取了一些同以前类似的改革措施：

第一，他把商用电脑销售部销售代表的底薪都降低了，相应地提高了提成的比例。同时他也采用了强势激励措施，还是"第一个月红灯；第二个月走人；连续两个月业绩排最后的，末位淘汰"。

第二，严格执行早会和夕会制度，不管你今天要到哪里去，都要先到公司来开早会，陈述一下今天的计划；也不管你今天跟客户谈得怎么样，是否赶上了吃饭的点儿，也都要回来开夕会，向陈经理汇报一天的客户进展情况。

第三，强调对每个项目的整个过程进行严格的控制与销售管理。他要求每一个销售代表都要严格填写各种销售管理控制表格，包括日志、周计划、月计划、竞争对手资料、项目信息表、客户背景表等共十二项表格，而且每个表单都设计得非常细致，用陈经理的话说："公司一定要监控到每一个业务细节"。

第四，严格业务费申报制度，所有的业务招待费用，必须事先填好相应的申请单据。比如想请客户吃饭，一定要事先写明什么时候请、参与吃饭的人是谁、想通过吃饭达到何种目的等，都要填写清楚，由陈经理签字认才能实施，否则，所有招待费用一律自理。

开始，商用电脑部的状况仿佛有了很大的改观，迟到早退的人少。财务费用降低了，经常可以看到办公室里人头攒动，大家在办公室里谈天，早晚还会传来阵阵激动人心的口号声。

但好景不长，到了7月，竟出现了以下几种情况：

第一，个别业务代表为了完成业绩，开始蒙骗客户，过分夸大公司产品的性能配置，过分承诺客户的要求，使公司在最终订单实施的时候陷于被动，尾款收得非常费力。

第二，员工之间表面上一团和气、充满激情，但私下里互不服气拆台，甚至内部降价，互相挖抢客户。

第三，以前的业务尖子不满意公司当前的销售管理机制，抱怨销售管理机制不合理，控制得过死，事事都要汇报，根本无法开展业务。两名前期业绩最好的业务员都已离职。

第四，新招的四个人，业务水平明显不足，除了冲劲之外一无所有，想培养他们"上道"，达到基本要求，看起来是"路漫漫其修远"。

整个商用电脑销售部的业绩水平没有像预期的那样增长，甚至还略有下降，应收账款的拖欠也日趋严重，更令人担忧的是，前期公司的老客户群正在流失，新客户的开拓也无着落，致使整个销售管理二部下半年完成业务指标的希望更加渺茫。

9月，公司将陈经理调离了商用电脑销售部经理的岗位。10月，一个阴雨连绵的下午，陈经理带着郁闷和疑惑，最终不得不离开了这家公司。

（1）陈经理失败的原因。
（2）本案例对你有何启示。

【能力拓展】

假如你是一个公司的营销经理，鉴于公司的业务发展需要，公司需要招聘一批推销人员，请你制定一份推销人员的招聘与选拔计划书，并制定一份针对推销人员的考评计划。

项目十二
维护客户关系

【任务分析】

在当今激烈的市场竞争中,"开发客户难,留住客户更难"已成为业界普遍的认识。如何维护客户关系,与顾客建立长远的合作关系,让你的客户从一个小客户变成一个大客户,从一个新客户成为一个老客户,无论对一个推销人员,还是对一个企业来讲,都是一个重要的任务。

本项目学习过程中,学生需完成以下任务:正确认识客户关系对开展业务的重要性,学会正确处理顾客的投诉,学会建立客户关系。

【案例导入】

2001年某日,在某购物广场,顾客服务中心接到一起顾客投诉,顾客说从我商场购买的"晨光"酸牛奶中喝出了苍蝇。投诉的内容大致是:顾客李小姐从我商场购买了晨光酸牛奶后,马上去一家餐馆吃饭,吃完饭李小姐随手拿出酸牛奶让自己的孩子喝,自己则在一边跟朋友聊天,突然听见孩子大叫:"妈妈,这里有苍蝇。"李小姐寻声望去,看见小孩喝的酸牛奶盒里(当时酸奶盒已被孩子用手撕开)有只苍蝇。李小姐当时火冒三丈,带着小孩来商场投诉。正在这时,有位值班经理看见便走过来说:"你既然说有问题,那就带小孩去医院,有问题我们负责!"顾客听到后,更是火上加油,大声喊:"你负责?好,现在我让你去吃10只苍蝇,我带你去医院检查,我来负责好不好?"边说边在商场里大喊大叫,并口口声声说要去"消协"投诉,引起了许多顾客围观……

思考题 值班经理处理顾客投诉的方法恰当吗?客户对商场有价值吗?你认为该如何处理顾客的投诉?

任务一　认识客户关系

一、客户关系

著名管理大师彼得·德鲁克（Peter Druker）强调，"企业经营的真谛是获得并留住顾客"。客户是企业的市场资源，没有客户就没有市场，没有市场就没有企业的发展。

在现在竞争激烈的市场环境下，建立良好的客户关系是竞争取得胜利的关键。当企业想要长远发展时，必须把眼光放远，不但要重视顾客的当前价值，更要进一步创造和提高顾客的终身价值，和顾客建立长远合作的关系。和顾客建立长远合作关系的关键在于提高客户的满意度和忠诚度，这就要求企业必须重视顾客关系管理工作。

二、客户关系管理

客户关系管理（Customer Relationship Management，简称CRM），是指企业为了赢取顾客以及增进顾客利润贡献度而不断地沟通，以了解并影响顾客行为的方法。客户关系管理的主要目的可以从两个方面来体现：一方面是为防止那些同样试图与这些客户建立业务联系的竞争对手接近他们而设置障碍，同时也防止那些试图从你的竞争对手处购买产品和服务的客户的流失设置一些障碍；另一方面就是为了提高客户的满意度进而提高客户的忠诚度，从而取得客户终生价值的最大化。

CRM是一个不断加强与顾客交流，不断了解顾客需求，并不断对产品及服务进行改进和提高以满足顾客需求的连续的过程。其内涵是企业利用信息技术（IT）和互联网技术实现对客户的整合营销，是以客户为核心的企业营销的技术实现和管理实现。客户关系管理注重的是与客户的交流，企业的经营是以客户为中心，而不是传统的以产品或以市场为中心。为方便与客户的沟通，客户关系管理可以为客户提供多种交流的渠道。

CRM是一种现代管理理念，是一种将顾客信息经过加工，进而提高客户的发展率、客户维持率、客户忠诚度与客户利润率的经过。

"以顾客为中心"是CRM的核心思想。它要求企业从传统的"以产品为中心"的经营理念中解放出来，确立"以顾客为中心"的企业运作模式，这就意味着企业的一切活动都要围绕客户展开。销售人员也要转变观念，将顾客视为合作者，而不是对立者，改变过去"以企业为主导、以产品为中心"的传统客户管理观念，树立"以顾客为中心"

的新的关系管理理念,把买卖双方长时期地紧密联系在一起。表 12-1 就是传统客户管理观念和客户关系管理观念的对照。

表 12-1　　　　　　传统客户管理观念和客户关系管理观念的对照

传统客户管理理念	客户关系管理理念
以产品为中心,销售公司在卖的产品	以客户为中心,销售客户需要的产品
着眼于价格竞争	着眼于满足顾客满意的产品
尽力争取更多的顾客数量	发现能使顾客满意的产品
尽力争取让顾客多买	竭力找出哪些顾客对公司最有价值
根据既定方针或计划安排活动	根据实际反馈信息行动
从每笔销售中获取收入和销售数据	从每笔销售中获得收入和客户数据
有限的客户联系	高度的客户关系
有限的客户承诺	高度的客户承诺

总之,顾客关系管理就是通过对顾客行为长期地施加影响,强化公司与顾客之间的合作关系,从顾客利益和公司利润两方面实现顾客关系价值的最大化。为了建立长期、信任、互惠的关系,公司必须向顾客承诺并提供优质的产品、良好的服务以及适合的价格,从而与顾客建立并保持一种长期的经济、技术和社会的纽带关系。顾客关系管理能获得的最大好处便是增加顾客忠诚度,减少顾客的流失率。

任务二　建立客户关系

建立客户关系的目的是发现和培育并留住"所谓真正的顾客"。所谓真正的顾客是指和企业建立长期、稳定的关系,愿意为企业提供的产品和服务承担合适价格的顾客。只有"真正的顾客"越来越多,企业才能实现长期的利润。那么,如何才能做好客户关系管理的工作呢?作为企业来说,一定要坚持以客户为中心,建立并管理好客户数据库,坚持客户分析、客户关怀等工作。

一、对顾客进行分析

在推销活动完成之后,要想维护客户的稳定、避免客户的流失、管理好客户资源,就必须对顾客进行分析,即对顾客的价值进行评估,分辨出高价值和低价值的顾客,以便更合理地分配推销资源,有重点有目的地进行管理,取得事半功倍的效果。对顾客进行分析首先是对顾客进行分类,然后整理客户的数据资料,最后再对顾客进行评估。

(一)客户分类

(1)按客户的性质可以划分为政府客户、集团和个人客户。

(2)按交易进程可以划分为曾经有过交易业务或正在进行交易的显现客户和尚未交易的潜在客户。

(3)按时间序列可以划分为老顾客和新顾客。

(4)按交易数量和市场地位可以划分为主力客户(交易时间长、交易量大等)、一般客户和零散客户。

按照不同方式分出的不同类型客户,其需求特点、需求量等不同,因此对其管理也要采取不同的方法。

(二)客户数据资料的整理

客户数据资料的整理主要是对客户数据资料的分类和归档。客户数据资料按其主体不同可分为法人客户数据资料和个人客户数据资料。

1. 法人客户数据资料

(1)客户基础资料。客户基础资料即客户最基本的原始资料,主要包括客户的名称、地址、电话、业种、资产、企业组织形式、创业时间、与本企业交易时间、所有者、经营管理者、法人代表及他们个人的性格、兴趣、爱好、家庭、学历、年龄、能力等。

(2)客户特征资料。客户特征资料主要包括客户的服务区域、经营能力、发展潜力、经营方向、经营策略、企业规模、经营特点等。

(3)客户业务状况。客户业务状况主要包括经营实绩、经营遇到的问题、企业形象、声誉、信用状况、经营管理者和业务人员的素质、与其他竞争者的关系、与本企业的业务关系及合作态度等。

2. 个人客户数据资料

(1)客户基础资料。客户基础资料指姓名、性别、学历、年龄、地址、电话等。

(2)客户其他资料。客户其他资料指客户的教育背景资料、职业背景资料、生活方式、性格、兴趣、爱好、家庭成员的关系。

客户数据资料主要通过推销人员进行的客户访问搜集获得。

(三)进行客户评估

经过一段时间与客户的合作后,要对顾客进行综合评估,以便及时调整客户政策。具体做法如下,利用表12-2可以对顾客进行评估,首先填好客户的编号、名称和时间,然后从销售业绩、合作态度、信用评估、信用提供情况等方面进行评估。

表 11-2　　　　　　　　　　　客户评估表

客户编号：		客户名称			时间：	年　月
业绩评估	销售目标	实际销售	完成率		满分	得分
	500	400	80%		50	40
合作态度	□优 ■良 □中 □差				20	15
信用评估	期限内未还贷款次数：3		标准次数：1		20	10
信息提供	■优 □良 □中 □差				10	10
达标分数	80				75	
综合评估	□优 ■良 □中 □差					
奖励方案	□不奖励 □奖金 ■培训 □提供设备 □提高信用额度					

从表 12-2 看出，该客户实际完成了 80% 的销售目标，合作态度良好，另有 3 次未按时还款的记录，但是能够热情地提供有价值的销售信息，各方面综合评估的得分为 75 分，因此，公司决定对客户按分类进行管理，例如：

A 类：重点客户（80~100 分）。

B 类：有发展前途的客户（60~79 分）。

C 类：一般客户（59 分以下）。

对于重点客户，应该提供优质服务，提高推销效率；对有发展前途的客户，要加强沟通，提高销售额；对于一般客户，销售人员只需要花费一般数量的时间和精力即可。

大客户管理方案四步

在推销工作中，我们最希望的是建立几个大客户，管理好你的大客户，这就是你的资源。那么如何管理好大客户呢？

从大客户管理的 20/80 法则中我们可以看出，20% 的客户创造了 80% 的销售业绩和利润，所以说大客户的管理关系到企业营销战略的成败，经销商必须制定一套完整的大客户管理方案。

一、筛选大客户

在实际操作中，经常通过以下几种方法来鉴定大客户：

（1）具有先进的经营理念。

（2）具有良好的财务信誉。

（3）销售份额占经销商大部分份额的客户。

（4）能提供较高毛利的客户。

这些客户是要重点关注的对象，也同样是要集中精力服务好的客户。值得注

项目十二　维护客户关系

意的是，大客户不是一成不变的。今年是大客户不代表明年还是大客户，小的客户可以通过扶持让其变成大客户。

二、重点扶持

不同的客户有着不同的需求差异，只有掌握了这些差异，才能在以后的服务中做到对症下药，提供个性化服务。一般对大客户的分析主要包括三个指标：

（1）实力指标。包括客户的资金实力、物流实力、社会关系、人力资源建设等指标。

（2）能力指标。包括客户经营者的经营思路、管理水平与营销方法。

（3）硬指标。包括客户的销售额及毛利水平、经营该客户的费用及管理水平等。

三、建立高效的服务团队

从普通的售卖关系发展到客户服务关系，经销商在后期的服务支持上也要更上一个台阶。以前大家都有一个思想，销售是客户要做到事情，他卖出去他就产生利润，经销商的销售团队只服务到货品进仓，至于如何销售基本不管。

客户成了经销商的大客户，销售不再是客户一方的事情，而是要和经销商销售团队紧密绑在一起，经销商提供质量过硬商品的同时也要给予销售培训支持，如终端形象展示、人员培训、终端管理等方面的支持。只有搭建了一支高效的团队，分工明确，和客户完全对接才是客户所需要的。

四、计划的执行

经销商在掌握了大客户的特征后，就要开展有针对性的服务工作，只有帮助客户切实地解决实际问题，大客户才能尽全力销售产品。对经销商而言，大客户管理实施计划主要从以下几个方面实行：

（1）根据大客户实际需求给予专业指导。

（2）计划的制订。这是帮助大客户的前奏，帮客户分析市场、分析竞争对手、分析客户本身。然后制订切实可行的计划，并将计划划分成不同阶段的目标，激励大客户朝着目标前进。

（3）计划的执行。计划制订出来，团队成员该如何分工，怎么实施计划，目标明确，责任到人。

（4）总结分析。计划执行一段时间后，运转情况如何，可以同大客户共同来分析，总结经验。可以通过小组会议、培训等方式进行。

二、建立并管理好客户数据库

建立并管理好客户数据库对于企业发现、培育并留住"真正的顾客"，与顾客建立长期合作关系，有着积极的作用。对于企业来说，建立并管理好客户数据库，其重点是把握好建立与管理数据库的原则及工具的使用。

（一）建立与管理客户数据资料的原则

1. 动态管理

客户数据资料建立后，要进入常态化管理，对客户的变化进行跟踪，根据客户数据资料的变化，及时调整，补充新的资料，剔除过时的或者已经改变的资料，使客户数据资料管理保持动态性。如果置之不理，不及时更新，就会失去意义。

2. 分类管理

客户数据资料管理着不同类型的客户资料，不同类型的客户对企业业绩的贡献不同，要透过这些资料区分不同类型的客户，采用不同的管理措施，主要是找出重点客户，以便更合理有效地利用企业资源。重点客户不局限于现有客户，还应包括未来客户或潜在客户，以便为企业选择新客户，开拓新市场提供资料。

3. 重在运用

客户数据资料收集管理的目的是在销售过程中加以运用。所以，在建立客户资料卡、客户管理卡、客户数据库后，应及时全面地提供给推销人员及其他有关人员，使他们能进行更详细的分析，把静态资料变成活资料，提供客户管理的效率效果。

4. 专人负责

客户数据是企业的宝贵财富，一般只能提供内部使用，不宜流出企业。所以，客户数据资料管理应确定具体的规定和办法，由专人负责管理，严格管理客户情报资料的利用和借阅。

（二）掌握管理客户数据资料的常用工具

推销人员在进行客户资料管理时一般常用有笔记本，EXCEL 表格和 CAR 软件，但是在具体使用的时候应该注意以下几点。

1. 随时携带笔记本

推销人员应随时携带笔记本。在拜访客户时或拜访客户后，应及时记录或补充客户的有关资料。收集客情资料是推销人员长期要做的工作，推销人员必须及时对客户的资料进行补充与更新，动态地了解客户是与客户保持良好而持久关系的前提。

2. 熟练使用 EXCEL 工具

推销人员运用 EXCEL 表格可以将客户的资料进行统计，汇总分类。客户资料的信息是需要整理，汇总计算的，使用 EXCEL 可以大量减少工作量，而且利用其图表转换工具，可以随时将数据转换成图像，既直观又漂亮，推销人员必须掌握这个有效的工具，协助进行客户资料整理与分析。

3. 正确看待 CRM

CRM 近年来常运用于大中型企业的客户关系管理，有理念、战略、技术三个层面，其中，理念是 CRM 成功的关键，它是 CRM 实施应用的基础和土壤，正确的战略是 CRM 实施的指导，IT 技术是 CRM 成功实施的手段和方法。在实践运用中，理念、战略、技术三个层面经常混淆，"CRM"的叫法也容易误导企业与员工，以为搞好客户关系管理非使用"CRM 软件"不可，或者只是实施了"CRM 软件"，就能够搞好客户关系管理。事实上，仅"CRM 软件"是无法包含客户关系管理所有思想的，更无法提出客户关系建设战略。"CRM 软件"作为技术层面支持，在客户关系建设中只是辅助作用，只是客户关系管理的工具而已，既不要缩小也不要夸大它的作用。

三、客户关怀

客户关怀其实就是将顾客当成朋友对待，并且始终保持良好关系的一系列关怀行动。企业必须根据自身产品和服务的特点，以客户需要为出发点，针对不同类型，不同规模的客户指定不同的客户关怀计划，明确客户关怀的形式、客户关怀的频率、客户关怀的手段和客户关怀的内容。总之，客户关怀计划是动态的、长期的、持续的，并且是切实可行的。推销人员是实施客户关怀的主力军，不但要亲自参与客户关怀的相关行动，还应该督促有关方面将客户关怀由计划变为行动，积极协助相关部门将客户关怀做得更好。推销人员可以实施的具体行动如下。

（一）使顾客长久保持满意的状态

在购买商品之后，许多顾客会有一种不协调感，觉得自己这次的购买好像不是最明智、最合理的选择。推销人员不应该忽视顾客想要消除疑虑的需求，而是应该再次让顾客感到他们所做出的是一项很好的购买决定，应该通过积极的顾客关系管理来引导并强化顾客认识到这次购买所带来的回报。推销人员应该主要做好以下四项工作：

（1）努力使顾客在购买后持续感到满意。

（2）尽一切可能使顾客在将来再次购买本公司的产品。

（3）提高顾客购买本公司的补充产品的可能性。

（4）重复检测并尽量提高顾客的满意程度。

（二）发展与顾客的感情联络

为了发展与顾客的关系，推销人员应该定期或不定期地和顾客进行感情联络，通常可以采取以下方法：

（1）在完成一项重大业务后，推销人员应该给顾客写封感谢信或发条短信。

（2）亲临现场安装和培训。

（3）经常查看通信名录，给一些较长时间未谋面的顾客寄张贺卡表示问候。

（4）每天阅读报纸和商业杂志，向可能对有关新闻感兴趣的顾客寄送简报。

（5）如果某位顾客得到了提升或获得了奖励，给他寄一份祝福。

（6）在顾客生日或某些特定时候向顾客寄份贺信或贺卡。

（7）向顾客提供一些自己的想法，如推销产品的新渠道，节约资金的方法，提高生产效率的途径和对顾客有特殊价值的公司的新产品。

（8）组织顾客团体来分享有价值的创意。

（三）积极处理顾客的抱怨或投诉

客户关怀还表现在，客户在产品使用过程中由于某种原因而使顾客产生抱怨甚至投诉，妥善处理好顾客的抱怨或投诉，能创造出巩固和发展关系的重大机遇。如果顾客的问题能够得到圆满解决，他往往记忆深刻并对顾客好感倍增。

有期望才有抱怨

一天，王先生带着儿子逛庙会，在浏览摊位时，儿子吵着要买一辆35元的玩具小汽车，王先生当时就不怎么在意地买了一个。可是到了第二天，不知道儿子的玩具太粗野还是玩具车的齿轮没有接合得好，车子一动也不动了。王先生非常无奈，只好笑着对一直耿耿于怀的儿子安慰说："没办法，这是地摊货，过几天再买一个好的给你。"

过了两天，王先生在公司附近的一家玩具商店看到了同一款式的小汽车，就花了140元钱如约再买了一辆给儿子。儿子很高兴地玩了起来，可是到了第二天，车子又转不动了。王先生得知儿子的使用方法无误后，判断所买的玩具车是有瑕疵的，于是便利用下班的时间前往玩具商店理论。结果，营业员小肖漫不经心地说："是你的小孩使用不当造成的，别找其他的理由。"并以"当场验货，货出店门概不负责"为由不予以调换。王先生很是生气，便与他当场争论起来。当时围观的人不少，这时柜组经理梅佳过来，问清缘由后，便给王先生换了一辆玩具汽车，并双手把小汽车交给王先生，并代表整个柜组向王先生表示道歉。事态得到了平息，围观的群众大都赞叹"看人家负责人，真有水平，给人一种讲道理、重信誉的印象。"

小思考 王先生为什么对地摊上购买的玩具出了问题就算了，而在玩具商店买的玩具出了问题却要去"理论"。

任务三 处理顾客投诉

一个企业要面对各种各样的顾客，每天进行大量复杂、烦琐的销售业务，要使每一项业务让每一位顾客都得到满意是很难的。因此，推销人员要加强与顾客的联系，倾听他们的不满，不断改正推销业务中的错误与不足，弥补和挽回给顾客带来的损失，维护企业的声誉，提高产品品牌的知名度，为不断巩固老客户、吸引新顾客而努力。推销人员在业务过程中，处理顾客的投诉是顾客管理的一项重要内容。出现顾客投诉并不可怕，问题是如何正确看待和处理顾客的投诉。

一、顾客投诉的种类

在业务过程中，遇到顾客投诉，首先要分析投诉的种类，便于有针对性地进行分析和处理顾客投诉，在销售业务中出现的顾客投诉主要表现在以下几个方面。

1. 产品质量投诉

顾客对产品质量的投诉，主要包括产品在质量上有缺陷，产品规格不符、产品技术规格超过误差标准、产品故障、产品品牌、产品式样、花样品种以及产品包装等方面内容。

2. 买卖合同投诉

买卖合同投诉主要包括产品数量、等级、产品规格、交货时间、交货地点、交易条件、结算方式与原买卖合同的有关条款不符等。

3. 货物运输投诉

货物运输投诉主要包括产品在运输过程中发生超规定的损坏、丢失和变质或因包装、装卸不当而造成的损失等。

4. 服务投诉

销售服务有着丰富的内容，既有业务技术方面的服务，也有满足顾客心理需要的服务。顾客在这些服务项目上都可能产生不满，进而投诉。对销售服务的投诉具体包括：对质量保证的投诉，对安装、调试及检修等现场服务的投诉，对产品供应服务的投诉，对技术培训服务的投诉以及对满足心理需要服务的投诉等。

二、处理顾客投诉的流程

当发生顾客投诉时，推销人员应该从顾客的角度考虑问题，不能够推诿搪塞，更不能责怪顾客，要本着有效化解纠纷和抱怨的原则来处理问题。为此，要遵循以下程序。

1. 认真倾听顾客的抱怨

当顾客对企业产生抱怨或投诉时，其情绪一般都比较激动，接待人员要冷静、认真地倾听顾客的不满，不要做任何解释，要让顾客将抱怨完全发泄出来，使顾客心情平静下来，然后再询问一些细节问题，确认问题的所在。在倾听时要运用一些肢体语言，表达自己对顾客的关注与同情。

2. 同情顾客的遭遇

在倾听了顾客的抱怨以后，要站在顾客的立场来看待、处理问题，即支持顾客的观点，使顾客意识到推销人员或企业非常重视自己，他的问题对企业来说很重要，企业管理层将全力以赴来解决问题。对有关问题的问讯，语言要尽量婉转，不要使顾客产生被审问、被怀疑的感觉。例如，"非常抱歉，我对事情的整个过程不了解，请您复述一遍好吗？""对不起，有一个细节我想核实一下，请您……"。

3. 真诚地道歉

不论责任是否在企业，管理人员都应该以"顾客永远是对的"为原则，真诚地向顾客道歉，并感谢他们发现了企业经营中存在的问题，必要时还可以聘请他们做企业的顾问，请他们参与企业的经营活动。对企业而言，如果没有顾客的投诉或抱怨，常常认识不到自身的不足与问题，也难以有效完善其经营管理活动。因此，正确地处理顾客的投诉与抱怨，也是企业的一种公关途径。以顾客为鉴，可以了解目标市场的需求趋势，洞察自身的不足与缺点，调整自己的营销策略，为企业在激烈的市场竞争中赢得优势。

4. 提出解决方案

对顾客的投诉与抱怨，企业管理层提出解决方案时，要考虑以下问题：

（1）了解并掌握问题关键所在，分析问题的严重性。通过倾听顾客对抱怨的阐述来判断问题的严重性，了解顾客对企业的期望。例如，顾客对购买了企业中不新鲜或变质的食品进行投诉，就必须了解顾客是否已经食用，食用的数量有多大，给顾客造成的危害程度，顾客希望企业给予怎样的赔偿，赔偿金额是多少等。

（2）确定责任归属。有时顾客投诉的责任不一定在销售部门，可能是生产厂家造成的，也可能是顾客自己的缘故。例如，顾客没有看包装上的说明而将产品生食，造成肠胃不适，误以为是产品质量有问题等。如果责任在生产厂家，销售部门要协助解决；如果责任在顾客，企业要有使顾客信服的解释；如果责任确实在销售部门，在合理的范围内，应该给顾客一个满意的答复。

（3）按照企业既定的办法与规定处理。在产品销售过程中，发生顾客投诉与抱怨的情况是难免的，企业对此事件一般都制定了处理办法与规定。事件发生时，对于常规性的抱怨，可以遵照既定的办法处理，如退换产品等；例外事件发生时，要遵照既定的原则进行处理，同时要有一定的弹性，使双方都能够满意，因为例外事件影响较大，一经媒体曝光会造成难以估量的损失。

（4）明确划分处理权限。企业要视顾客投诉或抱怨的影响程度（或危害程度）来划分处理的权限，如产品退换，推销人员就可以办理；对顾客的赔偿问题则必须由销售人员或其他管理人员来处理。顾客投诉或抱怨一旦发生，根据其影响程度的大小来确定其处理人员，可以使顾客的问题迅速得到解决，为企业赢得主动。

（5）与顾客协商处理方案，使他们同意处理方法。在通常情况下，顾客的要求与企业的应允会有一定的差距，这就需要对顾客做耐心的说服工作，使顾客从实际出发，抛弃不切实际的想法，冷静地坐下来共同协商、处理问题。

5. 执行处理结果

处理方案一经协商同意，就要尽快执行。首先要拟定有关协议，协议一式2份，企业与顾客各一份。顾客方面的签字者必须是经事人，或者是经事人委托的代表；企业方面的签字人必须是法人代表，或者是法人代表委托的有关人员。协议一旦签订，就具有法律效力，受法律保护。

如果顾客的投诉已被新闻媒体报道过，要将处理结果及时通报给有关媒体，这不仅能澄清事实，而且可以从正面树立企业的形象，扩大企业的知名度。

6. 反省检讨

对顾客的每一次投诉，企业都应该专人登记备案，并定期分析、检查产生问题的原因。如果责任在产品推销人员，应追究其责任，并制定有关规定，杜绝此类事件的再度发生；如果是例外事件，应制定出处理的原则，以便以后有章可循。

三、顾客投诉管理常用表格

企业在处理客户投诉的过程中，需要设计、填制、整理一系列顾客投诉表格，以使投诉问题有序地解决。表 12-3 至表 12-7 是一些有关客户投诉的管理表格，供推销人员和推销组织参考。

表 12-3　　　　　　　　　　客户投诉登记表

年　　月　　日

投诉顾客姓名或名称		地址		联系电话	
受理日期		受理编号			
客户要求					
受理意见单位	质量管理单位		受理单位		营业单位

主管：　　　　　　　科长：　　　　　　　　　　　　制表：

表 12-4　　　　　　　　　　客户投诉调查表

年　　月　　日

受理案件		投诉原因	处理经过	处理建议	
编号	内容			对策	改进

营业单位：　　　　　质量管理单位：　　　　　受理单位：

表 12-5　　　　　　　　　　顾客投诉处理表

客户名称		订单编号		制造部门		交运日期及编号	
品名及规格		单位		交货数量		金额	
投诉理由							
客户要求		赔偿	折价	退货		其他	
		元	％　　元	数量：	金额：		

续表

经办人意见	
推销组织意见	
采购部门意见	
制造部门意见	
研究开发部门意见	
财务部门意见	
销售经理批示	
副总经理批示	
总经理批示	

表 12-6　　　　　　　　　　　客户投诉处理通知书

发文号：　　　　　　　　　　　　　发文日：　　　　　　　　　　　　年　　月　　日

客户姓名或名称			
订单编号		问题发生单位	
订购日期		制造日期	
索赔数量		制单号码	
索赔金额		订购数量	
		处理期限	
发生原因及调查结果		客户要求：退货　退还　打折扣　更换产品　其他	
		营业部观察结果	
处理及公司对策		公司对策实施要领	
		对策实施确认	

表 12-7　　　　　　　　　　　客户投诉统计表

投诉		客户	品名规格	交运		不良品种数	投诉内容	责任单位	处理方式			损失
日期	编号			日期	数量				退货	折价	赔款	

项目十二　维护客户关系

【总结与回顾】

著名管理大师彼得·德鲁克（Peter Druker）强调，"企业经营的真谛是获得并留住顾客"。

客户关系管理（CRM），是指企业为了赢取顾客，以及增进顾客利润贡献度而不断地沟通，以了解并影响顾客行为的方法。

客户关系管理的目的：一方面是为防止那些同样试图与这些客户建立业务联系的竞争对手接近他们而设置障碍，同时也防止那些试图从你的竞争对手处购买产品和服务的客户的流失设置一些障碍；另一方面就是为了提高客户的满意度进而提高客户忠诚度，从而取得客户终生价值的最大化。

CRM是一种现代管理理念，是一种将顾客信息经过加工，进而提高客户的发展率、客户维持率、客户忠诚度与客户利润率的经过。

"以顾客为中心"是CRM的核心思想。

建立客户关系的途径：对顾客进行分析，建立并管理好客户数据库，客户关怀。

顾客投诉的种类：产品质量投诉、买卖合同投诉、货物运输投诉、服务投诉。

处理顾客投诉的流程：认真倾听顾客的抱怨，同情顾客的遭遇，真诚地道歉，提出解决方案，执行处理结果，反省检讨。

本项目的教学重点：正确认识客户关系，学会建立客户关系，学会处理顾客的投诉。

【复习思考题】

❶ 结合本项目知识谈谈你对客户关系管理的认识。
❷ "客户关系管理既是一种全新的管理理念又是一门管理技术"你如何理解？
❸ 推销员如何处理顾客的投诉？

【案例分析题】

❶ 一天，一位农村来的顾客跑到商场对营业员说："同志，我前几天刚买回台彩电，发现电视信号不好，只有声音，没有图像。"营业员听了这位顾客的话后有点不相信，就告诉顾客说将彩电拿回商场给专业人员看看，结果彩电拿到商场后发现电视信号完全正常，这样这位顾客只能心存疑虑地将彩电又拿回家去了。但过了一天，他又来诉说电视信号不好，并要求退货。商场的营业员不相信他的话，并由商场自己的维修人员跟下去看看情况，结果证实顾客没有错。无奈顾客再次提出退货。这时商场主动提出请商场的维修人员想办法再去现场维修，但顾客不同意。

> 问题　假若你是商场的一位推销人员，你打算如何处理此事。

❷ 美国是一个汽车社会，汽车十分普及，同时，汽车市场的竞争也十分激烈。不仅美国本土汽车商之间竞争激烈，而且还要面临来自日本、西欧进口汽车的挑战。

艾斯坦是位于加利福尼亚州××汽车公司的推销员，在该公司的知名度远低于美国几家大型汽车公司，以及来自国外进口车的冲击情况下，他仍在某一年为××汽车公司挣取了约20万美元（推销一辆车只能赚几百美元）。

艾斯坦的顾客几乎全是回头客，或者是由老主顾介绍来的。这里面最主要的原因就在于，艾斯坦能为顾客提供周到的服务，并且是在做成生意之后从不忘记顾客。有一天下午，艾斯坦接到一位顾客的电话，该顾客名叫季信吉，此时他正遇到了困难。原来，季信吉开设了一家汽车服务公司，专门提供出租与租赁业务。这天他的一辆产于艾斯坦所在公司的××牌汽车的汽化器坏了，可附近的相关经销商又没有这方面的配件，而这一天的业务已经排满，就是这辆坏的车子的任务也早就预订好，并且晚上必须出车，否则会坏了季信吉公司的名声。于是季信吉打电话向艾斯坦求援，艾斯坦听清缘由后，二话没说，放下电话听筒，立即到公司陈列室，从一辆样品车上卸下汽化器，再开上自己的汽车，亲自给季信吉送货上门。在艾斯坦看来，他这样做不仅仅是为顾客解决难题，也不仅仅是提供售后服务，而是正在做另外一笔生意。在这一突发事件完满解决之后，季信吉深感史斯坦的信誉，后来随业务的扩展，他又从艾斯坦手中购买了65辆汽车。

（1）艾斯坦是如何来提高推销业绩的？
（2）艾斯坦重视回头客的方法，对推销业绩的提高有什么益处？

【能力拓展】

结合案例导入内容，分组讨论假如你是该牛奶产品在商场的业务员你会怎么办？假如你是该购物广场的客服中心负责人你又会怎么办？再假如你是该商场负责人你又会怎么办？然后阅读下面资料对照分析你的处理方式效果如何？

阅读资料：（接续案例导入）该购物广场顾客服务中心负责人听到后马上前来处理，赶快让那位值班经理离开，又把顾客请到办公室交谈，一边道歉一边耐心地询问了事情的经过。询问重点：①发现苍蝇的地点（确定餐厅卫生情况）；②确认当时酸牛奶的盒子是撕开状态而不是只插了吸管的封闭状态；③确认当时发现苍蝇是小孩先发现的，人人不在场；④询问在以前购买"晨光"牛奶有无相似情况？在了解了情况后，商场方提出了处理建议，但由于顾客对值班经理"有问题去医院检查，我们负责"的话一直耿耿于怀，不愿接受我们的道歉与建议，使交谈僵持了两个多小时之久，依然没有结果，最后商场负责人只好让顾客留下联系电话，提出换个时间与其再进行协商。

第二天，商场负责人给顾客打了电话，告诉顾客：我商场已与"晨光"牛奶公司取得联系，希望能邀请顾客去"晨光"牛奶厂家参观了解（晨光牛奶的流水生产线：生产—包装—检验全过程全是在无菌封闭的操作间进行的），并提出，本着商场对顾客负责的态度，如果顾客要求，我们可以联系相关检验部门对苍蝇的死亡时间进行鉴定与确认。由于顾客接到电话时已经过了气头，冷静下来了，而且也感觉商场负责人对此事的处理方法很认真严谨，顾客的态度一下缓和了许多。这时商场又对值班经理的讲话做了道歉，并对当时顾客发现苍蝇的地点——（并非是环境很干净的小饭店），时间——大人不在现场、酸奶盒没封闭、已被孩子撕开等情况做了分析，让顾客知道这一系列情况都不排除是苍蝇落入（而非牛奶本身带有）酸奶的因素。

  通过商场负责人的不断沟通，顾客终于不再生气了，最后告诉商场负责人：他们其实最生气的是那位值班经理说的话，既然商场对这件事这么重视并认真负责处理，所以他们也不会再追究了，他们相信苍蝇有可能是小孩喝牛奶时从空中掉进去的。顾客说："既然你们真的这么认真地处理这件事，我们也不会再计较，现在就可以把购物小票撕掉，你们放心，我们会说到做到的，不会对这件小事再纠缠了！"

模块四

推销技能拓展

项目十三
电话推销

【任务分析】

电话销售已经成为现代比较流行的销售方式，拿起电话每个人都会，但是如何通过电话与对方良好地沟通，并达成销售意向，可并不是一件简单的事情。对善于利用电话的销售人员而言，电话是一项犀利的武器。但是，也有些推销员在打电话之前就已经担心对方拒绝自己，遭到拒绝后不知该如何应对。那么如何利用电话来开展业务呢？

本项目学习过程中，学生需完成以下任务： 认识电话推销，掌握电话推销的程序和技巧。

【案例导入】

小王：M乳品公司大客户经理小王

宋经理：某大型连锁超市采购经理

周一早晨，业务员小王拨通了陈经理办公室的电话。

小王：早上好，宋经理，我是M乳品公司大客户经理王××，想和您谈一谈我们产品进店的事宜，请问您现在有时间吗？

宋经理：我现在没有时间，马上就要开部门例会了。

小王：那好，我就不打扰了，请问您什么时间有空，我再打电话给您。

宋经理：明天这个时间吧。

小王：好的，明天见。

周二早晨，小王再次拨通了宋经理办公室的电话。

业务员小王：早上好，宋经理，我昨天和您通过电话，我是M乳品公司大客户经理王××。

宋经理：你要谈什么产品进店？

小王：我公司上半年新推出的乳酸菌产品，一共5个单品，希望能与贵卖场合作。

宋经理：我对这个品类没有兴趣，目前卖场已经有几个牌子销售了，我暂时不想再增加品牌了，不好意思。

小王：现在有100多家超市已经在销售我们的产品了，其中包括一些国际连锁，销售情况良好，我可以给您出示历史数据。

宋经理：好吧，你明天早上过来面谈吧，请带上一些样品。

通过后期的面谈推销，最终小王顺利地将公司的乳酸菌产品铺到了这家超市。

> **思考题** 分析案例中产品业务员小王是如何通过电话推销赢得面谈机会的？试着对电话推销的优劣势进行分析。

任务一　认识电话推销

电话推销始于20世纪60年代末期的美国，它伴随着现代通信业的发展而产生和发展，目前在房地产、保险、金融、IT（电子商务和软硬件）、医疗保健、教育咨询与培训、汽车、电信等行业的商品或服务销售与推广中广泛运用。

一、电话推销的含义

电话推销就是推销人员用电话直接或间接向顾客推销商品或服务的销售方式。

电话推销包括两种形式：一种形式是完全利用电话开展业务，整个销售工作都是通过电话完成的。这种方法在用以联系距离较远的顾客，或为现有顾客服务方面有一定的优势，因为推销员可以坐在办公室里开展业务，扩大销售，减少出差和旅行方面的费用。另一种形式，是把电话作为一种辅助手段，以配合面谈推销等其他推销方法或手段。如用电话寻找潜在顾客，用电话预约上门拜访时间，用电话接受订货，以及作为售后服务的手段，用电话追踪已售商品的使用情况等。目前，第二种形式即把电话作为一种辅助手段，配合面谈推销或其他推销方法或手段运用较多。

二、电话推销的优缺点

电话推销相对于其他推销，特别是相对于面对面的人员推销来讲，具有明显的优缺点。

（一）电话推销的优点

1. 节省时间、精力

使用电话最主要的优势之一，是因为它能快速与准顾客沟通，一方面不需要花费太多的时间和精力浪费在出差的旅途中；另一方面事先联络还会避免因为顾客无法赴约而浪费的宝贵时间和精力。

2. 节省费用

住宿和交通费用是销售部较大的开支之一。与节省时间和精力有着密切关系，推销人员使用电话的另一重要优势，显然是节省许多住宿和交通费用。当推销人员正确使用电话技巧，征得准顾客同意后再去约见顾客，可以极大程度地节约出差旅途的次数，节约住宿和交通费。

3. 面临的压力相对较小

一般情况下，当你未与买家谋面时通常会保持相对良好的心态，忽视双方身份的差异会给推销工作带来诸多的好处。无论对方是资深高手还是行业专家,你都不会感到紧张和无措,可以比较从容地运用既定的推销策略。

4. 具有弹性

当你打电话给一位潜在顾客,可以根据对方的反应调整你的介绍内容和拜访时间。

(二)电话推销的缺点

1. 很难判断对方的反应

电话沟通只能了解到对方的语气,仅凭一点很难准确地分析出对方的真实意图,更何况谈判高手极可能会通过语音语调来迷惑你,从而加大你对他们底牌分析的难度。

2. 很容易被对方拒绝

在人员面对面的推销中,买卖双方或多或少都会顾及对方的情绪,即使谈判破裂也会给对方留有面子,在电话销售中买方则不会有太多的顾及,他们会直截了当地使用拒绝策略。当你致电买方介绍产品或服务时,假如对方确实毫无兴趣,他们通常不会继续与你交流,甚至直接挂断电话,几乎没有回旋的余地。

例如,一个教育培训电话推销人员拨通一学生家长电话,下面是两人的电话交流:

推销员:"喂,您好!请问您是××学生家长吗?我是××教育的一名老师,我想了解一下您孩子的学习情况……"

家长:"我凭什么让你了解我孩子的学习情况呀?"(接着挂掉电话)

三、电话销售的目标

专业的电话销售人员在打电话之前一定要明确打电话的目标。

1. 常见的主要目标

(1)根据客户实际情况确定客户需求产品或服务的类型。

(2)让准客户接受你的建议,并愿意听你做出的详细介绍。

(3)约定当面拜访时间或邀请客户前来进一步了解产品。

2. 常见的次要目标

(1)获取客户本及公司(单位)的相关信息。

(2)引起准客户的兴趣。

(3)让客户同意接受你所介绍的产品或服务。

(4)让顾客愿意接受你或介绍其他有价值的联系人。

×××接电:喂。

推销员:请问您是×××先生吗?

×××先生:我就是。

> 推销员：我是天津成竹兴公司，我叫××。我公司现生产/经营一种电线电缆金属保护软管及接头，我想您或许有兴趣了解。产品比目前国内市场上所销售的产品优点更多，质量更好，并有一个合理价格，同时保证您将来对产品质量或使用上没有后顾之忧，将节省您不少时间，您公司接头用量很大，是吗？
>
> ×××先生：是的，接头在目前销量上比较大，但目前我们已有一个供应商，给我九十天的付款期限，并负责处理产品的任何瑕疵，还送货上门。你们产品价格多少钱？
>
> ……

任务二　掌握电话推销技巧

对每一个从事推销的人员来说，掌握电话推销的程序和技巧是非常重要的。一般电话推销的完整程序是：打电话前的准备——策略性的通话——结束通话后的跟进。

一、打电话前的准备

1. 了解公司及产品

在电话推销中，拨通电话后对方通常会问许多关于公司及产品的相关问题，因此推销员需要将可能涉及的问题一一列出来，随后把标准的答案附在后面，所有的回复要求既简单又全面，每一条问题最好只用两句话就可以说清道明。

2. 了解潜在客户

在实际的电话推销中，经常有些推销员是随机拨打电话，然后确定交流话题，这种方式是非常容易遭到拒绝的。曾经出现女士接通电话，推销员却称呼"先生您好！"，结果肯定是直接挂掉电话。

拨通电话之前一方面尽量多渠道搜集准顾客的电话号码，另一方面尽量了解潜在顾客的更多资料，例如潜在客户的姓名、职务、企业名称及营业性质、产品使用者、决策者等情况，便于拨通电话之后高效沟通。在选择潜在客户时通常考虑：第一，有潜在或者明显的需求；第二，有一定的经济实力购买你所销售的产品；第三，联系人要有决定权，能够做主拍板。

3. 确定打电话的目标

拨通电话之前,在对潜在客户了解基础上,确定本次通话的目的。例如,接电话的人正好是负责人,那么我们就可以直接向其介绍公司产品,通过电话沟通,给其发产品资料邮件、预约拜访等;如不是负责人,就要想办法获得负责人姓名、电话等资料,然后和其联系发邮件、预约拜访。所以说打电话给客户不是目的,我们要的是联系到我们的目标客户,获得面谈的机会,进而完成我们的销售。

4. 选好时机

在电话推销活动中,时机的选择直接影响到双方的沟通。那么,使用电话的最佳时间是什么时间呢?这个问题的答案要视许多因素而定,它和顾客的职业与特性有着密切的关系。如果是老顾客,推销员应该了解其生活工作习惯,知道什么时间打电话最恰当。如果知道对方的职业,也能找到恰当的时间。比如医生,上午11时后和下午4时后打电话最合适;再如会计师,切勿在月头和月尾,最好是在月中打电话;对于教师,比较理想的时间是在晚上7:30~9:00打电话;而对于餐饮业工作人员,则应避免在用餐时间打电话;如果对方是零售商,则应避免周末,最好是上午9时以前或者是下午2~3时打电话等。当然,上述所提及的打电话给特定职业人员的最佳时间仅是一种建议而已,作为推销员必须知道每一位顾客都是一个独立的个人,对任何一般性的法则都可能有例外。但有一点必须记住,在不适当的时间打电话给潜在顾客,是不可能得到良好的效果的,而最恰当的时间,应该是对顾客和对自己都方便的时间。

5. 设计好开场白

提前把开场白(例如如何称呼对方,第一句说什么等)设计好,特别是业务新手,甚至可以用笔和纸记下来,否则,面对陌生顾客的冷漠拒绝,你可能会手忙脚乱。

6. 要克服自己的内心障碍

有些人在打电话之前就已经担心对方拒绝自己,遭到拒绝后更不知该如何应对,只能挂断电话,甚至有些人盼着电话快点挂掉、无人接听,总是站在接电话人的角度考虑,想象他将如何拒绝你。如果你这样想,就变成了两个人在拒绝你。

为避免心理紧张,首先把你想要表达的内容想好,然后用简练的语言写在一张纸上,比如与对方约时间面谈,你先要把自己空闲的时间范围写出来,如果对方安排的时间恰好与本方有冲突,你可以立即提出自己的修改建议。

二、策略性的通话

(一)开场白

电话一旦拨通,业务员必须在30秒内介绍公司及自我介绍,引起客户的兴趣,让客户愿意继续听下去。即销售员要在30秒钟内清楚地让客户知道下列三件事:第一,我是谁,我代表哪家公司?第二,我打电话给客户的目的是什么?第三,我公司的产品对客户有什么用途?

开场白最好用最简短精练的语句表达自己的意图,因为没人会有耐心听一个陌生人发表长篇大论,而且客户关心的是这个电话是干什么的,能够给他带来什么,没有用处的电话对任何人来说，都是浪费时间。

例如："您好，张总，我是早上果业有限公司×××，我们公司主要是做各种高档水果、干果产品配送，还有各种干果、红酒、茶油礼盒。我们的产品您可以作为员工福利、节日礼品发放，还能提供给您的客户，维护好您的客户关系。"

（二）通话技巧

好的开场白会吸引准客户的注意，使他愿意与你进一步沟通。那么接下来的通话就直接关系到客户对你的产品或服务有没有兴趣，愿不愿意前去了解或同意与你约谈。

所以，当潜在客户接上电话时，您简短、有礼貌地介绍自己后，应在最短的时间，运用策略性的通话，引起潜在客户的兴趣。

1. 态度

打电话与顾客面对面接触不同，面对面接触要表现出热情友好，并且面带笑容，而打电话时互不相见，是否就用不着讲究态度呢？事实正相反，声音也能表达出说话人的态度和情绪。和蔼的音调、语气常常伴随着微笑，尽管对方看不见，但听得出。有的推销员为了保持态度特别亲切友好，在电话机旁放一面镜子，打电话前检查自己的表情，确保一边拨电话一边露出微笑，这样在拨通电话之后就能有一种良好的推销情绪。如果在镜子里发现面部表情不对头，就要尽快调整，使情绪恢复到良好状态，做到心平气和。

2. 语言

电话沟通环节还应注意说话的韵律、节拍和声音的高低。这些方面应尽力适应对方，如果对方说话轻声轻气，而你却大喊大叫，那就会使对方反感。一般来说，打电话时嘴与送话器之间相距 10 厘米为宜，平时说话声音高的推销员嘴与送话器的距离可大于 10 厘米，而平时说话声音低的可小于 10 厘米。讲话的速度也要努力与对方保持接近，有关研究表明，如果通话双方讲话速度差异明显，沟通效果就会降低。在电话推销中，同时应注意语言的使用，电话推销不能展示商品和做示范，所以需要高超的语言艺术，借助于想象力，使用感情色彩浓厚的词汇，来帮助顾客产生生动的形象，使对方更好地了解商品。

3. 内容

根据你打电话的目的合理安排电话沟通的内容：

（1）如果您打电话的目的是要和潜在客户约时间会面，千万不要用电话谈论太多有关销售的内容。

（2）如果打电话的目的是为了销售产品，那么需要注意：第一，要介绍你的产品或服务最与众不同的方面，最能够吸引人的卖点；第二，陈述你最能满足对方需求的东西；第三，提及"如果不能合作，对方会有什么损失"。

另外，不要总是问客户是否有兴趣，要帮助客户决定，引导客户的思维；面对客户的拒绝不要立刻退缩、放弃。

（三）礼貌挂断电话

我们打电话的最终目的是销售我们的产品，这就需要和客户坐下来面谈，所以打电话的成功与否，就是看能否约到客户对其上门拜访。任何一个客户都不可能是一个电话就谈成的，也许第一次没有约成功，但是我们可以给自己留下后路，可以这样说：××总，您看这样好吧，明天下午我带着产品和资料去您那一趟，……哦，明天您没时间啊，那您看周三下午方便吗？不会耽误您多少时间，周三下午您几点有时间……好的，那周三见吧，到时候给您打电话。约见成功，你打电话的目的就基本达到了。

打完电话之后，业务人员一定要记住向顾客致谢，"感谢您用这么长时间听我介绍，希望能给您带来满意，谢谢，再见！"另外，一定要顾客先挂断电话，业务人员才能轻轻挂下电话，以示对顾客的尊重。

三、结束通话后的跟进

电话通常不适合销售、说明任何复杂的产品，因为你无法从客户的表情、举止判断他的反应，并且无"见面三分情"的基础，很容易遭到拒绝。因此你必须更有效地运用电话沟通的技巧，达到你的目的后立刻结束电话的交谈，并有效跟进。

1. 准备材料

通过前面的通话，如果成功约到准客户，那么接下来的工作是做好上门拜访或接待客户的准备工作，包括对准客户需求的了解、企业及产品的资料、以往老顾客资料等，只有做好了充分的准备，我们才会在面谈环节抓住机会。

2. 上门拜访/接待客户

材料准备就绪，接下来就是根据电话中双方的约定上门拜访或在商定的地方接待客户，双方进入面谈环节，推销员就可以按照前面章节中的接近顾客、推销洽谈、处理异议、促成交易等各环节的技巧来推销产品或服务。

3. 定期访问

一次性的拜访、沟通就能达成交易的可能性是很小的。针对前期电话沟通中的情况，进一步整理准顾客资料，并做好定期访问，从而再次争取销售机会或提高销售量就显得尤为重要。

（1）确认顾客。确认有哪些顾客有必要定期访问；哪些顾客有可能前期没有购买，定期访问会增加购买的可能；哪些顾客如果与他们经常保持联系的话，他们会增加购买的数量。

（2）制作推销访问报告。掌握每一位顾客最准确而且是最新的资料，是定期访问工作成功的关键。推销员必须为每一位顾客制作一份推销访问报告（表13-1），并认真填写。如果推销员手头没有这些资料，往往会产生乱无头绪，不知所措的感觉。

（3）顾客分类。对每一份推销访问报告，在评估基础上予以适当的分类。一般按照顾客的购买习惯与潜力，选择三个或三个以上的分类层次，如购买潜力高、中、低等。然后把特性相近的顾客归类在一起，以决定每隔多少时间以电话和他们联络一次比较适当。

表 13-1　　　　　　　　　　推销访问报告表

	推销访问报告表		
顾客名称:		联络人:	
电话:		职　务:	
详细地址:		最佳访问时间：上午　下午	

	访问日期	访问内容摘要	追踪要点	下次访问日期
1				
2				
3				
4				
5				
6				
7				
8				

主要商品种类：

目前购买方式：

特殊需求：

财务状况：	个人资料
信用评估：	

（4）决定访问频度。即决定每一类别顾客多少时间该去访问一次。具有大量购买潜力的顾客，应该做到每个星期必须去访问一次；而购买数量属于中等的顾客，也许要做到每个月必须去访问一次；至于购买数量很少的顾客，也许每 3 个月去访问一次；前期电话沟通根本没有需求意向的顾客可以直接放弃。

（5）拟定计划。也就是拟定一份定期与每一类别顾客联系的计划，这是非常重要的事情。定期访问顾客，不可存有"有机会才去访问"的想法，而是要有周密的计划，最好建立一份备忘录（表 13-2），可用来提醒你何时该去访问顾客。在经过联系，确定了每一位顾客最适合去访问的时间后，每次都在同一时间去访问，顾客通常会期待你的到访。

（6）计划的执行。对顾客而言，定期访问实际上是一种服务性的工作。如果推销员的访问频度正确的话，就可减少依赖顾客联络才去补货的现象，同时还可以帮助顾客更准确地安排其库存数量及需求频度。

总之，定期访问可以节省推销员相当可观的时间，同时还可减少费用的支出，有些公司聘有专司内勤业务的推销员，专门利用电话实施定期访问计划。

表 13-2　　　　　　　　　定期访问顾客计划备忘录

三月			
	星期一 3	星期二 4	星期三 5
9:00			
9:30			
10:00			
10:30			
11:00			
11:30			
12:00			
12:30			
13:00			
13:30			
14:00			
14:30			
15:00			
15:30			
16:00			
16:30			
17:00			

4．再次提醒缺乏积极性的顾客

由于各种不同的原因，会有一些购买不积极的顾客，这些顾客往往对推销员所在公司的接受度很低，也不经常从这些公司购物。而公司为了要和处于业务停顿状态的顾客或购货量太少的顾客保持联系，就要付出一定的人力和财力，成本相当高昂，这部分顾客和积极进取的顾客一样，常常接到相同的信函、商品目录、促销用品，以及公司的其他说明书之类的资料。但是由于这部分顾客的购买数量太少，有时甚至连这些资料的成本都要付诸东流，在这个时候，电话就是再次提醒这些缺乏积极性顾客的最佳、最有效的工具了。要了解顾客购物不积极的原因，可寻找某些重要的问题，推销员可以从得到的回答中分析某些问题，从而调整或修正对该顾客的未来计划与策略。利用电话来完成，比起人员推销访问来要节省许多费用。

利用电话使不积极的顾客恢复积极购买，可以按照下列六个步骤进行：

第一步，确认。通过电话，说明推销员的身份和所在公司名称，简单说明你打电话的用意。如果能直接叫出顾客的名字，将会给顾客留下更良好的印象。

第二步，暂停。在大多数情况下，顾客都知道你打电话来的用意，而这位接听电话的顾客将是你所寻找自愿提供情况的人，因而适当地暂停片刻是需要的。

第三步，询问。询问一些关键性问题（如果有必要的话），以得知对方不愿意购买的原因。这时候千万注意以倾听为主，不要和顾客争辩。

　　第四步，推销。把顾客可获得的利益告诉他，为你的商品或服务再创销售新机会。

　　第五步，请求。请求顾客上门服务或购买。

　　第六步，感谢。感谢顾客的支持，这对于把对方保持为积极购买的顾客是非常重要的一点。

5. 维持良好的关系

　　推销员同顾客之间建立良好的关系是至关重要的。许多成功的推销人员都会不约而同地在亲自访问之后的几天内，使用电话来做追踪的工作，有时甚至是在商品送达顾客之后，就立即打电话进行联络，名义上是询问是否按时送到，使用是否满意，实际上这是维持良好关系的重要步骤。对方在接听了推销员的电话之后，往往会留下良好的印象，因为此时的电话充分显示了推销员及所在公司对顾客的关心。

　　事业有成的公司和推销人员，在利用电话来维系良好关系方面，有许多成功的范例，并总结出许多很好的方式方法。例如，利用电话访问得知顾客购买商品之后，了解商品功能是否正常。也可利用电话访问顾客在商品使用上是否需要什么帮助，这些帮助包括代为训练使用人员等。还可利用电话提醒顾客有关所需的保养服务，告知特价优惠的信息等。

　　在利用电话维系与顾客的良好关系时，甚至可通过电话恭贺顾客近期所获得的成果。当然，利用电话维系良好的关系时也不能做过头，有时推销员的用意虽好，但若没有具体的目的而随便打电话，仅仅做无意义的聊天，这样做法不仅不能维系良好的关系，反而有碍正常的关系。

【总结与回顾】

　　电话推销就是推销人员用电话直接或间接向顾客推销商品或服务的销售方式，包括两种形式：一种是完全利用电话开展业务，整个销售工作都是通过电话完成。另一种形式，是把电话作为一种辅助手段，以配合面谈推销等其他推销方法或手段。

　　电话推销的优点：节省时间、精力，节省费用，面临的压力相对较小，具有弹性。

　　电话推销的缺点：很难判断对方的反应，很容易被对方拒绝。

　　电话销售常见的主要目标有以下：根据客户实际情况确定客户需求产品或服务的类型；让准客户接受你的建议，并愿意听你做出的详细介绍；约定当面拜访时间或邀请客户前来进一步了解产品。

　　电话销售常见的次要目标有以下：获取客户及本公司（单位）的相关信息，引起准客户的兴趣，让客户同意接受你所介绍的产品或服务，让顾客愿意接受你或介绍其他有价值的联系人。

　　一般电话推销的完整程序：打电话前的准备—策略性的通话—结束通话后的跟进。

　　打电话前的准备：了解公司及产品、了解潜在客户、确定打电话的目标、设计好开场白、克服自己的内心障碍。

策略性的通话：恰当运用开场白、合理使用通话技巧（时机、态度、语言、内容）、礼貌挂断电话。

结束通话后的跟进：面谈销售、定期访问、再次提醒缺乏积极性的顾客、维持良好的关系。

本项目的教学重点是：正确认识电话推销，掌握电话推销的程序与技巧。

【复习思考题】

❶ 结合本项目所讲知识，谈谈电话推销与传统人员推销的关系。
❷ 分析电话推销的常见目标。
❸ 电话推销前的准备工作有哪些？
❹ 挂掉电话后的工作如何开展？

【案例分析题】

小　　李：某教育软件公司推销员
王老师：某学校××专业的教研室主任
小　　李："您好，请问是王主任吗？"
王老师："你好，请问你是哪位？"
小　　李："您好王老师，我是××软件公司的业务员小李，很冒昧打扰您！听说您是××学校××专业的教研室主任，负责××专业的建设，您工作一定很辛苦。听说咱们专业是学校重点专业，目前要建实训室。我们公司有针对××专业整套成熟的教学软件，好几所学校已经使用了，反应很不错，希望您能了解一下……"
王老师："叫我王老师好了！是的，我们专业目前在建实训室，需要一些专业的教学软件，不过，具体采购工作不是我负责……"
小　　李："您好，王老师，那请问咱们学校具体由哪个部门负责采购呢？……谢谢！"
……

 结合本项目内容，分析案例中的小李本次电话推销中做得怎么样？

【能力拓展】

在电话推销中，我们经常会遇到两类比较有代表性的准客户。

一类是直接拒绝你，例如"对不起，我不需要！……""我凭什么告诉你我的QQ/微信号……？""你怎么会有我的电话……"

另一类是从来不拒绝你，例如"对不起，我这会没时间，以后再联系吧……""如果有需要我和您联系好了……""我再考虑一下……""好的，我的QQ/微信号是××，把资料发过来，我了解一下再说……"

通常情况下，业务员会觉得第一类顾客不好打交道。因为他们表现得难以接近，让业务员直接"吃闭门羹"，尤其对于新的业务员来说，甚至极大地打击他们的自信心和积极性。但是，第二类顾客中会有一些可能从一开始就不需要你的产品或服务，只是不好意思或不擅长拒绝别人，这样的准顾客可能会让你浪费大量的时间和精力。从这个意义上来讲，似乎第一类顾客的直接拒绝可以让我们节省大量的时间和精力去寻找和拜访更有价值的客户。

能力训练

根据上面的资料，讨论这两类顾客对推销员来讲，应如何理解并区别对待。

建议

1. 同学们分组讨论，每一组得出一个一致性的意见，组与组之间进行交流，通过交流提高对电话推销的理解。

2. 在同学们中间开展市场调研，调查了解面对电话推销时，你作为准顾客时的反应和心理。

项目十四

网络推销

【任务分析】

伴随着互联网的发展和电脑、手机的广泛运用,网络推销成为现代推销不可或缺的形式,特别是因为移动端网络消费的高度便捷性,使得网络推销来势凶猛、势不可挡,甚至把现代的消费叫作"指尖消费"。这些变化使得企业的推销工作不能紧紧停留在传统的人员拜访与面对面的推销洽谈。我们需要学会运用更多网络新媒体开展推销工作。

本项目学习过程中,学生需完成以下任务:认识网络环境下的消费行为,学会使用PC端网络推销和移动端网络推销技巧开展推销工作。

【案例导入】

"水果哥"凭借微信月收入4万元

许某是石家庄经济学院(以下简称石经院)的一名大学生,过去3个月里,他和他的微信水果店"优鲜果妮"在石经院火了。作为一名大学生,许某的创业灵感来源于为女友送早餐的偶然经历。"石经院共有学生1.7万名,其中女生6000多名。"许某强调:女生几乎每天都要吃水果,如果按每个女生一个月50元消费来估算,微信卖水果大有赚头。开业之初,许某的"优鲜果妮"生意并不好做,常常等上一天才有一笔几元的订单。于是,许某和他的同学采用"扫楼"的方式来增加好友:将印制好的市场宣传单、广告册发到学校的教学楼、食堂、宿舍楼;利用课间在学校播放"优鲜果妮"宣传短片,三个月时间的"扫楼","优鲜果妮"关注人数达到4920个,这些用户多为许某的同学,针对这点,许某经常推出个性产品,各种水果组成的"考研套餐""情侣套餐""土豪套餐"来吸引顾客,此外,许某的公众平台还会不时推送天气预报、穿衣搭配、失物招领、四级应试技巧等来吸引粉丝。到目前为止,"水果哥"已经实现了4万元/月的收入。

> **思考题** 案例中的"水果哥"是如何实现月收入4万元的?

任务一　分析网络环境下的消费行为

互联网的出现使得消费观念、消费方式和消费者的地位正在发生着重要的变化，使得网络环境下的消费特征、购买动机及购买决策过程呈现新的特点和趋势。

一、网络环境下的消费特征

1. 个性化、差异化

近代工业化、标准化的生产方式使消费者的个性需求被企业大量低成本、单一化的产品淹没。但是，没有一个消费者的心理是完全一样的，每一个消费者都是一个细分的市场。网络时代，个性化、差异化的需求要求销售人员更好地去发现目标顾客的需求，针对性地推销商品或服务。

2. 从单向到互动

在互联网时代，企业与消费者的关系正从独白转变为对话，并且伴随着移动网络时代的发展，给消费者带来的是信息的及时沟通和双向互动性。

3. 层次性明显

网络消费本身是一种高级的消费形式，但就其内容来说，仍然可以分为有低级到高级的不同层次。消费者在网络环境中的购买从日用消费品到精神消费品。

4. 信息更充分

网络技术为用户提供了更加充分的信息，包括商品品牌、功能、价格、生产厂家、服务等，对比轻而易举。信息的呈现形式从单一的文字介绍，到图片展示，到视频播放，再到二维码技术运用，甚至可以利用 VR 技术，让顾客有体验消费的真实感。

二、网络环境下消费者的购买动机

网络推销是一种不见面的销售，网络消费者多层次、复杂的购买行为不能被直接观察到，那么对网络环境下消费者的购买动机分析就显得尤为重要。网络消费者的购买动机基本上分两类：需求动机和心理动机。

第一类是需求动机。

通常情况下，光顾网店的购买者大多都有着明确的购买目的，即需求动机。按照马斯洛的需求层次划分的五个层次：生理需求、安全需求、社交需求、尊重需求、自我实现需求，这五个层次的需求在网络推销中需要网店经营者瞄准目标顾客、选择恰当商品、研究推销技巧。

第二类是心理动机。

网络消费者购买行为的心理动机主要体现在三个方面：首先是理智动机，这种购买动机是建立在人们对在线商场推销的商品的客观认识基础上的，众多网络购买者大多是中青年，具有较高的分析判断能力，他们的购买是在反复比较各个在线商场的商品之后做出的，对所要购买的商品的特点、性能和使用方法心中有数，理智购买动机具有客观性、周密性和控制性。其次是感情动机，这种购买动机是由于人的情绪和感情引起的。感情动机又分为两种形态：一种是低级形态的感情动机，具有冲动性、不稳定性的特点；另一种是高级形态的感情动机，具有稳定、深刻的特点；还有一种是惠顾动机，这是基于理智经验和感情之上的，对特定的网店产生特殊的信任与偏好而重复地、习惯性地购买。

三、网络环境下消费者的购买决策过程

根据市场营销学分析，消费者的购买过程由以下五阶段组成：产生需求—信息收集—选择评估—购买决定—购后行为。其中"信息收集"环节的信息来源包括：个人来源、经营来源、商业来源和公众来源。在互联网时代，"商业来源"和"公众来源"的信息因信息的单向性和企业的营销过度，其信任度随之降低。而"个人来源"和"经验来源"则主要是通过即时通信工具、交易社区和其他社交媒体，以用户原创内容的形式呈现，如"商品评价""网络分享""网络口碑"等。美国购物网站PETCO的副总裁说道："商品的用户评价功能帮助网站带来了不少的销售业绩"。同样，在移动互联网环境下，好友的分享和点赞无疑成为推销环节的助推器。而这种"用户评价""好友分享和点赞"实际是原有网络消费者的购后行为，因为网络本身的开放性、及时性，这些却可以成为新用户购买决策中"信息收集"和"选择评估"的重要参考依据。可见，在网络环境中的推销活动对顾客提高服务、提升顾客满意度、管理用户评价是非常重要的环节。

四、网络环境下的推销理念

1. 现代市场营销思维

现代市场营销观念强调，一切销售活动应该以顾客需求为中心，推销手段、方法、技巧的运用均是为了了解顾客需求并满足顾客的需求。在互联网环境下，推销人员首先需要树立现代市场营销思维。

2. 互联网思维

互联网思维是全新的思维模式，更是互联网时代的全行业思维模式。互联网对消费者的影响体现在商业信息的透明、消费观和品牌观的巨变。互联网对品牌商的影响是颠覆性的，以消费者为中心不再是空洞的口号，对传统行业的冲击也不仅仅是渠道的冲击，也是市场被不断细分、诸多个性化品牌和传统行业品牌的一场消费者争夺战。互联网思维的目标就是思考如何抢占消费者的心智。

3. 整合与创新思维

网络销售的方法、手段要不断创新，网店的盛行、微店微商的出现都给传统的销售带来了新的冲击。微店被许多商家标榜为新一代的"淘宝"，甚至也有许多宣传广告"十年前你错过了淘宝，今天还想错过微店吗？"

技术的发展、消费者需求的不断变化，要求我们的推销方法、手段要不断创新、整合运用，例如 O2O 模式让线下体验线上消费更加方便、Buy+ 模式极大地增强线上体验，刺激消费等。

任务二　掌握 PC 端网络推销技巧

PC 端网络在线销售方式在我国起步较晚，但是发展速度相当惊人，其可以利用的形式很多，但是以网店销售为主要形式，尤其以淘宝、天猫、京东等的销售最为典型。下面我们主要以网店推销程序及各环节的技巧来分析。

其实，网店的在线推销也是在传统人员推销基础上的运用，需要充分利用顾客心理，从引起顾客注意，到唤起顾客兴趣，再到刺激顾客购买欲望，最后促成交易并提高顾客满意度。从在线推销人员角度分析，通常会经历寻找准客户、接近准顾客、推销洽谈、处理异议、促成交易、售后服务等环节。

一、寻找准客户

网店在线推销寻找准客户最有效的方法就是提高网店的流量，即增加准客户的浏览次数。

1. 充分利用宝贝标题

众所周知，买家在网上买东西就是通过关键词来搜索宝贝的，那么宝贝关键词的设置就显得尤为重要，只有你设置的关键词和买家的搜索习惯吻合时，你的宝贝被搜索到的概率才会更大，才会使你的宝贝更多地曝光，才可以寻找到更多准顾客。

2. 提高网店装修特色

网店特色的装修风格也是吸引准顾客的重要手段之一。装修不仅要看个人喜好，更重要的是要符合目标消费者的喜好。我们也可以借鉴大卖家的店铺，模仿很重要，用四个字大概概括下，就是仿操创超：仿，模仿竞争对手；操，在店铺操作这些模仿的东西；创，自身的创新；超，超越竞争对手。而且在装修服务市场也有很多设计师设计好的模版，操作非常简单。

3. 运用多渠道推广

做到多渠道推广，让你的店铺信息大面积地做好宣传，免费的推广可以有：旺旺群、微信、微博、QQ、邮件等，还有就是记得一定要去论坛坚持发帖回帖做宣传，慢慢来一定会有效果的。

网店的推广方法有许多，既有免费推广方法，又有付费推广方法。很多人一听到付费就害怕，其实大可不必。只有懂得花钱的人，才更懂得如何挣钱。当然，刚开始尝试时，要理性投入，不要盲目推广。先由浅入深地慢慢尝试，逐渐深入。主要的推广方式有：淘宝直通车、淘宝联盟、淘代码、钻石展位、超级卖霸等。

二、接近准顾客

线上的消费者一般有相对较为明显的购物目的时，会主动到购物网站搜索相关的商品或店铺，然后进入感兴趣的商品页面或店铺浏览并点击"旺旺"进行询问，所以店铺的客服在接近准顾客这一环节显得至关重要。对于一个网上店铺而言，客户看到的商品都是一张张的图片，既看不到商家本人，也看不到产品本身，无法了解各种实际情况，因此往往会产生距离感和怀疑感。这个时候，客服的接近技巧就显得尤为重要了。

1. 巧用表情

微笑是对顾客最好的欢迎，微笑是生命的一种呈现，也是工作成功的象征。所以当迎接顾客时，哪怕只是一声轻轻的问候也要送上一个真诚的微笑，虽然说网上与客户交流是看不见对方的，但只要你是微笑的，言语之间是可以感受得到的。此外，多用些旺旺表情，也能收到很好的效果。无论旺旺的哪一种表情都会将自己的情感讯号传达给对方。比如说："欢迎光临！""感谢您的惠顾"等，都应该轻轻地送上一个微笑，加与不加给人的感受完全是不同的。不要让冰冷的字体语言遮住你迷人的微笑。

2. 善用礼貌用语

俗话说"良言一句三冬暖、恶语伤人六月寒"，一句"欢迎光临"，一句"谢谢惠顾"，短短的几个字，却能够让顾客听起来非常舒服，产生意想不到的效果。

礼貌对客，让顾客真正感受到"上帝"的尊重，顾客来了，先来一句"欢迎光临，请多多关照。"或者"欢迎光临，请问有什么可以为您效劳的吗"。诚心诚意地"说"出来，会让人有一种十分亲切的感觉。并且可以先培养一下感情，这样顾客心理抵抗力就会减弱或者消失。

有时顾客只是随便到店里看看，我们也要诚心地感谢客户，说声："感谢光临本店。"对于彬彬有礼，礼貌非凡的网店客服，谁都不会把他拒之门外的。诚心致谢是一种心理投资，不需要很大代价，但可以收到非常好的效果。

3. 活用称谓

在客服和客户打招呼时还要活用称谓，大多数的客服在遇到客户时通常用"亲"打招呼，对网购新手来说听起来比较亲切，但对于经常网购的客户，缺少亲切感和吸引力。优秀的客服在打招呼方面也要有创新。

4. 巧设旺旺

我们可以通过设置快速回复来提前把常用的句子保存起来，这样在忙乱的时候可以快速地回复顾客。比如欢迎词、不讲价的解释、"请稍等"等，可以给我们节约大量的时间。在日常回复中，发现哪些问题是顾客问的比较多的，也可以把回答内容保存起来，达到事半功倍的效果。

通过旺旺的状态设置，可以给店铺做宣传，比如在状态设置中写一些优惠措施、节假日提醒、推荐商品等。

如果暂时不在座位上，可以设置"自动回复"，不至于让顾客觉得自己好像没人搭理。也可以在自动回复中加上一些自己的话语，都能起到不错的效果。

三、推销洽谈

（一）充分利用旺旺进行推销洽谈

任何一种沟通技巧，都不是对所有客户一概而论的，针对不同的客户应该采用不同的沟通技巧。

1. 顾客对商品了解程度不同，沟通方式也有所不同

（1）对商品缺乏认识，不了解：这类顾客对商品知识缺乏，对客服依赖性强。对于这样的顾客需要我们像对待朋友一样去细心地解答，多从他（她）的角度考虑去给他（她）推荐，并且告诉他（她）你推荐这些商品的原因。对于这样的顾客，你的解释越细致他（她）就会越信赖你。

（2）对商品有些了解，但是一知半解：这类顾客对商品了解一些，比较主观，易冲动，不太容易信赖。面对这样的顾客，这时就要控制情绪，有理有节，耐心地回答，向他（她）表示你的丰富专业知识，让他（她）认识到自己的不足，从而增加对你的信赖。

（3）对商品非常了解：这类顾客知识面广，自信心强，问题往往都能问到点子上。面对这样的顾客，要表示出你对他（她）专业知识的欣赏，表达出"好不容易遇到同行了"，和他（她）探讨专业的知识，给他（她）来自内行的推荐，告诉他（她）"这个才是最好的，你一看就知道了"，让他（她）感觉到自己真的被当成了内行的朋友，而且你尊重他（她）的知识，你给他（她）的推荐肯定是最好的。

2. 对价格要求不同的顾客，沟通方式也有所不同

（1）有的顾客很大方，说一不二，看见你说不砍价就不跟你讨价还价：对待这样的顾客要表达你的感谢，并且主动告诉他（她）我们的优惠措施，我们会赠送什么样的小礼物，这样，让顾客感觉物超所值。

（2）有的顾客会试探性地问能不能还价：对待这样的顾客既要坚定地告诉他（她）不能还价，同时也要态度和缓地告诉他（她）我们的价格是物有所值的，并且谢谢他（她）的理解和合作。

（3）有的顾客就是要讨价还价，不讲价就不高兴：对于这样的顾客，除了要坚定重申我们的原则外，要有理有节地拒绝他（她）的要求，不要被他（她）各种威胁和祈求所动摇。适当的时候建议他（她）再看看其他便宜的商品。

3. 对商品要求不同的顾客，沟通方式也有所不同

（1）有的顾客因为买过类似的商品，所以对购买的商品质量有清楚的认识：对于这样的顾客是很好打交道的。

（2）有的顾客将信将疑，会问：图片和商品是一样的吗？对于这样的顾客要耐心给他们解释，在肯定我们是实物拍摄的同时，要提醒他（她）难免会有色差等，让他（她）有一定的思想准备，不要把商品想象得太过完美。

（3）还有的顾客非常挑剔，在沟通的时候就可以感觉到，他（她）会反复问：有没有瑕疵？有没有色差？有问题怎么办？怎么找你们等。这个时候就要意识到这是一个很完美主义的顾客，除了要实事求是介绍商品，还要实事求是把一些可能存在的问题都介绍给他（她），告诉他（她）没有东西是十全十美的。如果顾客还坚持要完美的商品，就应该委婉地建议他（她）选择实体店购买需要的商品。

在推销洽谈环节，客服除了要针对不同的顾客采用不同的推销技巧外，还需要做到以下几点。

1. 坚守诚信，坦诚介绍商品优点与缺点

网络购物虽然方便快捷，但唯一的缺陷就是看不到摸不着。顾客面对网上商品难免会有疑虑和戒心，所以我们对顾客必须要用一颗诚挚的心，像对待朋友一样对待顾客，包括诚实地解答顾客的疑问，诚实地告诉顾客商品的优缺点，诚实地向顾客推荐适合他（她）的商品。坚守诚信还表现在一旦答应顾客的要求，就应该切实地履行自己的承诺，哪怕自己吃点亏，也不能出尔反尔。

2. 凡事留有余地

在与顾客交流中，不要用"肯定，保证，绝对"等字样，这不等于你售出的产品是次品，也不表示你对买家不负责任，而是不让顾客有失望的感觉。因为我们每个人在购买商品的时候都会有一种期望，如果你保证不了顾客的期望，最后就会变成顾客的失望。为了不要让顾客失望，最好不要轻易说保证。如果用，最好用"尽量""争取""努力"等词语，效果会更好。多给顾客一点真诚，也给自己留有一点余地。

3. 处处为顾客着想，用诚心打动顾客

让顾客满意，重要一点体现在真正为顾客着想。处处站在对方的立场，想顾客所及，把自己变成一个买家助手。

4. 多虚心请教，多倾听顾客声音

当顾客上门的时候我们并不能马上判断出顾客的来意与其所需要的物品，所以需要先问问清楚顾客的意图，需要具体的什么商品，是送人还是自用，是送给什么样的人等。了解清楚了顾客的情况，准确地对其进行定位，才能做到只介绍对的不介绍贵的，以客为尊，满足顾客需求。

当顾客表现出犹豫不决或者不明白的时候，我们也应该先问清楚顾客困惑的内容是什么，是哪个问题不清楚，如果顾客表述也不清楚，我们可以把自己的理解告诉顾客，问问是不是理解对了，然后针对顾客的疑惑给予解答。

5. 做个专业卖家，给顾客准确的推介

不是所有的顾客对你的产品都是了解和熟悉的。当有的顾客对你的产品不了解的时

候，在咨询过程中，就需要我们为顾客解答，帮助顾客找到适合他们的产品。不能顾客一问三不知，这样会让顾客感觉没有信任感，谁也不会在这样的店里买东西的。

（二）商品详情页的展示

在网店购物的绝大多数顾客都是先看商品的展示页面，有购物意向后才通过旺旺与客服进行沟通的，有的顾客甚至通过看商品的展示页面，直接决定是否购买，所以商品详情页面的展示至关重要。一个给力的商品详情页，不仅能瞬间刺激消费者的视觉，增加网页浏览量，还能促进商品的成交量和收藏量。

现以淘宝网热销的女装类目为代表，分析宝贝描述该重点优化的一些细节，一个合格的商品描述应该具备以下条件。

1. 提供多角度产品展示

多角度的商品展示，能让客户多方面地了解宝贝外观。和我们实体店购物一样，我们拿起一样东西，都会前后左右上下地瞄一眼，网络购物本来就仅靠图片来查看产品外观和颜色的。

2. 主图放大效果

用户在主图上鼠标所指的地方就显示产品细节，加强买家的真实体验，结合上面说的多角度产品展示，让客户全方位地了解产品。

3. 尺码信息说明

信息能有效地减少客服回答关于尺码这类问题，同时让消费者清楚所购买产品的每个局部的长宽高，一目了然地知道所看产品是否适合自己的身材，更重要的一点是能有效地降低退款率，退款率不仅影响店铺日常运营的工作，还会影响宝贝的搜索排名。

产品尺码表								单位：厘米（cm）
商品尺寸	领口	肩宽	胸围	腰围	下摆围	袖长	袖口1/2	衣长
S	19	33	76	70	80	57	9.5	63.5
M	19	35	80	74	86	58	10	66.5
L	20	37	84	76	88	60	11	68
XL	20	38	88	80	92	60	11	70
因剪裁工艺和丈量手法不同，面料弹性等因素会存在1~3cm的误差范围，尺码表仅供参考，具体以实物为准！								

试穿报告	身材尺寸				试穿尺寸	试穿尺寸		
试穿人	身高cm	体重kg	胸围/腰围/臀围	建议穿衣尺寸	S 码	M 码	L码	XL码
小虹	154	41	80/61/84	S码	修身舒适	宽松	—	—
小李	158	47	80/75/87	S码	修身 舒适	稍宽松	—	—
小霞	156	50	81/68/88	M 码	稍紧	修身 舒适	宽松	—

4．产品特色描述

特别是代销形式的网店，产品描述千篇一律，或者只是写明重量、颜色、宝贝名。一个缺少产品特色的网店，无法做出好的业绩。将产品特色、设计理念用通俗易懂的语句描绘出来，为这个宝贝的转化率加分。

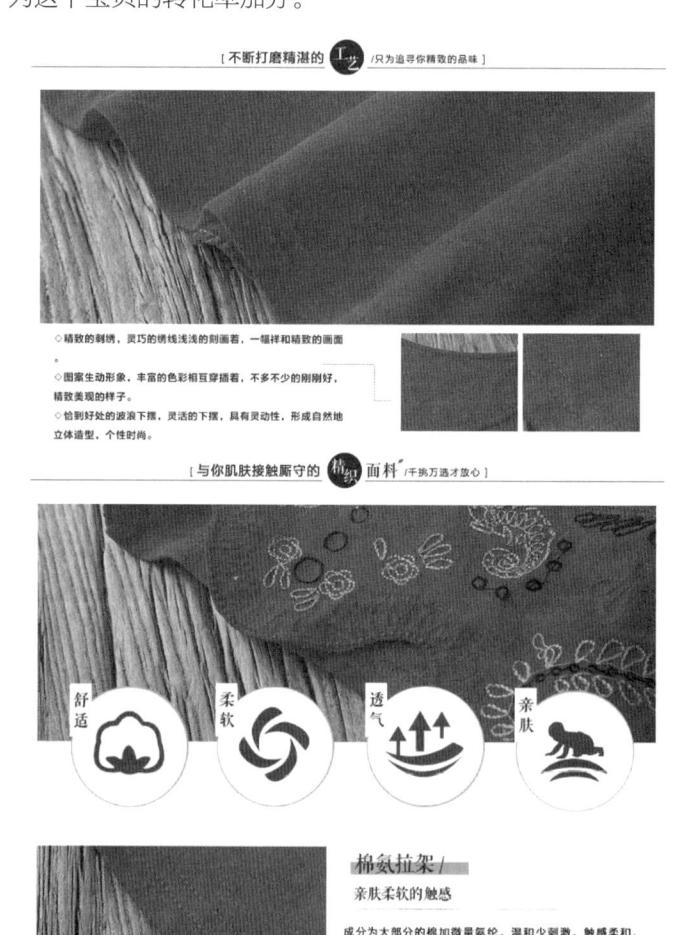

5. 细节特写

针对局部突出元素进行细节展现，不仅利于消费者对此产品的了解，排除质量方面的疑虑，还能够申请淘宝"细节特写"服务，获得细节特写标识。

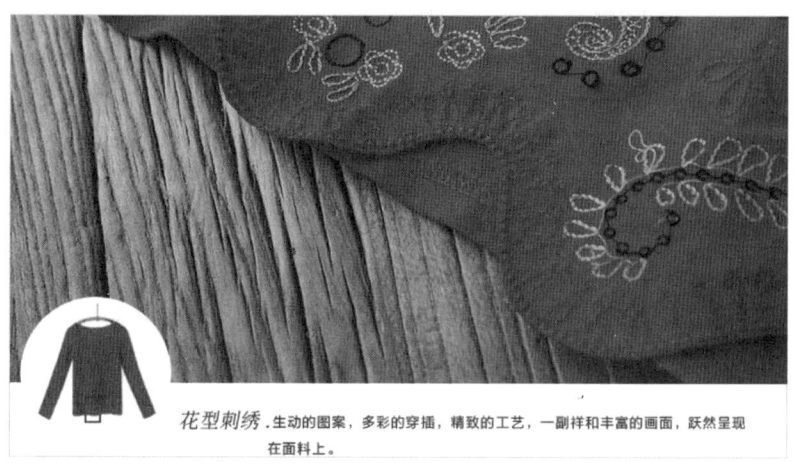

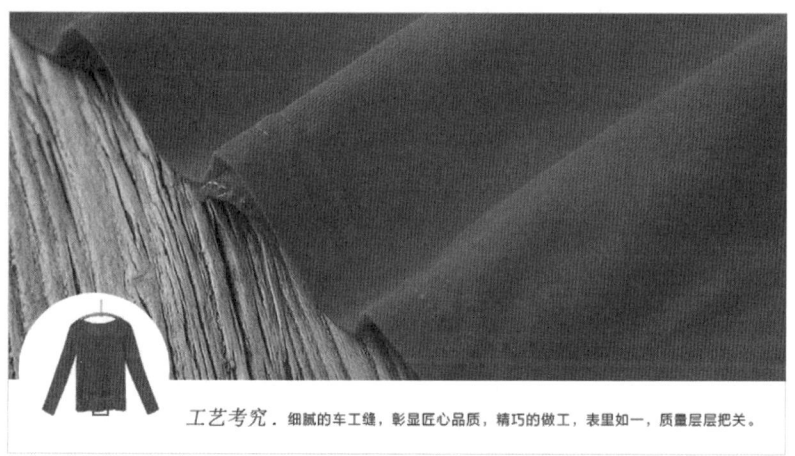

6. 贴心提醒

如下图，这也许是很多消费者都知道的使用禁忌，但仅仅占用详情页面的一小块区域就能体现出我们对用户的贴心、我们的专业，何乐而不为？

7. 视频播放

视频播放是通过点击播放按钮来播放商品相关内容的商品详情展示方式，视频播放能够全面、充分、连续、动态地展示商品以及穿着、摆放、使用效果。该种方式相比单纯的图片展示具有更好的体验效果。

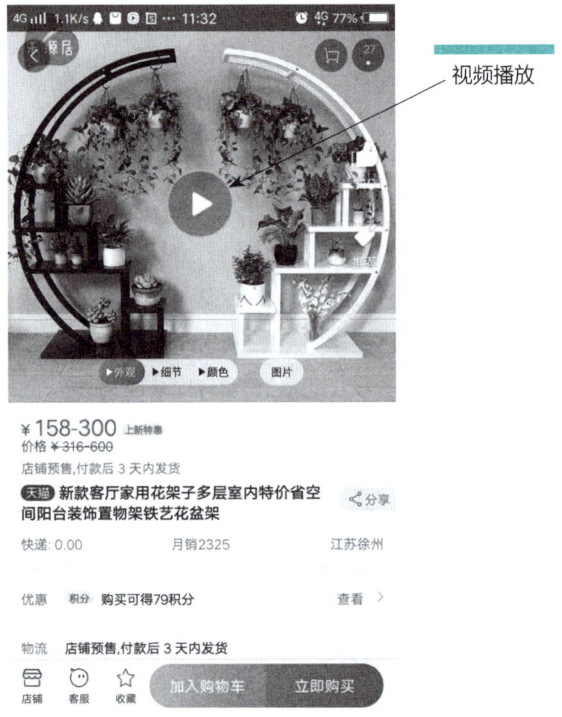

8. 扫描二维码

把相关产品的图片、视频、文字说明（材料、工艺、功能）等一系列资料，提前编辑处理好，生成二维码，让顾客通过扫描二维码，获取更加全面资料的一种商品详情展示方式。

（三）店主个人魅力的展示

缺乏信任感往往是消费者网购的一个疑虑，如果在推销商品过程中把自己推销出去，让顾客喜欢你，不仅可以增加店铺的信任度还可以为商品加分，促成交易，所以在网店首页适当地展示店主的魅力也是不错的选择。如"兵王炊事班"从一个做杂粮的淘宝小店三年成长为两皇冠店，和店主小薛兵哥哥的个人魅力的展示不无关系。

四、处理异议

在线销售过程中，顾客也会提出各种各样的问题，或产品原因或销售人员原因或顾客原因，但是作为在线销售人员都需要尊重顾客，并能够及时地、艺术地处理顾客的各种异议，才能够很好地消除顾客的购买疑虑，促进成交。

1. 直接处理法

直接处理法，是指针对顾客提出的问题进行直接回答的方法。例如顾客提出质量异议，我们可以运用表示质量的成分、做工、工艺、证书等，直接告诉顾客"我们的产品质量是非常有保证的"。

2. 间接处理法

间接处理法，是指针对顾客提出的问题不进行直接回答的方法。例如，同样面对质量异议，我们可以运用"我们的月销售高达××件"或"引用老顾客的用后的反馈"等方法，让顾客取消对质量的怀疑或不放心。

3. 热处理法

热处理法是指针对顾客提出的问题马上予以回答的处理方法。

4. 冷处理法

冷处理法又叫不理睬处理法，是指面对顾客提出的问题，暂时先不处理，先放一放再处理的方法。这种方法在互不照面的线上销售中处理起来效果较好。特别是针对顾客提出的价格异议，确实无法再降价，但是顾客还是一再提出"价格太高了""能不能再优惠"等，推销员可以先不回答，顾客在线等待以后，甚至自己就不再要求了。

五、促成交易

1. 利用"怕买不到"的心理

人们常对越是得不到、买不到的东西，越想得到它、买到它。你可利用这种"怕买不到"的心理，来促成订单。当对方已经有比较明显的购买意向，但还在最后犹豫中的时候，可以用以下说法来促成交易："这款是我们最畅销的了，经常脱销，现在这批又只剩2个了，估计不要一两天又会没了，喜欢的话别错过了哦！"或者："今天是优惠价的截止日，请把握良机，明天你就享受不到这种折扣价了！"

2. 利用顾客希望快点拿到商品的心理

大多数顾客希望在付款后你越快寄出商品越好，所以在顾客已有购买意向，但还在最后犹豫中的时候，可以说："如果真的喜欢的话就赶紧拍下吧，快递公司的人再过10分钟就要来了，如果现在支付成功的话，马上就能为你寄出了。"对于可以用网银转账或在线支付的顾客尤为有效。

3. 采用"二选其一"的技巧

当顾客一再出现购买信号，却又犹豫不决拿不定主意时，可采用"二选其一"的技巧来促成交易。

譬如，你可以对他说："请问您需要第14款还是第6款？"或是说："请问要平邮给您还是快递给您？"，这种"二选其一"的问话技巧，只要准顾客选中一个，其实就是你帮他拿主意，下决心购买了。

4. 帮助准顾客挑选，促成交易

许多准顾客即使有意购买，也不喜欢迅速签下订单，他总要东挑西拣，在产品颜色、规格、式样上不停地打转。这时候你就要改变策略，暂时不谈订单的问题，转而热情地帮对方挑选颜色、规格、式样等，一旦上述问题解决，你的订单也就落实了。

5. 巧妙反问，促成订单

当顾客问到某种产品，不巧正好没有时，就得运用反问来促成订单。举例来说，顾客问："这款有金色的吗？"这时，你不可回答没有，而应该反问道："不好意思这种颜色不好卖，所以我们没有进货，不过我们有黑色、紫色、蓝色的，在这几种颜色里，您比较喜欢哪一种呢？"

6. 积极地推荐，促成交易

当顾客拿不定主意，需要你推荐的时候，你可以尽可能多地推荐符合他的要求的款式，在每个链接后附上推荐的理由，而不要找到一个推荐一个。"这款是刚到的新款，目前市面上还很少见"，"这款是我们最受欢迎的款式之一"，"这款是我们最畅销的了，经常脱销"等，以此来尽量促成交易。

六、售后服务

有的卖家认为商品卖出后就"万事大吉"了，其实则不然，好的售后服务可能会给你带来更多忠实的买家。售后服务是整个交易过程的重点之一。首先贴心周到的售后服务会给买家带来愉悦的心情，从而成为你的忠实客户，以后会经常来购买你的商品。其次售后服务增加了与买家交流的机会，同时拉进了与买家之间的距离，增强信任的机会，这样的话买家很可能会介绍其他更多的亲朋、好友来光顾的。

（一）随时跟踪包裹去向

买家付款后要尽快发货并通知买家，货物寄出后要随时跟踪包裹去向，如有运输意外要尽快查明原因，并和买家解释说明。如当客服在查询包裹时发现日期都两天了也没变化，赶紧向快递公司询问原因，原来是买家所在地区下大雪了而无法走件，和买家说明后买家表示理解，避免了差评。

（二）交易结束及时联系

货到后即时联系对方，首先询问对货品是否满意、有没有破损，如对方回答没有，就请对方确认并评价。这就是所说的"先发制人"，都满意了他（她）还能给你差评吗？如果真的有什么问题，因为我们是主动询问的，也会缓和一下气氛，不至于"剑拔弩张"，更有利于解决问题。因为往往好多事情从情理上来讲争取主动要比被动更容易占"上风"，当然遇到"胡搅蛮缠"的买家则另当别论。

（三）认真对待退换货

货品寄出前最好认真检查一遍，千万不要发出残次品，也不要发错货。拒绝侥幸心理，因为，退货或者差评处理起来更加麻烦。如果因运输而造成货物损坏或其他确实是产品本身问题买家要求退换货时，我们也应痛快地答应买家要求，及时退换货，说不定这个买家以后会成为你的忠实客户。

（四）平和心态处理投诉

因为来自五湖四海的买家什么样性格都有、货物运输力所不能及等各种原因，都会不可避免地出现各种各样的纠纷和投诉。要成功地处理客户投诉，先要找到最合适的方式与客户进行交流。很多客服人员都会有这样的感受，客户在投诉时会表现出情绪激动、愤怒，甚至对你破口大骂。

此时，客服要明白，这实际上是一种发泄，把自己的怨气、不满发泄出来，客户忧郁或不快的心情便得到释放和缓解，从而维持了心理平衡。此时，客户最希望得到的是同情、尊重和重视，因此客服应立即向其表示道歉，并采取相应的措施。

1. 快速反应

顾客认为商品有问题，一般会比较着急，怕不能得到解决，而且也会不太高兴。这个时候要快速反应，记下他的问题，及时查询问题发生的原因，及时帮助顾客解决问题。

2. 热情接待

如果顾客收到东西后过来反映有什么问题的话，要热情地对待，要比交易的时候更热情，这样买家就会觉得你这个卖家好，不是那种虚伪的，刚开始的时候很热情，等钱收到之后呢，就爱理不理的那种。对于爱理不理的那种，买家就会很失望，即使东西再好，他们也不会再来了。

3. 表示愿意提供帮助

"让我看一下该如何帮助您，我很愿意为您解决问题。"

正如前面所说，当客户正在关注问题的解决时，客服人员应体贴地表示乐于提供帮助，自然会让客户感到安全、有保障，从而进一步消除对立情绪，形成依赖感。

4. 引导客户思绪

我们有时候会在说道歉时感到不舒服，因为这似乎是在承认自己有错。其实，"对不起"或"很抱歉"并不一定表明你或公司犯了错，这主要表明你对客户不愉快经历的遗憾与同情。不用担心客户因得到你的认可而越发强硬，认同只会将客户的思绪引向解决方案。

5. 认真倾听

顾客投诉商品有问题，不要着急去辩解，而是要耐心听清楚问题的所在，然后记录下顾客的用户名，购买的商品，这样便于我们去回忆当时的情形。和顾客一起分析问题出在哪里，才能有针对性地找到解决问题的办法。

认真倾听客户，向客户解释他所表达的意思并请教客户我们的理解是否正确，都是向客户表明了你的真诚和对他的尊重。同时，这也给客户一个重申他没有表达清晰意图的机会。

6. 认同客户的感受

客户在投诉时会表现出烦恼、失望、泄气、愤怒等各种情感，你不应当把这些表现理解成是对你个人的不满。特别是当客户发怒时，你可能会想："我的态度这么好，凭什么对我发火？"要知道，愤怒的情感通常都会潜意识中通过一个载体来发泄。

无论客户是否永远是对的，至少在客户的世界里，他的情绪与要求是真实的，客服经理只有与客户的世界同步，才有可能真正了解他的问题，找到最合适的方式与他交流，从而为成功的投诉处理奠定基础。

7. 安抚和解释

首先我们要站在顾客的角度想问题，顾客一般总不会无理取闹的，他（她）来反映一个问题的话，我们要先想一下，如果是自己遇到这个问题会怎么做，怎么解决，所以要跟顾客说，"我同意您的看法"，"我也是这么想的"，这样顾客会感觉到你是在为他（她）处理问题，这样也会让顾客对你的信任更多，要和顾客站在同一个角度看待问题，比如说一些"是不是这样子的呢"，"您觉得呢"，还有在沟通的时候称呼也是很重要的，一个客服的话，那么肯定是有一个团队的，团队不是只有一个人的，所以对自己这边的称呼要以"我们"来称呼，和顾客也可以用"我们"来说的，"我们分析一下这个问题"，"我们看看……"这样会更亲近一些的，对顾客也要以"您"来称呼，不要一口一个"你"，这样既不专业，也没礼貌。

8. 诚恳道歉

不管是因为什么样的原因造成顾客的不满，都要诚恳地向顾客致歉，对因此给顾客造成的不愉快和损失道歉。如果你已经非常诚恳地认识到自己的不足，顾客一般也不好意思继续不依不饶。

9. 提出补救措施

对于顾客的不满，要能及时提出补救的方式，并且明确地告诉顾客，让顾客感觉到你在为他考虑，为他弥补，并且你很重视他的感觉。一个及时有效的补救措施，往往能让顾客的不满化成感谢和满意。

10. 通知顾客并及时跟进

给顾客采取什么样的补救措施，现在进行到哪一步，都应该告诉给顾客，让他了解你的工作，了解你为他付出的努力。顾客当发现商品出现问题后，首先担心能不能得到解决，其次担心需要多长时间才能解决，当顾客发现补救措施及时有效，而且商家也很重视的时候，就会感到放心。

（五）管理买家资料

随着信誉的增长，买家越来越多，那么管理买家资料也是很重要的啦！除了买家的联系方式之外还要记录这些信息：货物发出、到货时间；这个买家喜欢自己挑选还是别人推荐；买家的性格是"慢吞吞"还是"风驰电掣"；在价格或产品问题上是随意还是苛刻……

建立这些资料作用有二：一是如果买家再次购买时用不同的方式与之沟通；二是可以积累实际"战斗"经验。

（六）定时联系买家，并发展潜在的忠实买家

交易真正结束后，不要以为什么事也没有了，就此冷落了买家。适时地发出一些优惠或新品到货的信息，可能会吸引回头客；每逢节假日用短信或旺旺发一些问候用语，会增进彼此的感情……当然，也有的人不喜欢这些，自己要适度掌握并灵机应变，尽量挑选自己认为比较随和、有潜在性的买家去发展从而使其成为忠实的买家。

任务三　掌握移动端网络推销技巧

伴随着智能手机的电脑化功能运用，以及移动互联网的便捷使用，移动端网络销售带来了前所未有的发展空间，移动消费以迅雷不及掩耳之势成为百姓生活的一部分。移动端网络推销形式包括微信、微博、APP 等多种形式，这里我们探讨目前较为流行的微信销售的程序与技巧。

微信推销与网店推销最大的区别：微信推销面对的准顾客是朋友圈里的朋友，或朋友的朋友，都是自己的"熟人"，销售过程是把"朋友"变成"顾客"的过程；网店推销面对的准顾客是相对陌生人，销售过程是把"陌生人"变成"顾客"甚至"朋友"的过程。

一、寻找准顾客

1. 朋友圈刷广告

这是最简单、最常用的寻找准顾客的方法，类似于传统推销中的广告探查法。通过在朋友圈推送广告来吸引对产品或服务感兴趣的准顾客。当然，这种方法在使用时注意度的把握。经常有这样的例子，你每天在朋友圈刷广告，时间长了难免会引起朋友的反感，甚至把你拉黑。

2. 转发、积赞活动

经常见到，一些新的店铺在开业之初，商家会借助朋友圈的转发、积赞等来获取免费试用或领取赠品的活动，这种活动可以在短时间内极大程度地宣传企业或产品，还能寻找到较多的准顾客。既节省了广告的支出，也带来了较多的准顾客。当然，在免费试用环节要注意你的活动目的，不能因为没利润就降低产品质量或服务水平；对于赠送礼品的活动，要注意礼品的选用和设计要与产品有关。

例如，小王是T-Watch智能手表经营者，最近他通过10条微信，近100个微信群讨论，3000多人转发，11小时预订销售出18698只T-Watch智能手表，订单金额900多万元。

3. 构建红包群发红包

构建红包群发红包目的是构建一个人数较多的微信群，当人数达到一定程度时，店主会发××元红包，来吸引群成员。使用该方法时需要考虑参群的成员会是谁？他们参群的目的是什么（是不是仅仅为了领红包）？有价值的群成员（准顾客）有多少？下一步如何利用？等等。例如，每天在红包群里发红包，"手气王"获得免费体验或优惠消费机会等。目前，这种方法对于寻找准顾客效果是比较理想的。

4. 扫描二维码

通过扫描二维码，成为朋友甚至专注公众号，是寻找准顾客的一种很好的方法。

案例：例如一些品牌利用美团外卖送货过程，把自己的二维码印刷在送货的包装上，让准顾客扫描二维码优惠或有礼等来寻找更多的准顾客。

5. 地理位置推送

利用微信"查看附近的人"或"向附近人打招呼"，可以根据自己的地理位置查找到周围的人，然后将相应的推销信息推送给附件用户，进行精准寻找。

例如：K5便利店开张时，就是利用微信"查看附近的人"或"向附近人打招呼"两个功能推送的。

6. 利用微信公众号

微信公众账号可以通过后台的用户分组和地域控制，实现精准的消息推送，来寻找准顾客。例如：1号店搞的"我画你猜"微信活动，每天微信推送一个图画给用户，用户猜中后在微信上回复就可能中奖，在兑奖过程中了解商家。

二、接近准顾客

1. 搭讪聊天

针对个体微商来讲，朋友圈里大部分是真正的朋友，主动与朋友聊天，既可以增进感情又可以接近准顾客，争取机会让顾客了解产品。当然，聊天的话题很多，可以是天气、旅程、爱好、心情、身体等，尽量不要一上来就聊产品。

2. 借助兴趣点交朋友

在第一环节寻找到的准顾客也会有一些"陌生的朋友"，那么接下来就需要把这些"陌生的朋友"变成真正的朋友，甚至顾客。借助兴趣点来交朋友是一种较为有效的办法。

3. 专注公众号

针对组织类微商来讲，公众号是商家利用微信平台接近准顾客的一种有效方法。凡是关注并主动查看公众号信息的准顾客离消费就又进了一步。

4. 开通微信商城

对组织类商家，还可以通过及时开通微信商城，让准顾客方便进一步了解企业的产品、活动等信息，来吸引顾客在网上或来店选择。

> 天虹微信商城系统开启后，便捷的自助服务满足了粉丝对于品牌检索和优惠查询的需求，关注天虹微信、点击购物搜索某类品牌，屏幕中瞬间给顾客展示商场内品牌，随即打开一个品牌链接，该品牌的优惠活动、折扣数量、单品售价范围就展示出来，给客户很好的体验感，你不需要走到门店就能知道优惠活动，省得一个个去逛，省力省时间。最后，便捷的支付模式，你可以直接通过微信购买商品或礼品卡，或者看好了去门店买，可以选择在线支付，也可以选择货到付款。天虹商场试水微信开启零售O2O模式，其微信平台通过腾讯微生活，实现了个性化信息订阅、会员系统无缝对接、一对一互动等。当其与微信合作消息传出后，天虹的股价连续三日累计上涨近三成，天虹参与微信平台，提升了品牌知名度，吸引客群，给天虹带来了持续的关注和购物转化，客户黏性得到极大程度的提升。目前，天虹微信已有数千商品在微信销售，拥有40多万粉丝，每天在微信上接待顾客 8000 人次！

三、推销洽谈

1. 关注顾客 及时回答

在线新媒体时代，唯快不破。接近顾客之后，就要时刻关注顾客，包括顾客在朋友圈的参与度、对卖家产品的了解度、兴趣点等，有任何的疑问都要尽量及时回答。

2. 有效提问 增强互动

有人说，微信的互动就是一个"调情"的过程，那么如何"调情"也是销售中的重要环节，要学会有效提问来增强与顾客之间的互动。甚至可以根据群成员的共性抛出一个或一些热门话题，让朋友圈活跃起来。

3. 利用展示 挖掘卖点

推销洽谈环节就是让顾客对产品产生兴趣、提升购买欲望的环节，要充分利用展示来挖掘卖点。可以利用的展示形式包括产品的制作工艺、功能、老顾客使用前后效果比较、微信朋友好评等。

4. 鼓励试用 增强体验

推销洽谈环节顾客只是单方面听你的介绍、独自翻阅微信广告或关注公众平台信息或在网上商场逛，这些都离他们下单购买还很遥远，要鼓励他们去试用，增强准顾客的体验，让他们提出异议，有效解决才能促进成交。

四、处理异议

1. 了解原因

和传统推销一样，在线顾客有异议并不代表他刁难你，更不代表他不会买，所谓"嫌货才是买货人"。当顾客提出不同意见时，如质量是否可靠、价格依然太贵、服务是否像推销人员介绍的那样等，我们首先需要做的是了解这些异议的原因，是企业的原因？还是产品的原因？还是顾客的原因？只有了解了原因，才可以有针对性地解决异议。

2. 充分沟通

在了解异议原因基础上，要学会与顾客充分沟通，在线沟通与面对面的沟通是不能相比的，更要注意语言表达的方式，要亲切、有耐心、专业。

3. 有效处理

直接处理法、间接处理法、热处理法、冷处理法在处理移动端网络推销异议中也是常用的方法。

五、促成交易

（一）积极创造交易条件

1. 完善的微信在线消费系统

很多时候前面做了大量工作，如果在线消费系统不够完善，顾客不能轻松、便捷地消费，也会前功尽弃。

例如，万达影城的微信系统开发成功后，万达提供了便捷的票务服务。凡是关注了万达影院微信公众号的准顾客，可以简单地实现在线预订、在线选座、查询热映影片、待上映影片等信息、评价分享等，足不出户轻松消费。

2. 便利的在线支付方式

可以让顾客直接通过微信购买商品或礼品卡，或者看好了去门店买，可以选择在线支付，也可以选择货到付款。

（二）采用恰当的技巧

1. 关系成交法

当顾客对质量、价格等异议，迟迟解决不了时候，可以利用朋友圈的"朋友"或"朋友的朋友"关系促成交易，这种方法使用的前提是经营的商品质量信得过，功能等符合顾客需求，否则朋友关系将会被打破。

2. 选择成交法

当顾客犹豫不决，特别纠结于"买还是不买？""买这个还是那个？"。这个时候最有效的方式不是请问您"要还是不要？"，而是采用"请问我给您发 A 还是发 B？"，这种选择成交法可以大大提高交易的成功率，也可以尽可能地节省交易的时间与精力。

3. 优惠成交法

"活动今天下午 5:00 截止""销量达到 ×× 件活动结束"，或者"现在下单价格优惠 ×× 元"等方式，让顾客感觉到现在购买是最优惠的，促成交易。

4. 利用老顾客成交法

充分利用朋友圈中老顾客的消费记录、购后评价等也是促成潜在顾客成交的有效方法。这种方法其实也是利用了朋友圈中攀比的消费心理，特别对容易冲动、爱面子、爱攀比的女性消费者非常有效。

六、售后服务

很多人做微商不注重售后服务，产品卖出去就完事了，甚至有些做微商卖产品的一遇到客户投诉或者出现一些产品问题就直接把人拉黑，这些会严重制约微商的发展。不难理解售后服务可以提高客户满意度，增加重复购买，提高产品及微店的品牌影响力。

1. 及时发货 确认收货

成交之后，要做到及时发货，并通知买家。当然，有些时候也会因为节假日快递多，时间长，顾客会不耐烦，虽然顾客心里明白，但是别人花钱等了又等，心里确实也比较烦，这种情况可以先采取沟通，说明情况，然后发一条微信，内容写上"亲，久等了"这类话。

同时根据发货时间确定客户的收货时间，并且联系客户确认是否收到货物。同时再次提醒客户产品使用过程中的注意事项。同时，还可以提醒客户收到货到朋友圈晒一下，他如果去晒的话也是一种宣传。当然，最好有一些奖励性政策，例如，奖励红包、送优惠券等，鼓励成功的老顾客晒朋友圈。因为成功的老顾客对犹豫中的新客户具有很好的说服作用。

2. 定期跟进 有效沟通

要定期跟进客户，关注他们的评价，甚至主动去跟他们聊天，了解使用产品的一些情况，如果发现问题及时帮他解决。就像拉家常一样，多聊，成为朋友，更好说话。

3. 提供服务 留住顾客

对于老客户要主动提供服务，还要让他们经常可以尝到甜头，这样可以很好地留住顾客。例如，嗨云商城提供每日签到、月末大促、双节免单、1 元抢购、拼单、抽奖、秒杀等服务，随时用最少的钱买到最好的心意单。

4. 优化平台 完善系统

首先从标题、内容摘要、封面到内容布局全面优化；其次，注重微信消费系统的不断完善；同时与 PC 端通力合作；加强 O2O 运作能力，让消费者轻松、便捷地消费。

例如，作为全国中档连锁酒店第一品牌，维也纳酒店微信最初就看到了服务号强大的智能服务接口，并果断升级为服务号，申请并使用微信各大高级接口开发功能服务客户。移动端更多注重的是客户体验，维也纳通过自定义菜单的深度优化和闭环管理思维，不断地提升平台的客户体验，有效激活了平台会员的消费黏性和活跃度。首先，预订系统的开发，与PC官网进行，打通实现微信预订，通过"微信预订立减20元"差异待遇进行流量引导和转化。其次，每日签到的闭环设计，娱乐和让利的双重驱动，让维也纳的会员留在微信平台上，并得到愉快和实惠。微信的自助服务使维也纳订房各环节实现信息一体化和智能化，有效提高客户体验和平台消费黏性。目前维也纳通过微信日均订房超过1000间。

总之，一切销售与服务从购买者角度出发，不做单纯的利益买卖，而是从更多方面关注顾客的需求，那么我们的路子就会越走越宽、越走越长。

【总结与回顾】

网络环境下的消费特征：个性化、差异化、从单向到互动、层次性明显、信息更充分。

网络消费者的购买动机基本上分两类：需求动机和心理动机。

在互联网时代，消费者的购买过程中"个人来源"和"经验来源"主要是通过即时通信工具、交易社区和其他社交媒体，以用户原创内容的形式呈现。

网络环境下的推销应有以下思维：现代市场营销思维、互联网思维、整合与创新思维。

网络推销程序和技巧，可以从寻找准客户、接近准顾客、推销洽谈、处理异议、促成交易、售后服务等环节来分析。

PC端网络推销的程序和各环节技巧：

寻找准客户：充分利用宝贝标题、提高网店装修特色、运用多渠道推广等。

接近准顾客：巧用表情、善用礼貌用语、活用称谓、巧设旺旺等。

推销洽谈：充分利用旺旺进行推销洽谈，针对不同的客户应该采用不同的沟通技巧；商品详情页的展示；店主个人魅力的展示等。

处理异议：直接处理法、间接处理法、热处理法、冷处理法等。

促成交易：利用"怕买不到"的心理；利用顾客希望快点拿到商品的心理；采用"二选其一"的技巧；帮助准顾客挑选，促成交易；巧妙反问，促成订单、积极的推荐等。

售后服务：随时跟踪包裹去向、交易结束及时联系、认真对待退换货、平和心态处理投诉、管理买家资料、定时联系买家，并发展潜在的忠实买家等。

移动端网络推销的程序和各环节技巧：

寻找准顾客：朋友圈刷广告、转发、积赞活动、构建红包群发红包、扫描二维码、地理位置推送、利用微信公众号等。

接近准顾客：搭讪聊天、借助兴趣点交朋友、专注公众号、开通微信商城等。

推销洽谈：关注顾客 及时回答，有效提问 增强互动；利用展示 挖掘卖点；鼓励试用 增强体验等。

处理异议：了解原因，充分沟通，有效处理。

促成交易：积极创造交易条件，采用恰当的技巧如关系成交法、选择成交法、优惠成交法、利用老顾客成交法等。

售后服务：及时发货 确认收货；定期跟进 有效沟通；提供服务 留住顾客；优化平台 完善系统等。

本项目的教学重点是：网络环境下的消费行为，PC端网络推销技巧，移动端网络推销技巧。

【复习思考题】

1. 结合本项目所讲知识，谈谈你对网络推销的理解和认识。
2. PC端网络推销与移动端网络推销的区别与联系？
3. 传统推销在网络推销中如何应用？

【案例分析题】

互联网坚果第一品牌——三只松鼠，公司成立于2012年，是中国第一家定位于纯互联网食品品牌的企业，也是当前中国销售规模最大的食品电商企业。2012年11月11日，上线仅4个多月的三只松鼠旗舰店当日成交额766万，一举夺得零食坚果特产类目第一名，并且成功在约定时间内发完近10万笔订单。成为行业一支快速发展的标杆，也再次创造了中国食品电商的奇迹，从此奠定了三只松鼠在互联网食品品牌的领头羊地位。2013年天猫"双十一"活动中，单日销售额达3562万元的行业神话，连续两年蝉联食品电商行业冠军。在2014年"双十一"网购狂欢节上，以1.02亿元的单日销售额，刷新中国电商食品销售纪录。2015年11月11日24时，三只松鼠"双十一"单日全网交易额达到2.66亿元。2016年"双十一"28分40秒破亿，单日销售额为5亿元。2018年"双十一"全渠道6.8亿元销售额，第七次成为互联网类食品品牌销售冠军。

三只松鼠的成功有很多原因，如精准的定位、打造极致服务、超期望的体验、缩短供应链，还有就是创新的萌式推销。三只松鼠的创始人章燎原规定在三只松鼠的所有员工必须以"鼠"为开头，章燎原自称为"鼠老爹"。章燎原认为，如果从语言沟通上以一个松鼠宠物口吻来和顾客交流，称顾客为主人，甚至可以撒娇。当章燎原很兴奋地把自己的想法告诉团队时，团队员工大多表示觉得怪异、肉麻，章燎原说："那我来第一个叫吧。"于是一个37岁的大叔坐在电脑旁对顾客说，主人主人，我是小鼠儿。一开始也有顾客感觉稀奇，也有顾客不喜欢，但是叫着叫着就顺口了，顾客也很快接受了。当你在淘宝购物时被喊一声"亲"，一定不会记得是哪家店，但是叫"主人"一定只有三只松鼠一家。

问题　结合案例请分析，三只松鼠的网络推销最成功的地方是什么？对我们进行网络推销有何借鉴意义。

【能力拓展】

得女人者得天下——女性网络消费你了解吗？

马云曾经说过，只要了解了女人，就没有难做的生意。在网络大爆发的今天，女性的消费实力空前高涨。那么，我们了解女性消费者吗？以下就是有关女性网络消费者的有趣发现。

（1）新购物习惯：近30%的女性喜欢"晚上躺在床上购物"。

（2）愧疚生产力：41%的女性当自己网购太多的时候，就会给丈夫、家人买点东西以求"心安理得"。

（3）冲动是魔鬼：45%的女性上网逛着逛着一冲动就买买买；33%的女性承认虽网购过度但还是控制不住。

（4）就不告诉你：28%的女性勾选"打死也不让另一半看自己的网购账单"。

（5）女钱时代：女人地位更高，财务更加独立。受访女性中43%位居商务要职，48%有自己的信用卡（中国大陆为53%），67%有自己的银行账户（中国大陆为76%），83%是家庭收入来源之一（中国大陆为91%），还有15%豪爽地为伴侣的网购买单。

（6）"女权力量"：女性对家庭开支的使用拥有强大的话语权。购买服饰、化妆品的话语权均为88%，购买家居用品话语权85%，休闲旅游84%，母婴产品69%。还在家居（85%）、旅行（84%）、电子产品（81%）等类别拥有强大的影响力，女性主导的消费趋势逐渐形成。

（7）女神消费：与无私、顾家的传统亚洲主妇形象相比，新时代的亚洲女性更乐于为美丽买单，提升自我形象和生活品质。62%的受访女性为自己网购，同时41%也为家人网购；63%的受访女性每天至少上网"逛"一次。最爱在网上购买的商品为：服饰，占89%；母婴产品，占87%；化妆品，占83%；还有家居用品，占78%。女性购物随时随地，越来越移动化，70%的女性在家用移动端购买；28%的女性晚上在床上购买。

（8）网购成主流：相比线下购物，近一半（49%）的女性更青睐网购（中国大陆为69%）；63%的女性每天至少上网浏览商品与服务一次，近30%的人则每天浏览两次或更多。而且女性更愿意为自己购物，超过62%的受访女性大部分时间是为自己网购（中国大陆为74%）。此外，41%的女性在感到为自己购买过多时，出于"内疚"心理，会为丈夫、子女及父母等家庭成员买些东西作为补偿（中国大陆更达67%）。

（9）全渠道体验：在选择购物网站的时候，亚洲女性最看重的三大因素是品牌（83%）、优惠价格（83%）、正品（82%）。报告发现，女性虽然看重价格，但是她们认为"质量、正品也同样重要"。为了"用实惠的价格，买到优质的正品商品"，很多女性在寻找一种"全渠道体验,一边在商店选购,一边在手机上查看别处是不是有更好的价格、款式或尺码"。

(10)就是喜欢逛:63%的女性表示"不管有没有购买需求,都喜欢网上浏览商品";59%的女性则表示"喜欢上网浏览,无论所浏览的商品是否买得起";45%的受访女性表示"网上逛街"时会"冲动购买";33%的女性承认自己网购"花费过度",但就是戒不掉。

(11)随时随心购:与亚洲女性"职场精英"和"持家能手"双重身份相匹配的是,不论上班、下班,她们都随时随地、随心网购。其中78%是回家用电脑买,70%是在家里用移动端买,28%是在办公室用电脑买,20%是在公司用智能手机买。

(12)网购式消遣:48%的女性觉得网购是她最喜欢的消遣方式。

(13)闺蜜姐妹淘:40%的受访女性定期与闺蜜们一起"网上败家",而在中国大陆,与姐妹闺蜜们一起网购的比例高达75%。

(14)线下购物有压力:48%的女性表示在线下购物有压力。

(15)哪些交流方式会更吸引女性下单呢?请参照图14-1。

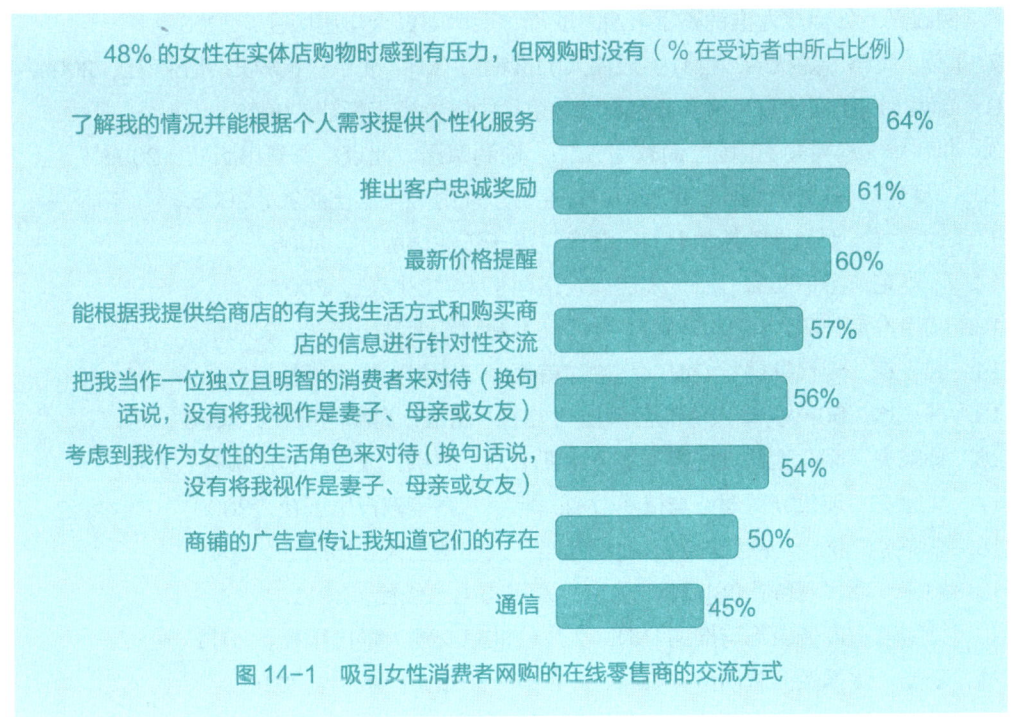

图14-1 吸引女性消费者网购的在线零售商的交流方式

通过阅读上面的资料,请同学们分组讨论:

❶ 你如何理解"得女人者得天下"?

❷ 了解女性网络消费情况对我们开展网络推销意义何在?

参考文献

1. 海因兹·姆·戈德曼. 推销技巧——怎样赢得顾客 [M]. 北京：机械工业出版社，1991.
2. 夏年喜. 世界上最成功的推销员 [M]. 北京：工商出版社，1996.
3. 雷鸣. 现代人员推销学 [M]. 广东：中山大学出版社，1997.
4. 吴建安. 现代推销学 [M]. 大连：东北财经大学出版社，2000.
5. 郭奉元. 现代推销技术 [M]. 北京：高等教育出版社，2000.
6. 倪政兴. 如何成为推销高手 [M]. 成都：西南财经大学出版社，2003.
7. [美] 奥格·曼狄诺. 世界上最伟大的推销员 [M]. 北京：世界知识出版社，2004.
8. 简明. 营销理论与经营实务 [M]. 北京：中国物资出版社，2005.
9. 菲利普·科特勒. 市场营销教程 [M]. 俞利军译. 北京：华夏出版社，2005.
10. 杨群祥. 商务谈判与推销 [M]. 大连：东北财经大学出版社，2005.
11. 钟立群. 现代推销技术 [M]. 北京：电子工业出版社，2005.
12. 罗小东. 推销实务 [M]. 大连：大连理工大学出版社，2007.
13. 实用推销技巧. 崔玉华 [M]. 上海：上海财经大学出版社，2008.
14. 韩光军. 现代推销学 [M]. 北京：首都经济贸易大学出版社，2008.
15. 严一冰. 50 个打动人心的营销技巧 [M]. 北京：海潮出版社，2008.
16. 孙宗虎. 职业生涯规划管理实务手册 [M]. 北京：人民邮电出版社，2009.
17. 吴建安. 现代推销理论与技巧 [M]. 北京：高等教育出版社，2009.
18. 李冬芹. 推销与商务谈判 [M]. 大连：大连理工大学出版社，2010.
19. 姚伟. 现代商务礼仪 [M]. 北京：人民邮电出版社，2011.
20. 杨雪青. 商务谈判与推销 [M]. 北京：北京交通大学出版社，2011.
21. 蒙静. 微博微信营销金典 [M]. 广东：广东旅游出版社，2015.
22. 乔辉，曹雨. 网络营销 [M]. 北京：机械工业出版社，2015.
23. 蔡瑞林. 销售管理实务 [M]. 第 2 版. 北京：人民邮电出版社，2015.